ASIEN.

ASIEN.

Ein Grundkochbuch

Deh-Ta Hsiung
Rafi Fernandez
Steven Wheeler

Fotografiert von
Edward Allwright

All rights reserved. No part of this publication may be reproduced, stored in a retrieval system, or transmitted in any way or by any means, electronic, mechanical, photocopying, recording or otherwise, without the prior written permission of the copyright holder.

A Taste of the East
© 1993 Anness Publishing Limited
Hermes House
88-89 Blackfriars Road
London SE1 8HA

Publisher: Joanna Lorenz
Editorial Manager: Lindsay Porter
Photograph: Edward Allwright
Styling: Maria Kelly
Designer: David Rowley Design

© für diese Ausgabe: Lechner Publishing Ltd.
3, Chrysanthou Mylona Street, Limassol, Cyprus

Redaktion und Koordination der deutschen Ausgabe:
Eurobooks Köln, Brüsseler Str. 21, D-50674 Köln
Art Director Corporate Identity, Covers: Mathias Becker, Offenburg
Titelbild: Christine Rodin; Bildagentur amana Germany GmbH, Hamburg

Printed in the European Union; DLK 2000

ISBN 3-89815-078-X

INHALT

DIE CHINESISCHE KÜCHE	6	Philippinen	148
Kleines Glossar	8	Japan	158
Vorspeisen	10		
Suppen	22	**DIE INDISCHE KÜCHE**	170
Meeresfrüchte	30	Kleines Glossar	172
Geflügel	44	Vorspeisen und Snacks	174
Schweinefleisch	54	Reis und Brot	182
Rind und Lamm	62	Fleischgerichte	192
Vegetarisch	66	Geflügel und Eiergerichte	202
Reis, Nudeln und Dim Sum	74	Meeresfrüchte	212
Desserts	84	Hülsenfrüchte und Linsen	220
		Vegetarisch	230
SÜDOSTASIEN UND JAPAN	88	Chutneys, Pickles und Salate	240
Kleines Glossar	90	Desserts und Getränke	246
Thailand	92		
Vietnam	108	Register	252
Malaysia	118		
Indonesien	130		

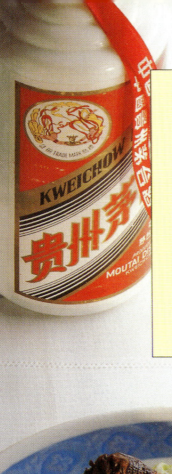

DIE CHINESISCHE KÜCHE

DEH-TA HSIUNG

In China, einem Land so groß wie die USA und klimatisch ebenso gegensätzlich, hat jede Region ihre für sie typischen Gerichte. In ihnen spiegelt sich die große Vielfalt der gastronomischen und kulinarischen Kultur des Landes wider. Von Peking im Norden bis Kanton im Süden, von Shanghai im Osten bis Szechuan im Westen unterscheiden sich zwar die Zutaten, doch gekocht wird im ganzen Land nach Jahrhunderte alter, überlieferter Tradition.

Kleines Glossar der chinesischen Küche

Das Besondere an der chinesischen Küche ist die Harmonie von Farbe, Aroma, Geschmack und Konsistenz – nicht nur in jedem einzelnen Gericht, sondern auch in der Menüfolge. Darin unterscheidet sie sich von allen anderen Esskulturen. Ausgewogenheit und Kontrast – nach der alten Tao-Philosophie von Yin und Yang – sind ihre Merkmale. Jeder chinesische Koch, von der Hausfrau bis zum Küchenchef, arbeitet bewusst oder unbewusst nach diesem Prinzip von Yin und Yang und verändert entsprechend Zutaten, Formen, Gewürze und Zubereitung.

Für den Erfolg sind zwei Dinge wichtig: richtige Temperatur und Garzeit, das heißt, für jedes Gericht gibt es die passende Zubereitungsart. Größe und Form einer bestimmten Zutat müssen zur gewählten Zubereitung passen. Soll etwas zum Beispiel schnell angebraten werden, so wird es in dünne, gleich große Scheiben oder Streifen geschnitten und nicht in dicke Stücke. Nicht nur weil es so appetitlicher aussieht, sondern auch, weil die Zutaten dann ihre natürliche Farbe, ihr typisches Aroma und ihren ursprünglichen Geschmack bewahren und gleichmäßig garen.

Ausstattung und Küchengeräte

Für die Zubereitung chinesischer Gerichte benötigt man andere Küchengeräte als in der westlichen Küche. Echte chinesische Küchenutensilien sehen heute im Prinzip immer noch so aus wie vor tausend Jahren – allerdings werden sie inzwischen aus preiswertem Material hergestellt. Sie haben spezielle Funktionen, die nicht immer von ihren technisch moderneren und teuren westlichen Gegenstücken erfüllt werden.

Chinesisches Küchenbeil (1) Ein sehr nützliches Küchenutensil zum Schneiden, Schälen, Klopfen und Hacken. Man bekommt es in verschiedenen Größen und Gewichten.

Kochlöffel und Spachtel (2) Einige Wok-Sets enthalten Kochutensilien in Form eines Schöpflöffels und Spachtels. Von diesen ist der flache Schöpflöffel oder die Schaufel (wie er manchmal genannt wird) der vielseitigere. Chinesische Köche benutzen ihn, um Zutaten und Gewürze in den Wok zu geben, aber auch zum Rühren.

Tontopf (Kasserolle) (3) Kasserollen aus Ton werden zum Schmoren und langsamen Kochen auf dem Herd verwendet; sie sorgen für gleichmäßige Hitze.

Dämpfer (4) Der traditionelle chinesische Dämpfer ist aus Bambus, die moderne Version aus Aluminium. Auch der Wok kann mit einem Gestell oder Dreifuß und dem kuppelförmigen Deckel als Dämpfer eingesetzt werden.

Sieb (5) Es gibt zwei Grundtypen: Das eine ist aus Kupfer oder Stahldraht mit einem langen Bambusgriff, das andere ist aus gelochtem Eisen oder rostfreiem Stahl. Verschiedene Größen werden angeboten.

Wok (6) Der gusseiserne Wok mit dem gerundetem Boden verteilt und hält die Hitze gleichmäßig. Wegen seiner Form sammeln sich alle Zutaten immer wieder in der Mitte an, wo es am heißesten ist. Der Wok ist sehr vielseitig. Er ist ideal zum Frittieren, da man in ihm sehr viel weniger Öl braucht als in einer Pfanne mit flachem Boden. Durch seine Tiefe wird mehr Hitze erzeugt. Zugleich steht mehr Kochfläche zur Verfügung, so können größere Mengen gleichzeitig gegart werden. Der Wok wird nicht nur zum Braten, sondern auch fürs Schmoren, Dämpfen, Kochen und Dünsten verwendet – für unterschiedliche Zubereitungsarten in der chinesischen Küche braucht man also nur ein Gerät.

Zutaten

Agar-Agar (1) Ein Produkt aus Meeresalgen, das getrocknet, in papierdünnen Streifen oder als Pulver erhältlich ist. Man kann es durch Gelatine ersetzen.

Babymaiskolben (2) Sie schmecken und duften überaus aromatisch und haben den perfekten Biss. Frisch und in Dosen erhältlich.

Bambussprossen (3) Bambussprossen sind nur in der Dose erhältlich. Nach Öffnen der Dose können sie im Kühlschrank in frischem Wasser und einem geschlossenen Gefäß bis zu einer Woche aufbewahrt werden. Wenn möglich, Winter-Bambussprossen kaufen, sie haben eine festere Beschaffenheit. Bambussprossen gibt es auch fertig klein geschnitten.

Tofu (Sojakäse) (4) Geleeartiges Produkt aus pürierten und gepressten Soja-Bohnen mit einem sehr hohen Eiweißgehalt. In Asia-Märkten oder Naturkostläden wird er im Stück angeboten. Er hält sich in einem Gefäß mit Wasser mehrere Tage im Kühlschrank.

Bohnensprossen (5) Frische Bohnensprossen, von Mung- oder Sojabohnen, sind in Asienläden und Supermärkten erhältlich. Sie können im Kühlschrank zwei bis drei Tage lang aufbewahrt werden.

Schwarze Bohnensoße (6) Sie wird aus gesalzenem, schwarzem Bohnenmus hergestellt, das mit Mehl und Gewürzen (wie Ingwer, Knoblauch oder Chili) zu einer dicken Paste vermengt wird. In Glas oder Dose erhältlich, nach dem Öffnen im Kühlschrank aufbewahren.

Chilibohnensoße (7) Sie besteht aus einer fermentierten Bohnenpaste, die mit scharfem Chili und anderen Gewürzen vermengt wird. Erhältlich im Glas. Manche Chilibohnensoßen sind recht mild, andere sehr scharf. Probieren Sie aus, welche Ihnen am besten schmeckt.

Chiliöl (8) Es wird aus getrockneten roten Chilischoten, Knoblauch, Zwiebeln, Salz und Pflanzenöl hergestellt und eher als scharfer Dip verwendet denn zum Kochen.

Chilisoße (9) Eine sehr scharfe Soße, die aus Chilischoten, Essig, Zucker und Salz hergestellt wird. Gewöhnlich wird sie in Flaschen angeboten. Beim Kochen oder als Dip sparsam verwenden. Ersatzweise Tabascosoße nehmen.

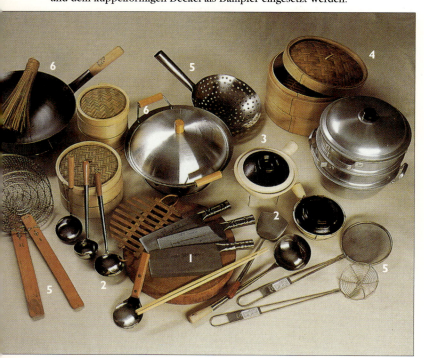

KLEINES GLOSSAR — DIE CHINESISCHE KÜCHE

Chinakohl (10) In Supermärkten und Gemüseläden werden zwei Sorten angeboten, am häufigsten der hellgrüne längliche und feste Chinakohl. Der bissfeste Strunk macht etwa zwei Drittel des Kopfes aus. Die zweite Art ist kürzer und hat einen dickeren Kopf mit hellgelben oder hellgrünen welligen Blättern und weißem Stiel.

Koriander (11) Mit frischen Korianderblättern, auch als chinesische Petersilie oder Cilantro bekannt, werden viele China-Gerichte garniert.

Getrocknete chinesische Pilze (Shiitake) (12) Diese aromatischen getrockneten Pilze sind in Plastiktütchen erhältlich. Sie sind nicht billig, aber mit einer kleinen Menge kommt man lange aus. Unbegrenzt in einem luftdichten Gefäß haltbar. In warmem Wasser 20–30 Minuten (oder in kaltem mehrere Stunden) einweichen, ausdrücken und die harten Teile entfernen.

Eiernudeln (13) Es gibt viele verschiedene Sorten in China – von flachen, breiten Bandnudeln bis zu langen, dünnen Fadennudeln, jeweils als Trockenprodukt oder frisch erhältlich.

Fünfgewürzepulver (14) Eine Mischung aus Sternanis, Fenchelsamen, Nelken, Zimt und Szechuanpfeffer ergibt das Fünfgewürzepulver. Es ist sehr scharf und sollte äußerst sparsam verwendet werden. In einem luftdichten Gefäß unbegrenzt haltbar.

Ingwerwurzel (15) Frischen Ingwer, der nach Gewicht verkauft wird, vor dem Gebrauch schälen, in Scheiben schneiden und hacken oder reiben. An einem trockenen, kühlen Platz wochenlang haltbar. Ingwerpulver ist kein Ersatz.

Hoisin-Soße (16) Diese schmackhafte Soße ist auch als Barbecue-Soße bekannt und wird aus Sojabohnen, Zucker, Mehl, Essig, Salz, Knoblauch, Chilischoten und Sesamöl hergestellt. In Dose oder Glas angeboten und im Kühlschrank monatelang haltbar.

Austernsoße (17) Die auf Sojabasis hergestellte, dickflüssige Soße wird zum Würzen in der kantonesischen Küche verwendet. In der Flasche angeboten und im Kühlschrank monatelang haltbar.

Pflaumensoße (18) Einmalig fruchtiger Geschmack – eine süß-saure Soße mit unvergleichlichem Aroma.

Rote Bohnenpaste (19) Die rotbraune Paste wird aus rotem Bohnenmus und Kristallzucker hergestellt. In Dosen angeboten. Reste sind in einem geschlossenem Gefäß im Kühlschrank einige Monate haltbar.

Reisessig (20) Es gibt zwei Grundtypen – roter Essig wird aus fermentiertem Reis hergestellt und hat eine typische dunkle Farbe und Geschmacksintensität. Der aus Reis destillierte weiße Essig ist stärker im Geschmack.

Reiswein (21) Chinesischer Reiswein wird aus Reisgluten gewonnen. Er ist auch wegen seiner Bernsteinfarbe als ‚gelber Wein' (chinesisch: Huang Jiu oder Chiew) bekannt. Die beste Sorte ist der Shao Hsing oder Shaoxing aus dem Südosten Chinas. Ersatzweise kann man auch guten trockenen oder halbtrockenen Sherry nehmen.

Kristallzucker (22) Eine Verbindung aus Rohrzucker und Honig. Verwendet man ihn zum Kochen, gibt er dem Essen einen besonderen Glanz.

Gesalzene schwarze Bohnen (23) Sehr salzig und scharf. Sie werden in Plastiktütchen, Glas oder Dose angeboten und sollten vor Gebrauch mit Wasser oder Wein zermust werden. In einem Deckelgefäß fast unbegrenzt haltbar.

Sesamöl (24) Wird in Flaschen angeboten und in China mehr zum Nachwürzen als zum Kochen verwendet. Das raffinierte gelbe Sesamöl, das in Asienläden verkauft wird, ist nicht so aromatisch.

Szechuanpfefferkörner (25) Ein wilder, roter Pfeffer aus Szechuan. Aromatischer, aber nicht so scharf wie weißer oder schwarzer Pfeffer. Er gibt dem Essen eine pikante Note.

Sojasoße (26) In Flasche oder Dose angeboten. Die bekannteste chinesische Soße wird zum Kochen und am Tisch verwendet. Helle Sojasoße würzt stärker als die süßere dunkle Sojasoße, die dem Essen eine rötliche Färbung gibt.

Strohpilze (*Volvariella volvacea*) (27) Sie werden auf Reisstroh gezüchtet, daher der Name. Strohpilze haben eine angenehm glatte Beschaffenheit und ein feines Aroma. Strohpilze aus Dosen abspülen und trocknen lassen.

Wasserkastanien (28) Wasserkastanien sind keine Nüsse, sondern die Wurzeln einer Pflanze (*Heleocharis tuberosa*). Aufgrund ihres Aussehens vor dem Schälen sind sie in China auch als Pferdehufe bekannt. Man kann sie frisch oder in Dosen kaufen. Dosenprodukte sind den frischen in Konsistenz und Geschmack unterlegen. Wenn das Wasser alle zwei Tage gewechselt wird, halten sie sich in einem Deckelgefäß im Kühlschrank einen Monat lang.

Wontonhülle (29) Sie wird aus Weizenmehl, Ei und Wasser hergestellt. Die waffeldünnen Wontonhüllen werden in 7,5 cm großen Quadraten in Asienläden angeboten. Tiefgefroren halten sie sich bis zu sechs Monate.

Baumohrpilze (30) Getrocknete schwarze Pilze (*Auricularia polytricha*), auch als Wolkenohren bekannt. Sie werden in Plastiktütchen in Asienläden angeboten. In kaltem oder warmen Wasser 20 Minuten einweichen und vor Gebrauch mit frischem Wasser abspülen. Sie sind knusprig mit mildem, aber feinem Aroma.

Gelbe Bohnensoße (31) Eine dicke Paste aus gesalzenen, fermentierten gelben Sojabohnen, mit Mehl und Zucker vermengt. Im Schraubdeckelgefäß im Kühlschrank monatelang haltbar.

VORSPEISEN

KNUSPRIGE FRÜHLINGSROLLEN

Zha Chu Kuen

Diese kleinen, köstlichen vegetarischen Frühlingsrollen sind ideale Vorspeisen oder Begleiter zu Cocktails. Wenn es mit Fleisch sein darf, ersetzen Sie einfach die Pilze durch Huhn oder Schwein und die Karotten durch Garnelen.

ERGIBT 40 ROLLEN

Zutaten
250 g frische Bohnensprossen
100 g weicher Lauch oder Frühlingszwiebeln
100 g Karotten
100 g Bambussprossen in Scheiben
100 g weiße Pilze
3–4 EL Pflanzenöl
1 TL Salz
1 TL Rohzucker
1 EL helle Sojasoße
1 EL chin. Reiswein oder trockener Sherry
20 tiefgefrorene Frühlingsrollenhüllen, aufgetaut
1 EL Maismehlpaste
Mehl zum Einstäuben
Öl zum Frittieren

Maismehlpaste

So wird's gemacht: 4 Teile trockenes Maismehl (Maisstärke) mit etwa 5 Teilen kaltem Wasser mischen, bis eine glatte Paste entsteht.

1 Gemüse in dünne Streifen schneiden, etwa in der gleichen Größe und Form wie die Bambussprossen.

2 Öl im Wok erhitzen und Gemüse 1 Minute unter Rühren anbraten. Salz, Zucker, Sojasoße und Wein oder Sherry hinzufügen und noch etwa 1½–2 Minuten rühren. Herausnehmen und die Flüssigkeit abtropfen lassen. Abkühlen lassen.

3 Alle Teighüllen diagonal halbieren, so erhält man 40 Dreiecke bei 20 Teighüllen.

4 Etwa 1 EL Gemüsemischung in die Mitte der so entstandenen Dreiecke setzen. Den Teig wie in der Abbildung über die Füllung schlagen und einmal rollen.

5 Beide Ecken einschlagen, noch einmal rollen, dann die obere Kante mit der Maismehlpaste einpinseln und zu einem festen Päckchen rollen. Ein Tablett mit Mehl bestäuben und darauf die Frühlingsrollen mit der eingeschlagenen Seite nach unten setzen.

6 Öl im Wok oder einer Friteuse erhitzen, dann die Hitze reduzieren. Die Rollen in Portionen (etwa 8–10 auf einmal) 2–3 Minuten frittieren, bis sie goldbraun und knusprig sind, herausnehmen und abtropfen lassen. Heiß mit einer Dipsoße, z. B. Sojasoße oder chinesischem Pfeffer-Salz (S.12) servieren.

DIE CHINESISCHE KÜCHE   VORSPEISEN

FRITTIERTE RIPPCHEN MIT CHINESISCHEM PFEFFER-SALZ

Zha Pai Ku

Jedes Rippchen sollte vor oder nach dem Kochen in 3-4 mundgerechte Stücke gehackt werden.
Falls das nicht möglich ist, die Rippchen ganz servieren.

4–6 PERSONEN

Zutaten
10–12 Grillrippchen (Schwein), insgesamt etwa 700 g, überflüssiges Fett und Knorpel abschneiden
etwa 2–3 EL Mehl
Pflanzenöl zum Frittieren

Marinade
1 Knoblauchzehe, durchgepresst
1 EL Rohzucker
1 EL helle Sojasoße
1 EL dunkle Sojasoße
2 EL chinesischer Reiswein oder trockener Sherry
½ TL Chilisoße
etwas Sesamöl

Chinesisches Pfeffer-Salz

So wird's gemacht: 1 EL Salz mit 2 TL gemahlenen Szechuanpfefferkörnern und 1 TL Fünfgewürzepulver mischen. In einer trockenen Pfanne unter ständigem Rühren erhitzen. Diese Mischung reicht für mindestens sechs Portionen.

1 Jede Rippe in 3-4 Stücke hacken, dann mit allen Zutaten der Marinade vermischen und mindestens 2-3 Stunden durchziehen lassen.

2 Die Rippen in Mehl wenden und im Öl bei mittlerer Hitze 4-5 Minuten frittieren; rühren, damit sie nicht zusammenkleben. Herausnehmen und abtropfen lassen.

3 Öl stark erhitzen und die Rippen wieder eine Minute frittieren, bis sie noch dunkler werden. Herausnehmen und abtropfen lassen, mit chinesischem Pfeffer-Salz servieren.

VORSPEISEN — DIE CHINESISCHE KÜCHE

FRITTIERTER TINTENFISCH MIT PFEFFER-SALZ

Jiao Yan You Yu

Dieses Rezept kommt aus der kantonesischen Küche, deren Spezialität Meeresfrüchte sind.

4 PERSONEN

Zutaten
450 g Tintenfisch
1 TL Ingwersaft
1 EL chinesischer Reiswein oder trockener Sherry
etwa 600 ml kochendes Wasser
Pflanzenöl zum Frittieren
chinesisches Pfeffer-Salz (S.12)
frische Korianderblätter zum Garnieren

Ingwersaft

So wird's gemacht: Fein gehackten oder geriebenen frischen Ingwer mit gleicher Menge Wasser mischen und in ein feines Baumwolltuch schütten. Fest drehen, um den Saft in ein Gefäß auszudrücken. Als Alternative kann man den Ingwer durch die Knoblauchpresse drücken.

1 Zum Säubern des Tintenfisches Kopf, durchsichtige Rückengräte und Tintenbeutel entfernen; die dünne Haut abziehen, dann waschen und gut abtrocknen. Den Tintenfisch mit einem scharfen Messer öffnen und innen rasterförmig einritzen.

2 Den Tintenfisch in Stücke von ca. 4 cm Länge schneiden. In einer Schüssel im Ingwersaft und dem Wein oder Sherry etwa 30 Minuten marinieren.

3 Tintenfisch in kochendem Wasser einige Sekunden blanchieren – alle Stücke werden sich rollen, und das eingeritzte Muster wird sich öffnen. Herausnehmen und abtropfen lassen.

4 Den Tintenfisch in heißem Öl 15–20 Sekunden frittieren, schnell herausnehmen und abtropfen lassen. Chinesisches Pfeffer-Salz darüber streuen und mit frischen Korianderblättern garniert servieren.

DIE CHINESISCHE KÜCHE   VORSPEISEN

Bon-Bon Huhn mit Sesamsosse

Bon Bon Ji

Das Hühnerfleisch wird durch Schlagen mit einem Stock (chinesisch: bon) weich gemacht, daher der Name für dieses beliebte Szechuan-Gericht.

6–8 PERSONEN

Zutaten
1 ganzes Huhn, etwa 1 kg
1 Liter Wasser
1 EL Sesamöl
in Streifen geschnittene Gurke
   zum Garnieren

Soße
2 EL helle Sojasoße
1 TL Zucker
1 EL fein gehackte Frühlingszwiebel
1 TL rotes Chiliöl
½ TL gemahlene Szechuanpfefferkörner
1 TL weiße Sesamsamen
2 EL Sesampaste oder 2 EL
   Erdnussbutter mit etwas
   Sesamöl cremig gerührt

1 Huhn gut säubern. Wasser in einem Wok oder Kochtopf aufkochen, Huhn hineingeben, Temperatur reduzieren und zugedeckt 40–45 Minuten kochen. Das Huhn herausnehmen und zum Abkühlen sofort in kaltes Wasser tauchen.

2 Huhn frühestens nach 1 Stunde herausnehmen und abtropfen lassen, gut mit Küchenpapier abtrocknen und mit Sesamöl einpinseln. Fleisch von Beinen, Flügeln und Brust schneiden und von den restlichen Knochen abziehen.

3 Fleisch auf einer glatten Oberfläche mit einem Wellholz schlagen, dann mit den Fingern in Streifen reißen.

4 Fleisch in eine Schüssel geben, Gurkenstreifen an den Rand legen. Alle Soßenzutaten in einer Schüssel mischen. Dabei einige Frühlingszwiebeln zum Garnieren übriglassen. Soße über das Huhn gießen und servieren.

VORSPEISEN　　　　　　　　　　　　　　　　　　　DIE CHINESISCHE KÜCHE

Frittierte Wontonhüllen mit süss-saurer Sosse

Cha Won Tun

Fertige tiefgefrorene oder frische Wontonhüllen bekommt man in Asienläden.

4–6 PERSONEN

Zutaten
16–20 fertige Wontonhüllen
Pflanzenöl zum Frittieren

Soße
1 EL Pflanzenöl
2 EL Rohzucker
3 EL Reisessig
1 EL helle Sojasoße
1 EL Ketchup
3–4 EL Grundbrühe (S.22) oder Wasser
1 EL Maismehlpaste (S.10)

1 Die Mitte der Wontonhülle mit dem Finger eindrücken und in der Hand wie einen Blütenkelch formen.

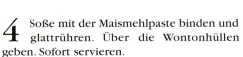

4 Soße mit der Maismehlpaste binden und glattrühren. Über die Wontonhüllen geben. Sofort servieren.

2 Die Wontonhüllen 1–2 Minuten in kochendem Öl frittieren, bis sie knusprig sind. Herausnehmen und abtropfen lassen.

3 Öl im Wok oder Topf erhitzen, Zucker, Essig, Sojasoße, Ketchup und Brühe oder Wasser zufügen.

DIE CHINESISCHE KÜCHE — VORSPEISEN

KNUSPRIGER MANGOLD

Cai Sung

Was in China-Restaurants für viele Leute aussieht wie Meeresalgen, ist nichts weiter als gewöhnlicher Mangold.

4–6 PERSONEN	½ TL Salz
Zutaten	1 TL Puderzucker
450 g Mangold	1 EL zerbröselter frittierter Fisch zum
Pflanzenöl zum Frittieren	Garnieren (wenn gewünscht)

1 Von jedem Mangoldblatt die harten Stiele entfernen. Die Blätter aufeinander stapeln und zu einer festen Walze rollen. Die Blätter sehr dünn in feine Streifen schneiden. Zum Trocknen auslegen.

2 Öl im Wok oder in der Friteuse sehr heiß werden lassen. Mangoldstreifen portionsweise frittieren. Dabei vorsichtig rühren, um sie zu trennen.

3 Mit einen Sieblöffel herausnehmen, sobald sie knusprig, aber noch nicht braun sind. Abtropfen lassen. Mit Salz und Zucker bestreuen, gut vermischen. Wenn gewünscht, mit dem zerbröselten Fisch garnieren. Servieren.

SESAM-SHRIMPS-TOAST

Hsia Jen Tu Ssu

Für dieses Gericht rohe Garnelen verwenden, weil gekochte sich während des Garens vom Brot lösen.

4–6 PERSONEN	Salz und Pfeffer zum Abschmecken	1 EL chinesischer Reiswein
	1 Eiweiß, leicht geschlagen	oder trockener Sherry
Zutaten	1 TL fein gehackte Frühlingszwiebeln	100–150 g weiße Sesamsamen
250 g geschälte Garnelen	½ TL fein gehackter frischer Ingwer	6 große Scheiben Weißbrot
25 g Schweineschmalz	1 EL Maismehlpaste (S.10)	Pflanzenöl zum Frittieren

1 Garnelen mit dem Schweineschmalz zu einer feinen Paste hacken. Mit den anderen Zutaten, bis auf Sesamsamen und Brot, in einer Schüssel mischen.

2 Sesamsamen auf einer Platte oder einem Tablett verteilen. Brotscheiben mit der Garnelenpaste dick bestreichen, dann mit der bestrichenen Seite fest auf die Samen pressen.

3 Öl im Wok erhitzen; 2–3 Scheiben auf einmal mit der bestrichenen Seite nach unten 2–3 Minuten frittieren. Abtropfen lassen. In 6 Stücke schneiden, Ränder weglassen.

EINGELEGTE SÜSS-SAURE GURKEN

Tan Chu Huang Gua

Das Einlegen dauert eher Stunden als Tage, aber je mehr Zeit Sie haben, desto besser das Ergebnis.

6–8 PERSONEN

Zutaten
1 dünne Gurke, etwa 30 cm lang
1 TL Salz
2 TL Puderzucker
1 TL Reisessig
½ TL rotes Chiliöl (nach Belieben)
einige Tropfen Sesamöl

1 Ungeschälte Gurke der Länge nach halbieren. Samen auskratzen und die Gurke in dicke Stücke schneiden.

2 Gurken in einer Schüssel mit Salz bestreuen, gut vermischen. Mindestens 20–30 Minuten beiseite stellen, wenn möglich länger, dann den Saft abschütten.

3 Gurken mit dem Zucker, Essig und Chiliöl (nach Belieben) mischen. Erst kurz vor dem Servieren mit Sesamöl beträufeln.

SCHARF-SAURER KOHL

Suan La Pai Cai

Ein weiteres beliebtes Rezept aus Szechuan, das heiß oder kalt serviert werden kann.

6–8 PERSONEN

Zutaten
450 g hellgrüner oder weißer Kohl
3–4 EL Pflanzenöl
10–12 rote Szechuanpfefferkörner
ein paar ganze getrocknete rote Chilischoten
(Vorsicht, nicht zu viele!)
1 TL Salz
1 EL Rohzucker
1 EL helle Sojasoße
2 EL Reisessig
einige Tropfen Sesamöl

1 Kohlblätter in schmale Stücke schneiden, etwa 2,5 x 1,25 cm groß.

2 Öl im vorgeheizten Wok stark erhitzen; wenn es zu rauchen beginnt, Pfefferkörner und Chilischoten hineingeben.

3 Kohl hinzufügen und 1–2 Minuten unter Rühren anbraten. Mit Salz und Zucker würzen und noch eine Minute rühren. Sojasoße, Essig und Sesamöl gut untermischen und servieren.

DIE CHINESISCHE KÜCHE   VORSPEISEN

SCHMETTERLINGSGARNELEN

Feng Wei Xia

Das Gericht schmeckt am Besten, wenn Sie rohe Riesen- oder Königsgarnelen noch in der Schale verwenden. Sie werden ohne Kopf angeboten und sind etwa 8–10 cm lang. Für 450 g braucht man etwa 18–20 Garnelen.

6–8 PERSONEN

Zutaten
450 g rohe Garnelen in der Schale (ohne Kopf)
1 TL gemahlener Szechuanpfeffer
1 EL helle Sojasoße
1 EL chin. Reiswein oder trockener Sherry
2 TL Maismehl (Maisstärke)
Pflanzenöl zum Frittieren
2 Eier, leicht geschlagen
4–5 EL Paniermehl
Salatblätter oder knuspriger Mangold (S.16) zum Servieren
2–3 Frühlingszwiebeln zum Garnieren

1 Garnelen schälen, dabei die Schwänze nicht entfernen. Die Garnelen etwa drei Viertel den Unterbauch entlang halbieren, so daß die Schwänze fest dran bleiben.

2 In einer Schüssel mit Pfeffer, Sojasoße, Wein oder Sherry und Maismehl (Maisstärke) 10-15 Minuten marinieren.

3 Öl im Wok oder in der Friteuse auf mittlere Temperatur erhitzen. Jeweils eine Garnele am Schwanz nehmen und in die Eier tunken.

4 Dann im Paniermehl wenden.

5 Garnelen vorsichtig in das Öl legen. Mehrere Garnelen zusammen frittieren, bis sie goldbraun sind.

6 Herausnehmen und abtropfen lassen. Garnelen auf ein Bett aus Salatblättern oder knusprigem Mangold (S.16) legen, mit den Frühlingszwiebeln (roh oder 30 Sekunden in Öl gesotten) garnieren und servieren.

DIE CHINESISCHE KÜCHE   SUPPEN

GRUNDBRÜHE (FOND)

Qing Tang

Dieser Fond dient nicht nur als Grundlage für Suppen, sondern findet auch dann in der Küche Verwendung, wenn statt einfachem Wasser eine aromatische Basis gebraucht wird.

ERGIBT 2,5 LITER

Zutaten
700 g Hühnerstücke
700 g Schweinerippenspeer
3 Liter kaltes Wasser
3–4 Stücke frischer Ingwer, ungeschält und zerhackt
3–4 Frühlingszwiebeln, jede einzeln verknotet
3–4 EL chinesischer Reiswein
 oder trockener Sherry

1 Überflüssiges Fett vom Huhn und dem Rippenspeer entfernen. Dann beide in große Stücke hacken.

2 Huhn und Rippenspeer in einen großen Topf mit Wasser legen. Ingwer und Frühlingszwiebelknoten hinzufügen.

3 Zum Kochen bringen und den Schaum mit einem Sieb abschöpfen. Bei niedriger Temperatur ohne Deckel zwei bis drei Stunden köcheln lassen.

4 Huhn, Schwein, Ingwer und Frühlingszwiebeln abseihen, Wein oder Sherry in die jetzt klare Brühe geben und noch einmal aufkochen. Nach dem Abkühlen in den Kühlschrank stellen. Der Fond sollte sich 4–5 Tage halten. Man kann ihn auch in kleinen Gefrierdosen tiefkühlen und bei Bedarf auftauen.

SCHARF-SAURE SUPPE

Suan La Tang

Diese chinesische Suppe gehört zu den beliebtesten überhaupt. Wenn die nötigen Zutaten zur Hand sind, ist sie ohne viel Aufwand zubereitet.

4 PERSONEN

Zutaten
4–6 chinesische Pilze (Shiitake), eingeweicht
100 g Schwein oder Huhn
1 Stück Tofu (ca 7 cm x 7 cm x 3 cm)
50 g Bambussprossen, in Scheiben und abgetropft
600 ml Grundbrühe (S.22)
1 EL chinesischer Reiswein oder trockener Sherry
1 EL helle Sojasoße
1 EL Reisessig
Salz zum Abschmecken
½ TL weißer Pfeffer
1 EL Maismehlpaste (S.10)

1 Pilze ausdrücken und die harten Stiele abschneiden. Dann die Pilze, das Fleisch, den Tofu und die Bambussprossen in dünne Streifen schneiden.

2 Brühe im Wok oder Kochtopf sprudelnd aufkochen und die geschnittenen Zutaten zugeben. Erneut zum Kochen bringen und 1 Minute köcheln lassen.

3 Reiswein (bzw. Sherry), Sojasoße und Reisessig hinzugeben und erneut aufkochen. Mit Salz und Pfeffer abschmecken. Nun die Suppe mit der Maismehlpaste unter ständigem Rühren binden. Heiß servieren.

MAISCREMESUPPE MIT KREBS- ODER HÜHNERFLEISCH

Xie Rou Yumi Tang

Diese Suppe hat ihren Ursprung in den USA, fand aber den Weg zurück nach China. Verwenden Sie Maiscreme aus der Dose, damit die Suppe die richtige Konsistenz bekommt.

4 PERSONEN

Zutaten
100 g Krebsfleisch oder Hühnerbrustfilet
½ TL frischer Ingwer, fein gehackt
2 Eiweiß
2 EL Milch
1 EL Maismehlpaste
600 ml Grundbrühe
250 g Maiscreme (Dose)
Salz und Pfeffer zum Abschmecken
fein gehackte Frühlingszwiebeln zum Garnieren

1 Krebsfleisch zerkleinern (bzw. das Hühnerfleisch grob hacken) und mit dem Ingwer vermischen.

2 Eiweiß schaumig schlagen, Milch und Maismehlpaste zugeben. Erneut schlagen, bis die Masse cremig wird. Unter das Krebsfleisch bzw. die Hühnerbrust mischen.

3 Brühe im Wok oder Kochtopf aufkochen und die Maiscreme hinzugeben. Erneut zum Kochen bringen.

4 Krebsfleisch oder Hühnerbrust hinzufügen, dann die Eiweißmischung. Nicht mehr aufkochen, damit das Eiweiß nicht gerinnt. Sanft rühren, bis sich alle Zutaten gut vermengt haben. Mit Salz und Pfeffer abschmecken, dann mit den fein gehackten Frühlingszwiebeln garniert servieren.

SPARGELSUPPE MIT HUHN

Lusun Ji Rou Tang

Eine feine und köstliche Suppe. Falls kein frischer grüner Spargel auf dem Markt ist, nimmt man weißen Dosenspargel.

4 PERSONEN

Zutaten
150 g Hühnerbrustfilet
1 Prise Salz
1 TL Eiweiß
1 TL Maismehlpaste
100 g Spargel
700 ml Grundbrühe
Salz und Pfeffer zum Abschmecken
frische Korianderblätter
   zum Garnieren

1 Hühnerfleisch in feine, dünne Scheiben schneiden. Mit einer Prise Salz vermengen, dann das Eiweiß und zum Schluß die Maismehlpaste hinzufügen.

2 Das untere Ende des Spargelstengels entfernen. Spargel diagonal in kurze Stücke schneiden.

3 Brühe im Wok oder Topf zum Kochen bringen, Spargel hinzufügen und erneut aufkochen. (Bei Dosenspargeln kein Aufkochen erforderlich.)

4 Huhn zugeben und rühren, damit nichts zusammenklebt, noch einmal aufkochen. Mit Salz und Pfeffer abschmecken. Heiß mit frischen Korianderblättern garniert servieren.

SPINATSUPPE MIT TOFU

Pao Cai Dao Fu Tang

Eine köstliche Suppe. Wenn es keinen frischen Spinat gibt, können Sie Kresse oder Kopfsalat verwenden.

4 PERSONEN	100 g Spinatblätter (Gewicht ohne Stengel)
	700 ml Grundbrühe
Zutaten	1 EL helle Sojasoße
1 Stück Tofu	Salz und Pfeffer zum Abschmecken

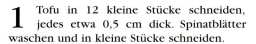  

1 Tofu in 12 kleine Stücke schneiden, jedes etwa 0,5 cm dick. Spinatblätter waschen und in kleine Stücke schneiden.

2 Brühe im Wok oder Topf sprudelnd aufkochen. Tofu und Sojasoße zufügen, erneut aufkochen und 2 Minuten köcheln lassen.

3 Spinat zugeben und noch eine Minute köcheln. Schaum abschöpfen, bis die Suppe klar ist. Würzen und servieren.

FISCHSUPPE MIT KORIANDER

Yu Pian Yen Hsee Tang

Die Haut muss nicht entfernt werden, da sie den Fisch beim Kochen zusammenhält.

4 PERSONEN	1 TL Eiweiß	Salz und Pfeffer
	2 TL Maismehlpaste (S.10)	
Zutaten	700 ml Grundbrühe	
250 g weißes Fischfilet, z. B. Seezunge oder Scholle	1 EL helle Sojasoße	
	etwa 50 g frische Korianderblätter, gehackt	

1 Fisch in Stücke in der Größe von Streichholzschachteln schneiden. Mit Eiweiß und Maismehlpaste vermengen.

2 Brühe im Wok oder Topf zum Kochen bringen, den Fisch 1 Minute pochieren.

3 Sojasoße und Korianderblätter zufügen, danach mit Salz und Pfeffer abschmecken und servieren.

DIE CHINESISCHE KÜCHE　　　　　　　　　SUPPEN

SUPPE DER DREI KOSTBARKEITEN

San Xian Tang

Diese pikante Suppe verbindet die drei Zutaten Huhn, Schinken und Garnelen.

4 PERSONEN	100 g Schinken mit Honigkruste
Zutaten	100 g geschälte Garnelen
100 g Hühnerbrustfilet	700 ml Grundbrühe
	Salz zum Abschmecken

> **Tipp**
>
> Frische rohe Garnelen geben das beste Aroma. Wenn Sie sie nicht bekommen, nehmen Sie küchenfertige Garnelen. Sie werden kurz vor Ende der Garzeit zugefügt, damit sie nicht verkochen.

1 Huhn und Schinken in kleine Stücke schneiden. Große Garnelen der Länge nach halbieren.

2 Brühe im Wok oder Topf sprudelnd aufkochen, Huhn, Schinken und Garnelen zugeben. Erneut zum Kochen bringen, salzen und 1 Minute köcheln lassen. Heiß servieren.

LAMMSUPPE MIT GURKE

Yang Rou Huang Gua Tang

Eine Abwandlung der scharf-sauren Suppe, jedoch viel einfacher zuzubereiten.

4 PERSONEN	1 EL helle Sojasoße	1 Stück Gurke, 7,5 cm lang
Zutaten	2 TL chinesischer Reiswein oder trockener Sherry	700 ml Grundbrühe
250 g Lammsteak	½ TL Sesamöl	1 EL Reisessig
		Salz und gemahlener weißer Pfeffer

1 Überflüssiges Lammfett abschneiden. Das Fleisch in kleine Stücke schneiden. Mit Sojasoße, Wein oder Sherry und Sesamöl 25–30 Minuten marinieren. Die Marinade weggießen.

2 Ungeschälte Gurke der Länge nach halbieren und diagonal in dünne Scheiben schneiden.

3 Brühe im Wok oder Topf sprudelnd aufkochen, Lamm hineingeben, dabei rühren. Erneut aufkochen, dann die Gurkenscheiben, Essig und Gewürze hinzufügen. Aufkochen und sofort servieren.

DIE CHINESISCHE KÜCHE MEERESFRÜCHTE

Frittierte Meeresfrüchte mit Gemüse

Chao San Xian

Garnelen, Tintenfisch und Kamm-Muscheln in einem farbigen und delikaten Gericht aus Südostchina. Der Tintenfisch kann durch einen anderen Fisch ersetzt oder ganz weggelassen werden.

4 PERSONEN

Zutaten
100 g gesäuberter Tintenfisch
4–6 frische Kamm-Muscheln
100 g rohe Garnelen
1/2 Eiweiß
1 EL Maismehlpaste (S.10)
2–3 Stangen Sellerie
1 kleine rote Paprikaschote, entkernt
2 kleine Karotten
etwa 300 ml Öl
1/2 TL fein gehackter frischer Ingwer
1 Frühlingszwiebel, gehackt
1 TL Salz
1/2 TL Rohzucker
1 EL chinesischer Reiswein
    oder trockener Sherry
1 EL helle Sojasoße
1 TL Chilibohnensoße
2 EL Grundbrühe (S.22)
einige Tropfen Sesamöl

1 Tintenfisch öffnen und mit einem scharfen Messer innen rasterförmig einschneiden. In etwa 4 cm lange Stücke schneiden und in einer Schüssel mit kochendem Wasser einweichen, bis sich alle Teile gerollt haben. Mit kaltem Wasser abspülen und abtropfen lassen.

2 Jede Muschel in 3-4 Scheiben schneiden. Die Garnelen schälen und der Länge nach halbieren. Muscheln und Garnelen mit dem Eiweiß und der Maismehlpaste vermengen.

3 Den Sellerie, den roten Paprika und die Karotten in dünne, etwa 3 cm lange Scheiben schneiden.

4 Öl im vorgewärmten Wok auf mittlere Hitze bringen und die Meeresfrüchte etwa 30-40 Sekunden unter Rühren anbraten. Mit einem Sieblöffel herausnehmen und abtropfen lassen.

5 Öl bis auf etwa 2 EL weggießen, Gemüse zusammen mit Ingwer und Frühlingszwiebeln zufügen. 1 Minute unter Rühren anbraten.

6 Meeresfrüchte zufügen und weitere 30-40 Sekunden rühren, dann mit Salz, Zucker, Reiswein oder Sherry, Sojasoße und Chilibohnensoße würzen. Gut vermengen, Brühe zugeben und noch eine Minute rühren. Mit Sesamöl beträufeln und servieren.

DIE CHINESISCHE KÜCHE   MEERESFRÜCHTE

GESCHMORTES FISCHFILET MIT PILZEN

Chin Chao Yu Tiao

Die chinesische Variante des französischen *filet de sole bonne femme* (Seezunge mit Pilzen und Weinsoße).

4 PERSONEN	2 EL Maismehlpaste	1 EL helle Sojasoße
	etwa 600 ml Pflanzenöl	2 EL chinesischer Reiswein oder Sherry
Zutaten	1 EL Frühlingszwiebeln, fein gehackt	1 EL Brandy
450 g Seezungenfilet oder Scholle	½ TL frischer Ingwer, fein gehackt	etwa 100 ml Grundbrühe (S.22)
1 TL Salz	100 g weiße Pilze, dünn geschnitten	einige Tropfen Sesamöl zum Beträufeln
½ Eiweiß	1 TL Rohzucker	

1 Weiche Gräten an der Außenseite des Fisches entfernen, nicht häuten. Filets in mundgerechte Stücke schneiden. Fisch mit etwas Salz, dem Eiweiß und der Hälfte der Maismehlpaste vermengen.

2 Öl auf mittlere Temperatur erhitzen, Fischstücke nacheinander hineingeben und rühren, damit sie nicht zusammenkleben. Nach 1 Minute herausnehmen und abtropfen lassen. Öl bis auf 2 EL weggießen.

3 Zwiebel, Ingwer und Pilze 1 Minute unter Rühren anbraten. Übrige Zutaten, bis auf die Maismehlpaste, hinzugeben. Aufkochen und den Fisch eine Minute schmoren. Mit der Paste binden, mit Sesamöl beträufeln.

GARNELEN FU-YUNG

Fu Ron Xia

Ein farbiges, einfaches Gericht, im Handumdrehen zubereitet.

4 PERSONEN	1 TL Salz	3–4 EL Pflanzenöl
	1 EL Frühlingszwiebeln, fein gehackt	200 g grüne Erbsen
Zutaten	250 g rohe geschälte Garnelen	1 EL chinesischer Reiswein
3 verquirlte Eier, 1 TL Eiweiß abnehmen	2 TL Maismehlpaste (S.10)	oder trockener Sherry

1 Eier mit einer Prise Salz und etwas Frühlingszwiebeln verquirlen. Mit wenig Öl und bei mäßiger Hitze im Wok Rührei zubereiten. Herausnehmen und warm halten

2 In einer Schale Garnelen mit etwas Salz, 1 TL Eiweiß und der Maismehlpaste vermengen. Erbsen in heißem Öl 30 Sekunden dünsten, dabei rühren. Garnelen hinzufügen.

3 Frühlingszwiebeln hineingeben. 1 Minute unter Rühren anbraten. Dann das Rührei mit etwas Salz und dem Wein oder Sherry hinzufügen. Gut umrühren und servieren.

MEERESFRÜCHTE

Süss-saure Garnelen

Tang Cu Xia

Für dieses Gericht verwendet man am besten rohe Garnelen. Wenn Sie nur küchenfertige bekommen, gibt man sie zur Soße, ohne sie vorher zu frittieren.

4–6 PERSONEN	2 EL helle Sojasoße
	2 EL Rohzucker
Zutaten	3 EL Reisessig
450 g Königsgarnelen in der Schale	1 EL chinesischer Reiswein
Pflanzenöl zum Frittieren	oder trockener Sherry
Soße	etwa 100 ml Grundbrühe
1 EL Pflanzenöl	1 EL Maismehlpaste (S.10)
1 EL Frühlingszwiebeln, fein gehackt	einige Tropfen Sesamöl
2 TL frischer Ingwer, fein gehackt	Salatblätter zum Servieren

1 Die weichen Beine von den Garnelen ablösen, ohne die Schalen zu entfernen. Mit Küchenpapier gut abtrocknen.

2 Garnelen in heißem Öl 35–40 Sekunden frittieren, sie sollten hellrot sein. Herausnehmen und abtropfen lassen.

3 Für die Soße Öl im vorgewärmten Wok erhitzen, Frühlingszwiebeln und Ingwer zugeben. Mit Sojasoße, Zucker, Essig und Wein würzen. Brühe hinzufügen, aufkochen.

4 Garnelen in die Soße geben, gut vermengen, dann die Soße mit der Maismehlpaste binden, rühren, bis sie geschmeidig ist. Mit Sesamöl beträufeln und auf einem Salatbett servieren.

MEERESFRÜCHTE — DIE CHINESISCHE KÜCHE

KURZGEBRATENE GARNELEN MIT BROKKOLI

Xi Lan Chao Xia Ren

Ein sehr farbiges, nahrhaftes und aromatisches Gericht, dessen einfache Zubereitung kaum Zeit in Anspruch nimmt.

4 PERSONEN

Zutaten
200–250 g geschälte Garnelen ohne Darm
1 TL Salz
1 EL chinesischer Reiswein und trockener Sherry
1 EL Maismehlpaste (S.10)
½ Eiweiß

250 g Brokkoli
etwa 300 ml Pflanzenöl
1 Frühlingszwiebel, in kurze Stücke geschnitten
1 TL Rohzucker
etwa 2 EL Grundbrühe (S.22) oder Wasser
1 TL helle Sojasoße
einige Tropfen Sesamöl

1 Garnelen der Länge nach halbieren. Mit einer Prise Salz und etwa 1 TL Wein, Eiweiß und Maismehlpaste vermengen.

2 Die Brokkoliköpfe in Röschen schneiden; die grobe Haut von den Stielen entfernen und diese zu kleinen Keilen zerschneiden.

3 Öl im vorgewärmten Wok erhitzen und die Garnelen etwa 30 Sekunden unter Rühren anbraten. Mit einem Sieblöffel herausnehmen und abtropfen lassen.

4 Öl bis auf 2 EL weggießen. Brokkoli und Frühlingszwiebeln zufügen, 2 Minuten unter Rühren anbraten, dann das restliche Salz und den Zucker zugeben, danach die Garnelen und die Brühe. Mit Sojasoße und dem restlichen Wein oder Sherry würzen. Gut vermengen, zum Schluß das Sesamöl hinzugeben und servieren.

DIE CHINESISCHE KÜCHE   MEERESFRÜCHTE

Tintenfisch mit grünem Paprika und schwarzer Bohnensosse

Si Jiao You Yu

Dies Gericht aus der Region Kanton schmeckt so köstlich, wie es aussieht.

4 PERSONEN

Zutaten
350–400 g Tintenfisch
1 mittelgroße Paprikaschote, entkernt
3–4 EL Pflanzenöl
1 Knoblauchzehe, fein gehackt
½ TL frischer Ingwer, fein gehackt
1 EL Frühlingszwiebel, fein gehackt
1 TL Salz
1 EL schwarze Bohnensoße
1 EL chinesischer Reiswein
   oder trockener Sherry
einige Tropfen Sesamöl

1 Zum Säubern des Tintenfisches Kopf, durchsichtige Rückengräte, Tintenbeutel und die Haut entfernen, danach abwaschen und gut abtrocknen. Den Tintenfisch öffnen und innen mit einem scharfen Messer wie ein Raster einritzen.

2 Tintenfisch in etwa 4 cm lange Stücke schneiden. Dann in einem Topf mit kochendem Wasser wenige Sekunden blanchieren. Herausnehmen, abtropfen lassen und gut abtrocknen.

3 Grüne Paprikaschote in kleine dreieckige Stücke schneiden. Öl im Wok erhitzen und sie darin etwa 1 Minute unter Rühren anbraten.

4 Knoblauch, Ingwer, Frühlingszwiebel, Salz und Tintenfisch zugeben, noch eine Minute weiterrühren. Zum Schluß die schwarze Bohnensoße und den Wein oder Sherry zufügen, gut vermengen. Mit Sesamöl beträufeln und servieren.

MEERESFRÜCHTE | DIE CHINESISCHE KÜCHE

Fisch mit süss-saurer Sosse

Wu Liu Yu

Dieses Gericht heißt auch Fünf-Weiden-Fisch, nach den fünf geschnetzelten Zutaten in der Soße.

4–6 PERSONEN

Zutaten
1 Karpfen, Brasse, Seebarsch, Forelle oder Meeräsche, etwa 700 g ausgenommen
1 TL Salz
etwa 2 EL Mehl
Pflanzenöl zum Frittieren
frische Korianderblätter zum Garnieren

Soße
1 EL Pflanzenöl
50 g Karotten, in dünne Streifen geschnitten
50 g Bambussprossen, abgetropft, in dünne Streifen geschnitten
25 g grüner Paprika, in dünne Streifen geschnitten
25 g roter Paprika, in dünne Streifen geschnitten
2–3 Frühlingszwiebeln, in dünne Streifen geschnitten
1 EL fein geriebener Ingwer
1 EL helle Sojasoße
2 EL Rohzucker
2–3 EL Reisessig
ca. 100 ml Grundbrühe
1 EL Maismehlpaste (S.10)

1 Fisch reinigen und gut abtrocknen. Mit einem scharfen Messer auf beiden Seiten alle 2,5 cm diagonal bis auf die Gräte einschneiden.

2 Den ganzen Fisch von außen und innen mit Salz einreiben, dann von Kopf bis Schwanz in Mehl wenden.

3 Fisch in heißem Öl 3–4 Minuten auf beiden Seiten braten, er sollte goldbraun sein. Herausnehmen, abtropfen lassen und auf eine Wärmeplatte legen.

4 Für die Soße das Öl erhitzen und alles Gemüse 1 Minute unter Rühren anbraten, dann würzen. Gut vermengen, Brühe zufügen und aufkochen. Maismehlpaste zugeben und unter ständigem Rühren zu einer glatten Soße binden. Die Soße über den Fisch geben und das Ganze mit frischen Korianderblättern garnieren.

DIE CHINESISCHE KÜCHE　　　　MEERESFRÜCHTE

FISCH IN CHILI-KNOBLAUCH-SOSSE

Gan Shao Yu

Ein klassisches Szechuan-Gericht. Im Restaurant wird es gewöhnlich ohne Kopf und Schwanz zubereitet. Dennoch einen ganzen Fisch verwenden, weil er mehr Eindruck macht, vor allem bei formellen Anlässen und Festessen.

4–6 PERSONEN

Zutaten
1 Karpfen, Brasse, Seebarsch, Forelle oder Meeräsche, etwa 700 g, ausgenommen
1 EL helle Sojasoße
1 EL chinesischer Reiswein oder trockener Sherry
Pflanzenöl zum Frittieren

Soße
2 Knoblauchzehen, fein gehackt
2–3 Frühlingszwiebeln, fein gehackt, weiße und grüne Teile trennen
1 TL fein gehackter frischer Ingwer
2 EL Chilibohnensoße
1 EL Tomatenmark
2 TL Rohzucker
1 EL Reisessig
etwa 100 ml Grundbrühe
1 EL Maismehlpaste (S.10)
einige Tropfen Sesamöl

1 Fisch reinigen und gut abtrocknen. Mit einem scharfen Messer auf beiden Seiten alle 2,5 cm diagonal bis auf die Gräte einschneiden. Den ganzen Fisch mit Sojasoße und Wein oder Sherry auf beiden Seiten einreiben, 10–15 Minuten beiseite stellen.

2 Fisch im Wok in heißem Öl 3–4 Minuten auf beiden Seiten braten, er sollte goldbraun sein.

3 Öl bis auf etwa 1 EL weggießen. Fisch im Wok an den Rand schieben und Knoblauch, weiße Frühlingszwiebeln, Ingwer, Chilibohnensoße, Tomatenmark, Zucker, Essig und Brühe zugeben. Aufkochen und den Fisch in der Soße 4–5 Minuten schmoren, einmal wenden. Grüne Frühlingszwiebeln zufügen. Soße mit Maismehlpaste binden, mit Sesamöl beträufeln und servieren.

MEERESFRÜCHTE — DIE CHINESISCHE KÜCHE

GEDÄMPFTER FISCH MIT INGWER UND FRÜHLINGSZWIEBELN

Qing Zheng Yu

Jeder feste Edelfisch, wie Lachs oder Steinbutt, kann auf diese Weise zubereitet werden.

4–6 PERSONEN

Zutaten
1 Seebarsch, Forelle oder Meeresäsche, etwa 700 g, ausgenommen
½ TL Salz
1 EL Sesamöl
2–3 Frühlingszwiebeln, der Länge nach halbiert
2 EL helle Sojasoße
2 EL chinesischer Reiswein oder Sherry
1 EL in feine Streifen geschnittener Ingwer
2 EL Pflanzenöl
in feine Streifen geschnittene Frühlingszwiebeln zum Garnieren

1 Fisch mit einem scharfen Messer auf beiden Seiten alle 2,5 cm diagonal bis zur Gräte einschneiden. Den ganzen Fisch von außen und innen gleichmäßig mit Salz und Sesamöl einreiben.

2 Längs halbierte Frühlingszwiebeln auf eine feuerfeste Platte streuen, den Fisch darauf legen. Sojasoße und Wein oder Sherry mit Ingwerstreifen vermengen und gleichmäßig auf dem Fisch verteilen.

3 Platte in einen sehr heißen Dämpfer (oder im Wok auf einen Rost) stellen und bei geschlossenem Deckel 12–15 Minuten kräftig dämpfen.

4 Öl erhitzen, Platte aus dem Dämpfer nehmen, gehackte Frühlingszwiebeln auf den Fisch geben und das heiße Öl über den Fisch gießen. Sofort servieren.

ROTE UND WEISSE GARNELEN MIT GRÜNEM GEMÜSE

Yuan Yang Xia

Auf chinesisch heißt dieses Gericht Yuan Yang-Garnelen. Auch ein Mandarinenten-Pärchen wird Yuan Yang oder Liebesvögel genannt, da es unzertrennlich ist – oft ein Symbol für Zuneigung und Glück.

4–6 PERSONEN	½ TL Salz
Zutaten	1 TL Rohzucker
400 g rohe Garnelen	1 EL Frühlingszwiebeln, fein gehackt
1 Prise Salz	1 TL frischer Ingwer, fein gehackt
½ Eiweiß	1 EL helle Sojasoße
1 EL Maismehlpaste (S.10)	1 EL chinesischer Reiswein oder trockener Sherry
200 g Zuckererbsenschoten	1 TL Chilibohnensoße
etwa 600 ml Pflanzenöl	1 EL Tomatenmark

1 Garnelen schälen und den Darm entfernen. Mit der Prise Salz, Eiweiß und Maismehlpaste vermengen. Die Enden der Zuckererbsenschoten abschneiden.

2 2–3 EL des Öls in einem vorgewärmten Wok erhitzen und die Zuckererbsen etwa 1 Minute unter Rühren anbraten, mit Salz und Zucker würzen und noch eine Minute weiterrühren. Herausnehmen und in die Mitte einer Servierplatte legen.

3 Restliches Öl erhitzen und die Garnelen 1 Minute garen, herausnehmen und abtropfen lassen.

4 Öl bis auf 1 EL weggießen, Frühlingszwiebeln und Ingwer zufügen, damit das Öl Geschmack annimmt.

5 Garnelen hineingeben und 1 Minute unter Rühren anbraten, mit Sojasoße und Wein oder Sherry ablöschen. Gut vermengen und die Hälfte der Garnelen auf eine Seite der Platte legen.

6 Chilibohnensoße und Tomatenmark zu den restlichen Garnelen in den Wok geben, gut vermengen. Dann die nun roten Garnelen auf die andere Seite der Platte legen.

DIE CHINESISCHE KÜCHE — MEERESFRÜCHTE

GEBACKENER HUMMER MIT SCHWARZEN BOHNEN

Jiang Cong Guo Long Xia

Den Begriff „gebacken" liest man auf vielen Speisekarten in China-Restaurants. Eigentlich müßte es heißen: im Topf oder in der Pfanne geröstet. Vorzugsweise lebenden Hummer kaufen und ihn selber kochen. Küchenfertige Hummer sind oft übergart und haben viel von ihrem feinen Aroma und ihrer Konsistenz verloren.

4–6 PERSONEN

Zutaten
1 großer Hummer oder zwei mittlere, zusammen etwa 800 g
Pflanzenöl zum Frittieren
1 Knoblauchzehe, fein gehackt
1 TL frischer Ingwer, fein gehackt
2–3 Frühlingszwiebeln, in kurze Stücke geschnitten
2 EL schwarze Bohnensoße
2 EL chinesischer Reiswein oder trockener Sherry
100 ml Grundbrühe
frische Korianderblätter zum Garnieren

1 Hummer vom Kopf aus der Länge nach halbieren. Beine und Zangen abbrechen, Zangen mit dem Rücken des Hackbeils aufbrechen. Federartige Lungen und Gedärme entfernen. Jede Hälfte in 4–5 Teile schneiden.

2 Hummerteile im Wok etwa 2 Minuten dünsten, die Schalen sollten hellrot werden. Herausnehmen und abtropfen lassen.

3 Öl bis auf 1 EL weggießen. Knoblauch, Ingwer, Frühlingszwiebeln und schwarze Bohnensoße zufügen.

4 Hummer in die Soße geben und gut vermengen. Wein oder Sherry und Brühe zufügen, aufkochen und zugedeckt 2–3 Minuten köcheln. Mit den Korianderblättern garniert servieren.

GEBACKENER KREBS MIT FRÜHLINGSZWIEBELN UND INGWER

Zha Xie

Dieses Rezept ist nicht so schwierig, wie es aussieht. Auch hier – wenn möglich – wegen des feineren Aromas lebenden Krebs verwenden.

4 PERSONEN

Zutaten
1 großer oder 2 mittlere Krebse, zusammen etwa 700 g
2 EL chinesischer Reiswein oder trockener Sherry
1 Ei, verquirlt
1 EL Maismehlpaste (S.10)
3–4 EL Pflanzenöl
1 EL frischer Ingwer, fein gehackt
3–4 Frühlingszwiebeln, fingerbreit gestückelt
2 EL helle Sojasoße
1 TL Rohzucker
etwa 5 EL Grundbrühe
einige Tropfen Sesamöl

1 Krebs am Unterbauch halbieren. Zangen abbrechen und mit dem Rücken des Hackbeils aufbrechen. Beine entfernen und die Schale in mehrere Stücke brechen, federartige Kiemen und den Beutel entfernen.

2 In Wein oder Sherry, Ei und Maismehlpaste 10-15 Minuten marinieren.

3 Öl im vorgewärmten Wok erhitzen und Krebsteile mit Ingwer und Frühlingszwiebeln etwa 2-3 Minuten unter Rühren anbraten.

4 Sojasoße, Zucker und Brühe zufügen und aufkochen, zugedeckt etwa 3-4 Minuten schmoren. Mit Sesamöl beträufeln und sogleich servieren.

DIE CHINESISCHE KÜCHE GEFLÜGEL

KNUSPRIGE UND AROMATISCHE ENTE

Xiang Cui Ya

Auch wenn das Gericht sehr oft mit Pfannkuchen, Frühlingszwiebeln, Gurken und Entensoße (eine süße Bohnenpaste) serviert wird, ist es nicht die berühmte Peking-Ente. Die Zubereitung ist anders, liefert jedoch ein ebenso knuspriges Ergebnis. Dazu kommt ein ganz köstliches Aroma. Statt der Entensoße kann Pflaumensoße verwendet werden.

6–8 PERSONEN

Zutaten
1 ofenfertige Ente, etwa 2–2,5 kg
2 TL Salz
5–6 ganze Anissterne
1 EL Szechuanpfefferkörner
1 TL Nelken
2–3 Zimtstangen
3–4 Frühlingszwiebeln
3–4 frische Ingwerscheiben, ungeschält
5–6 EL chinesischer Reiswein
  oder trockener Sherry
Pflanzenöl zum Frittieren
Salatblätter zum Garnieren

1 Entenflügel entfernen. Ente entlang des Rückenknochens halbieren.

2 Beide Entenhälften gut und gleichmäßig mit Salz einreiben.

3 Ente in den Gewürzen, Frühlingszwiebeln, Ingwer und Wein oder Sherry mindestens 4-6 Stunden marinieren.

4 Ente in der Marinade bei großer Hitze mindestens 3-4 Stunden (wenn möglich länger) dämpfen. Kochflüssigkeit weggießen. Ente mindestens 5-6 Stunden abkühlen lassen. Sie muss ganz kalt und trocken sein, sonst wird die Haut nicht knusprig.

5 Öl im Wok erhitzen, bis es raucht, Entenstücke mit der Haut nach unten hineinlegen und 5-6 Minuten frittieren, sie sollten braun und knusprig sein. Ganz zum Schluß einmal wenden.

6 Herausnehmen, abtropfen lassen und auf ein Salatbett legen. Zum Servieren Fleisch vom Knochen lösen und jede Portion in einen Pfannkuchen (S.84) mit ein wenig Soße, gehackter Frühlingszwiebel und Gurke rollen. Mit den Fingern essen.

FU YUNG HUHN

Fu Ron Ji

Weil das Eiweiß (chinesisch: Fu Yung) mit Milch vermischt frittiert wird, haben phantasievolle Köche dieses Gericht „Frittierte Milch" genannt.

4 PERSONEN

Zutaten
200 g Hühnerbrustfilet
1 TL Salz
4 Eiweiß, leicht aufgeschlagen
1 EL Maismehlpaste (S.10)
2 EL Milch
Pflanzenöl zum Frittieren
1 Salatherz, die Blätter einzeln
etwa 100 ml Grundbrühe
1 EL chinesischer Reiswein oder trockener Sherry
1 EL grüne Erbsen
einige Tropfen Sesamöl
1 TL gehackter Schinken zum Garnieren

1 Hühnerfleisch zerkleinern und mit einer Prise Salz, Eiweiß, Maismehlpaste und Milch gut vermengen, bis eine glatte Mischung entsteht.

2 Öl im sehr heißen Wok erhitzen. Bevor es zu heiß wird, die Huhn-Eiweiß-Mischung löffelweise hineingeben. Nicht rühren, da sie sonst auseinanderfällt. Dann vorsichtig vom Wokboden aus rühren, damit das Fu-Yung an die Oberfläche kommt. Sobald es Farbe angenommen hat, herausnehmen. Abtropfen lassen.

3 Öl bis auf 1 EL weggießen. Den Salat mit dem restlichen Salz 1 Minute unter Rühren anbraten. Mit Brühe ablöschen und aufkochen.

4 Huhn mit dem Wein oder Sherry und Erbsen in den Wok geben und gut vermengen. Mit Sesamöl beträufeln und mit dem gehackten Schinken garnieren.

KUNG PO HUHN NACH SZECHUAN-ART

Kung Po Ji Ding

Kung Po war der Name eines Hofbeamten in Szechuan – sein Koch hat dieses Gericht erfunden.

4 PERSONEN

Zutaten
350 g Hühnerschenkel, ohne Knochen und Haut
¼ TL Salz
½ Eiweiß, leicht geschlagen
2 EL Maismehlpaste (S.10)
1 mittelgroße grüne Paprikaschote, entkernt
4 EL Pflanzenöl
3–4 getrocknete rote Chilis, 10 Min. eingeweicht
1 Frühlingszwiebel, fingerbreit gestückelt
ein paar kleine Stücke frischer Ingwer, geschält
1 EL süße Bohnenpaste oder Hoi Sin-Soße
1 TL Chilibohnenpaste
1 EL Reiswein oder trockener Sherry
1 Tasse geröstete Cashewkerne
einige Tropfen Sesamöl

1 Hühnerfleisch klein schneiden, etwa so groß wie Würfelzucker. In einer Schüssel mit Salz, Eiweiß und Maismehlpaste vermengen.

2 Paprikaschote auch würfeln, etwa so groß wie das Huhn.

3 Öl im vorgewärmten Wok erhitzen. Hühnerwürfel unter Rühren kurz anbraten, sie sollten Farbe annehmen. Mit einem Sieblöffel herausnehmen und warm halten.

4 Paprika, getrocknete Chilischoten, Frühlingszwiebeln und Ingwer in das Öl geben und 1 Minute unter Rühren anbraten; dann das Huhn mit den Bohnenpasten oder Soße und dem Wein oder Sherry zugeben. Gut vermengen und noch 1 Minute kochen lassen. Zum Schluß Cashewkerne und Sesamöl hineingeben. Heiß servieren.

PEKING-ENTE

Bei Jing Ya

Das Meisterstück bei jedem chinesischen Bankett. Es läßt sich auch zu Hause ohne viel Aufwand zubereiten. Sein Geheimnis ist die fettarme Ente. Sie muss außerdem vor dem Kochen gut abgetrocknet werden – je trockener die Haut, desto knuspriger die Ente.

6–8 PERSONEN

Zutaten
1 ofenfertige Ente, etwa 2,0–2,5 kg
2 EL Malzzucker oder Honig, in 150 ml Wasser aufgelöst

Zum Servieren
20–24 dünne Pfannkuchen (S.84)
100 ml Entensoße (s.u.) oder Pflaumensoße
6–8 Frühlingszwiebeln, in dünne Streifen geschnitten
½ Gurke, in dünne Streifen geschnitten

1 Von der Ente Federkiele, Fettklumpen und Bürzel entfernen. 2-3 Minuten in Wasser abkochen, damit sich die Poren schließen und kein Fett während des Kochens austreten kann. Aus dem Wasser nehmen und gut abtropfen lassen, gründlich abtrocknen.

2 Ente mit dem aufgelösten Malzzucker oder Honig einpinseln, danach 4-5 Stunden in einem kühlen Raum aufhängen.

3 Ente mit der Brust nach oben auf ein Rost setzen und im vorgeheizten Ofen (200 Grad) 1½ -1¾ Stunden braten, dabei nicht anstechen oder wenden.

Entensoße

So wird's gemacht: 2 EL Sesamöl in einem kleinen Topf erhitzen. 6-8 EL gelbes Bohnensoßenmus und 2-3 EL Rohzucker zufügen. Glattrühren und abkühlen lassen. Kalt servieren.

4 Zum Servieren die Kruste mit einem scharfen Tranchiermesser oder Hackmesser in schmalen Streifen abziehen, das saftige Fleisch in dünnen Streifen ablösen. Kruste und Fleisch auf zwei verschiedene Teller legen.

5 Einen Pfannkuchen auf jeden Teller legen, 1 TL Soße zusammen mit einigen Frühlingszwiebelstreifen und Gurke in die Mitte geben. Darauf je 2-3 Streifen Kruste und Fleisch legen.

HÜHNERSTREIFEN MIT SELLERIE

Qing Cai Chao Ji Si

Zarte Hühnerbrust mit knackigem Sellerie. Dazu roter Chili für Farbe und Aroma.

4 PERSONEN **Zutaten** 300 g Hühnerbrustfilet 1 TL Salz ½ Eiweiß, leicht geschlagen	2 TL Maismehlpaste (S.10) etwa 500 ml Pflanzenöl 1 Sellerieherz in dünne Streifen geschnitten 1–2 frische rote Chilischoten, entkernt und in dünne Streifen geschnitten 1 Frühlingszwiebel, in dünne Streifen geschnitten	einige Stücke frischer Ingwer, in dünne Streifen geschnitten 1 TL Rohzucker 1 EL chinesischer Reiswein oder Sherry einige Tropfen Sesamöl

1 Huhn mit einem scharfen Messer in dünne Streifen schneiden. In einer Schüssel mit Salz, Eiweiß und Maismehlpaste mischen.

2 Öl im Wok erhitzen, Huhn zugeben und rühren, damit es nicht zusammenklebt. Sobald das Fleisch weiß wird, mit einem Sieblöffel herausnehmen und abtropfen lassen. Warm halten.

3 Sellerie, Chilischoten, Frühlingszwiebeln und Ingwer in 2 EL Öl 1 Minute unter Rühren anbraten. Huhn, Salz, Zucker und Wein zugeben. 1 Minute kochen, mit Sesamöl beträufeln. Heiß servieren.

HUHN MIT CHINESISCHEM GEMÜSE

Ji Pian Chao Shi Cai

Statt Huhn kann auch jedes andere Fleisch – wie Schwein, Rind, Leber oder Garnelen – verwendet werden.

4 PERSONEN **Zutaten** 250 g Hühnerbrust, ohne Haut 1 TL Salz ½ Eiweiß, leicht geschlagen	2 TL Maismehlpaste (S.10) 4 EL Pflanzenöl 6–8 kleine, getrocknete chinesische Pilze (Shiitake), eingeweicht 100 g Bambussprossen, abgetropft 100 g Zuckererbsenschoten, geputzt	1 Frühlingszwiebel, in kurze Stücke geschnitten einige Stücke frischer, geschälter Ingwer 1 TL Rohzucker 1 EL helle Sojasoße 1 EL chinesischer Reiswein oder Sherry einige Tropfen Sesamöl

1 Huhn in dünne, etwa 4 cm lange Streifen schneiden. In einer Schüssel mit Salz, Eiweiß und Maismehlpaste mischen.

2 Öl im vorgewärmten Wok erhitzen, Huhn bei mittlerer Hitze etwa 30 Sekunden unter Rühren anbraten, mit einem Sieblöffel herausnehmen und warm halten.

3 Pilze und Gemüse bei starker Hitze unter Rühren 1 Minute anbraten. Salz, Zucker und Huhn zugeben. Vermengen und mit Sojasoße und Wein ablöschen. Noch einige Male rühren. Mit Sesamöl beträufeln und servieren.

IN SOJA GESCHMORTES HUHN

Jiang You Ji

Dieses Gericht kann warm oder kalt serviert werden und ist daher ideal für ein kaltes Buffet.

6–8 PERSONEN	3 EL chinesischer Reiswein oder trockener Sherry
Zutaten	1 EL Rohzucker
1 ganzes Huhn, etwa 1–1,5 kg	Pflanzenöl zum Frittieren
1 EL gemahlene Szechuanpfefferkörner	etwa 600 ml Grundbrühe oder Wasser
2 EL gemahlener, frischer Ingwer	2 TL Salz
3 EL helle Sojasoße	25 g Kristallzucker
2 EL dunkle Sojasoße	Salatblätter zum Servieren

1 Huhn innen und außen mit gemahlenem Pfeffer und frischem Ingwer einreiben und in der Sojasoße, dem Wein oder Sherry und dem Zucker mindestens 3 Stunden marinieren. Mehrmals wenden.

2 Öl im vorgewärmten Wok erhitzen, Huhn aus der Marinade nehmen und 5–6 Minuten frittieren, es sollte überall braun sein. Herausnehmen und abtropfen lassen.

3 Öl weggießen. Marinade mit der Brühe oder dem Wasser, Salz und Kristallzucker in den Wok geben und aufkochen. Huhn in der Soße zugedeckt 35–40 Minuten schmoren, ein oder zweimal wenden.

4 Huhn aus dem Wok nehmen und etwas abkühlen lassen. Dann in etwa 30 mundgerechte Stücke schneiden und auf ein Salatbett legen. Etwas Soße über das Huhn gießen und servieren. Die restliche Soße im Kühlschrank aufbewahren. Man kann sie immer wieder verwenden.

Huhn und Schinken mit grünem Gemüse

Jin Hua Yi Shu Ji

Der chinesische Name für dieses farbenfrohe Gericht bedeutet „Goldene Blume und Jadebaum-Huhn". Es eignet sich hervorragend für ein kaltes Buffet zu allen Gelegenheiten.

6–8 PERSONEN

Zutaten
1 ganzes Huhn, etwa 1–1,5 kg
2 Frühlingszwiebeln
2–3 Stücke frischer Ingwer
1 EL Salz
250 g Schinken mit Honigkruste
300 g Brokkoli
3 EL Pflanzenöl
1 TL Rohzucker
2 TL Maismehl (Maisstärke)

1 Huhn in einem großen Topf mit kaltem Wasser bedecken. Frühlingszwiebeln, Ingwer und etwa 2 TL Salz zufügen. Aufkochen, danach die Hitze reduzieren und 10–15 Minuten bei fest geschlossenem Deckel köcheln lassen. Herd ausschalten und das Huhn 4–5 Stunden in dem heißen Wasser auf der Kochplatte stehen lassen. Den Deckel nicht abnehmen, da sonst Hitze verlorengeht.

2 Huhn aus dem Topf nehmen, Flüssigkeit aufbewahren und das Fleisch vorsichtig von den Knochen lösen. Die Haut daran lassen. Huhn und Schinken in Stücke schneiden, etwa so groß wie Streichholzschachteln, und abwechselnd auf einem Teller anrichten.

3 Brokkoli in kleine Röschen schneiden und in heißem Öl mit dem restlichen Salz und Zucker 2–3 Minuten unter Rühren anbraten. Gemüse zwischen die Huhn-Schinken-Reihen legen und sie damit umrahmen.

4 Etwas Hühnerbrühe erhitzen und mit Maismehl binden. Rühren, bis eine glatte Soße entsteht, dann Huhn und Schinken damit gleichmäßig bedecken, so dass ein durchsichtiger jadeartiger Überzug entsteht. Vor dem Servieren abkühlen lassen.

DIE CHINESISCHE KÜCHE SCHWEINEFLEISCH

MU-SHU-SCHWEIN MIT EIERN UND BAUMOHRPILZEN

Mu Shu Rou

Mu Shu ist der chinesische Name für eine gelbe Blume. Traditionell wird dieses Gericht als Füllung von dünnen Pfannkuchen zubereitet, aber es kann auch als eigenständige Mahlzeit mit Reis serviert werden.

4 PERSONEN

Zutaten
15 g getrocknete schwarze Baumohrpilze
150–250 g Schweinefilet
250 g Chinakohl
100 g abgetropfte Bambussprossen
2 Frühlingszwiebeln
3 Eier
1 TL Salz
4 EL Pflanzenöl
1 EL helle Sojasoße
1 EL chinesischer Reiswein oder trockener Sherry
einige Tropfen Sesamöl

1 Baumohrpilze 25-30 Minuten in Wasser einweichen, abspülen und die harten Stiele entfernen. Abtropfen lassen und in dünne Streifen schneiden.

2 Schweinefleisch etwa streichholzgroß schneiden. Chinakohl, Bambussprossen und Frühlingszwiebeln dünn stifteln.

3 Eier mit einer Prise Salz verschlagen und in etwas Öl anbraten, bis sie sich setzen, aber nicht austrocknen. Herausnehmen.

4 Verbleibendes Öl im Wok erwärmen und das Schweinefleisch etwa 1 Minute unter Rühren anbraten, bis sich die Farbe ändert.

5 Gemüse in den Wok geben und noch eine Minute weiterrühren, dann das restliche Salz, Sojasoße und Wein oder Sherry zugeben.

6 Nach einer weiterer Minute Rühren das Rührei zugeben und gut untermischen. Mit Sesamöl beträufeln und servieren.

Gefüllter grüner Paprika

Niang Qing Chaio

Für dieses Rezept am besten kleine Paprikaschoten mit dünner Haut verwenden.

4 PERSONEN

Zutaten
250–300 g Schweinehack
4–6 Wasserkastanien, fein gehackt
2 Frühlingszwiebeln, fein gehackt
½ TL frischer Ingwer, fein gehackt
1 EL helle Sojasoße
1 EL chinesischer Reiswein
   oder trockener Sherry
3–4 grüne Paprika, entkernt
1 EL Maismehl (Maisstärke)
Pflanzenöl zum Frittieren

Soße
2 TL helle Sojasoße
1 TL Rohzucker
1–2 scharfe Chilischoten, fein gehackt (nach Belieben)
etwa 5 EL Grundbrühe oder Wasser

1 Schweinehack in einer Schüssel mit Wasserkastanien, Frühlingszwiebeln, Ingwer, Sojasoße und Wein oder Sherry vermengen.

2 Paprika halbieren oder vierteln. Die Teile mit der Mischung füllen und mit Maismehl (Maisstärke) bestäuben.

3 Öl im vorgewärmten Wok erhitzen und gefüllte Paprika 2-3 Minuten mit der Fleischseite nach unten braten. Herausnehmen und abtropfen lassen.

4 Überflüssiges Öl weggießen und gefüllte Paprika mit der Fleischseite nach oben wieder in den Wok geben. Soßenzutaten zufügen, den Wok sanft schütteln, damit nichts anhängt, und 2-3 Minuten schmoren. Gefüllten Paprika vorsichtig mit der Fleischseite nach oben auf einen Servierteller heben und die Soße darüber gießen. Servieren.

Zweimal gekochtes Schwein nach Szechuan-Art

Hui Guo Rou

Für dieses Gericht können alle Schweinebratenreste verwendet werden.

4 PERSONEN

Zutaten
250 g Schweineschulter oder Haxe
1 kleine grüne Paprikaschote, entkernt
100 g geschnittene Bambussprossen,
    abgewaschen und abgetropft
1 Frühlingszwiebel
3 EL Pflanzenöl
1 TL Salz
½ TL Rohzucker
1 EL gelbe Bohnensoße
1 TL Chilibohnensoße
1 EL chinesischer Reiswein
    oder trockener Sherry

1 Schweinefleisch in einem Stück in einen Topf mit kochendem Wasser geben, aufkochen und Schaum abschöpfen. Bei geringer Temperatur zugedeckt 20–30 Minuten köcheln lassen. Herd ausschalten. Fleisch im Topf zugedeckt 3–4 Stunden abkühlen lassen. Herausnehmen.

2 Überflüssiges Fett entfernen und das Schweinefleisch in dünne Scheiben schneiden. Paprika kleinschneiden, etwa so groß wie die Bambussprossen. Frühlingszwiebel in kurze Stücke schneiden.

3 Öl im vorgewärmten Wok erhitzen und Paprika, Frühlingszwiebeln und Bambussprossen zugeben. Etwa 1 Minute unter Rühren anbraten.

4 Fleisch zugeben und mit Salz, Zucker, gelber Bohnensoße, Chilibohnensoße und Wein oder Sherry würzen. Weitere 1–2 Minuten rühren. Servieren.

DIE CHINESISCHE KÜCHE　　　　SCHWEINEFLEISCH

Süss-saures Schweinefleisch

Tang Cu Gu Luo Rou

Süß-saures Schweinefleisch gehört zu den beliebtesten Gerichten in China-Restaurants. Leider wird der Geschmack sehr oft von Köchen verdorben, die zuviel Ketchup für die Soße verwenden. Dies ist ein klassisches Rezept aus der Ursprungsregion Kanton.

4 PERSONEN	2 EL Mehl	1 kleine grüne Paprikaschote, gewürfelt
Zutaten	1 Ei, leicht geschlagen	1 frische rote Chilischote, entkernt und in dünne Streifen geschnitten
350 g mageres Schweinefleisch	Pflanzenöl zum Frittieren	1 EL helle Sojasoße
¼ TL Salz	**Soße**	2 EL Rohzucker
½ TL gemahlene Szechuanpfefferkörner	1 EL Pflanzenöl	2–3 EL Reisessig
1 EL chinesischer Reiswein oder Sherry	1 Knoblauchzehe, fein gehackt	1 EL Tomatenmark
100 g Bambussprossen	1 Frühlingszwiebel, in kleine Stücke geschnitten	etwa 100 ml Grundbrühe oder Wasser

1 Schweinefleisch in kleine mundgerechte Stücke schneiden. Mit Salz, Pfeffer und Wein 15–20 Minuten marinieren.

2 Bambussprossen in kleine Würfel schneiden, etwa so groß wie das Schweinefleisch.

3 Schweinefleisch mit Mehl bestäuben, in das geschlagene Ei tunken und wieder im Mehl wenden. In mäßig heißem Öl 3–4 Minuten unter Rühren frittieren, damit die Stücke nicht zusammenkleben. Herausnehmen.

4 Öl heiß werden lassen, Schweinefleisch und Bambussprossen zugeben, 1 Minute frittieren (sie sollten goldbraun sein). Herausnehmen und abtropfen lassen.

5 Öl erhitzen. Knoblauch, Frühlingszwiebel, Paprika und Chilischote hineingeben. Kurz andünsten, dann Gewürze und Brühe einrühren. Aufkochen und Schweinefleisch mit Bambussprossen untermischen.

GEBRATENES SCHWEINEFLEISCH MIT GEMÜSE I

Rou Pian Chao Shucai

Ein Grundrezept zur Zubereitung jeglicher Art von Fleisch mit Gemüse der jeweiligen Jahreszeit.

4 PERSONEN	1 TL chinesischer Reiswein oder trockener Sherry	1 Frühlingszwiebel
Zutaten	2 TL Maismehlpaste (S.10)	4 EL Pflanzenöl
250 g Schweinefilet	100 g Zuckererbsenschoten	1 TL Salz
1 EL helle Sojasoße	100 g weiße Pilze	Grundbrühe oder Wasser nach Bedarf
1 TL Rohzucker	1 mittelgroße oder 2 kleine Karotten	einige Tropfen Sesamöl

1 Schweinefilet in kleine Scheiben schneiden. Mit etwa 1 TL Sojasoße, Zucker, Wein oder Sherry und Maismehlpaste marinieren.

2 Enden der Zuckererbsen abscheiden, Pilze in dünne Scheiben, Karotten etwa so groß wie das Fleisch und Frühlingszwiebel in kurze Stücke schneiden.

3 Öl im vorgewärmten Wok erhitzen und das Schweinefilet 1 Minute unter Rühren anbraten, bis es die Farbe ändert. Mit einem Sieblöffel herausnehmen und warm halten.

4 Gemüse 2 Minuten unter Rühren anbraten, Salz und das halbgare Schweinefleisch und bei Bedarf etwas Brühe oder Wasser zugeben. Noch eine Minute weiterrühren, restliche Sojasoße gut untermischen. Mit Sesamöl beträufeln und servieren.

DIE CHINESISCHE KÜCHE   SCHWEINEFLEISCH

LÖWENKOPF-KASSEROLLE

Shi Zi Tou

Die Fleischklöße sollen einem Löwenkopf ähneln, der Chinakohl der Mähne, daher der Name des Gerichts.

4 PERSONEN	50 g weiße Pilze, fein gehackt	1 EL Maismehlpaste (S.10)
Zutaten	50 g geschälte Garnelen oder Krebsfleisch, fein gehackt	700 g Chinakohl
450 g Schweinehackfleisch	1 EL helle Sojasoße	3–4 EL Pflanzenöl
2 TL Frühlingszwiebel, fein gehackt	1 TL Rohzucker	1 TL Salz
1 TL frischer Ingwer, fein gehackt	1 EL chinesischer Reiswein oder Sherry	etwa 300 ml Grundbrühe oder Wasser

1 Fleisch mit Frühlingszwiebel, Ingwer, Pilzen, Garnelen, Sojasoße, Zucker, Wein oder Sherry und Maismehlpaste vermengen. 4-6 Fleischklöße formen.

2 Chinakohl in etwa gleichgroße Stücke schneiden.

3 Öl erhitzen und den Chinakohl mit Salz 2-3 Minuten unter Rühren anbraten. Fleischklöße und Brühe zugeben, aufkochen und 30-45 Minuten zugedeckt köcheln lassen.

GEBRATENES SCHWEINEFLEISCH MIT GEMÜSE II

Rou Pian Chao Shucai

Bei diesem einfachen, bunten Gericht kann die Zucchini durch Gurke oder grünen Paprika ersetzt werden.

4 PERSONEN	1 TL Rohzucker	200 g Zucchini
	1 TL chinesischer Reiswein oder trockener Sherry	1 Frühlingszwiebel
Zutaten	2 TL Maismehlpaste (S.10)	4 EL Pflanzenöl
250 g Schweinefilet, in dünnen Streifen	100 g geschälte feste Tomaten	1 TL Salz (nach Belieben)
1 EL helle Sojasoße		Grundbrühe oder Wasser bei Bedarf

1 Schweinefleisch in einer Schüssel mit Zucker, 1 TL Sojasoße, Wein und Maismehlpaste marinieren. Tomaten und Zucchini in Keile und die Frühlingszwiebel in kurze Stücke schneiden.

2 Öl im vorgewärmten Wok erhitzen und das Schweinefleisch 1 Minute unter Rühren anbraten, bis sich die Farbe ändert. Mit einem Schaumlöffel herausnehmen und warm halten.

3 Gemüse etwa 2-3 Minuten unter Rühren anbraten, nach Belieben salzen, Schweinefleisch und etwas Brühe oder Wasser zugeben. Noch etwa 1 Minute weiterrühren, dann die restliche Sojasoße gut untermischen.

DIE CHINESISCHE KÜCHE RIND UND LAMM

SÜSS-SAURES LAMM

Tang Cu Yang Rou

Dieses Rezept aus der kaiserlichen Küche der Manchu-Dynastie ist vermutlich ein Vorläufer des süß-sauren Schweinefleisches.

4 PERSONEN	Pflanzenöl zum Frittieren	2 EL Reisessig
	½ TL frischer Ingwer, fein gehackt	2 EL Rohzucker
Zutaten	1 EL helle Sojasoße	3–4 EL Grundbrühe oder Wasser
350–400 g Lammfilet	1 EL chinesischer Reiswein	1 EL Maismehlpaste (S.10)
1 EL gelbe Bohnensoße	oder trockener Sherry	½ TL Sesamöl

1 Lamm in dünne Scheiben schneiden. In der gelben Bohnensoße 35–40 Minuten in einer Schüssel marinieren.

2 Lammfleisch im Wok 30–40 Sekunden in heißem Öl braten, bis es die Farbe ändert. Mit einem Schaumlöffel herausnehmen und abtropfen lassen.

3 Öl bis auf etwa ½ EL weggießen. Ingwer und die übrigen Zutaten zugeben und glatt rühren. Lammfleisch gut untermischen, mit Sesamöl beträufeln und servieren.

GEBRATENES LAMM MIT FRÜHLINGSZWIEBELN

Cong Bao Yang Rou

Dies ist ein klassisches Rezept für Fleisch und Gemüse aus Peking. Statt Lamm kann man auch Rind oder Schwein nehmen und statt Frühlingszwiebel andere Gemüsesorten mit kräftigem Geschmack, wie Lauch oder Zwiebel.

4 PERSONEN	1 EL helle Sojasoße	6–8 Frühlingszwiebeln
	1 EL chinesischer Reiswein	etwa 300 ml Pflanzenöl
Zutaten	oder trockener Sherry	einige Stückchen frischen Ingwer
350–400 g Lammfilet	2 TL Maismehlpaste (S.10)	2 EL gelbe Bohnensoße
1 TL Rohzucker	15 g getrocknete Baumohrpilze	einige Tropfen Sesamöl

1 Lamm in dünne Scheiben schneiden. Mit Zucker, Sojasoße, Wein und Maismehlpaste 30 Minuten marinieren. Baumohrpilze 30 Minuten einweichen, zusammen mit den Frühlingszwiebeln klein stückeln.

2 Öl im vorgewärmten Wok erhitzen und das Fleisch etwa 1 Minute unter Rühren anbraten, bis sich die Farbe ändert. Mit einem Schaumlöffel herausnehmen, abtropfen lassen.

3 1 EL Öl im Wok lassen, Frühlingszwiebeln, Ingwer, Pilze und gelbe Bohnensoße zugeben. Gut vermengen, das Fleisch hineingeben, etwa 1 Minute rühren. Mit Sesamöl beträufeln.

DIE CHINESISCHE KÜCHE RIND UND LAMM

Trockengebratenes geschnetzeltes Rind

Gan Shao Niu Rou

Trockenbraten ist eine Spezialität der Szechuan-Küche: Zuerst wird die Hauptzutat bei geringer Hitze langsam unter Rühren gebraten, bis sie trocken ist, und dann mit den übrigen Zutaten schnell bei großer Hitze gegart.

4 PERSONEN

Zutaten
350–400 g Beefsteak
1 große oder 2 kleine Karotten
2–3 Stengel Sellerie
2 EL Sesamöl
1 EL Chilibohnensoße
1 EL chinesischer Reiswein oder trockener Sherry
1 EL helle Sojasoße
1 Knoblauchzehe, fein gehackt
1 TL Rohzucker
2–3 Frühlingszwiebeln, fein gehackt
½ TL frischer Ingwer, fein gehackt
gemahlene Szechuanpfefferkörner

1 Fleisch in streichholzgroße Stücke schneiden. Karotten und Sellerie in dünne Streifen schneiden.

2 Sesamöl im vorgewärmten Wok erhitzen (es raucht sehr schnell). Temperatur reduzieren und die Fleischstreifen mit Wein oder Sherry unter Rühren anbraten, bis sie die Farbe ändern.

3 Restliche Flüssigkeit ausgießen und aufbewahren. Weiterrühren, bis das Fleisch ganz trocken ist.

4 Chilibohnensoße, Sojasoße, Knoblauch und Zucker gut untermischen, danach die Karotten- und Selleriestreifen. Temperatur auf größte Hitze stellen und die Frühlingszwiebeln, den Ingwer und die aufbewahrte Flüssigkeit zugeben. Weiterrühren, bis die gesamte Flüssigkeit verdampft ist. Mit Szechuanpfeffer würzen und servieren.

Rind mit kantonesischer Austernsosse

Hao You Niu Rou

Ein klassisches Kantonesisches Gericht, in dem alle Gemüsesorten verwendet werden können: statt Zuckererbsenschoten Brokkoli, statt Babymaiskolben Bambussprossen und weiße oder schwarze Pilze statt der Strohpilze.

4 PERSONEN

Zutaten
300–350 g Beefsteak
1 TL Rohzucker
1 EL helle Sojasoße
2 TL chinesischer Reiswein oder Sherry
2 TL Maismehlpaste (S.10)
100 g Zuckererbsenschoten
100 g Babymaiskolben
100 g eingemachte Strohpilze, abgetropft
1 Frühlingszwiebel, fein gehackt
300 ml Pflanzenöl
einige Stückchen frischen Ingwer
1/2 TL Salz
2 EL Austernsoße

1 Fleisch in kleine, dünne Scheiben schneiden. Mit Zucker, Sojasoße, Wein oder Sherry und Maismehlpaste in einer Schüssel 25–30 Minuten marinieren.

2 Enden der Zuckererbsen entfernen, Große Babymaiskolben und Strohpilze halbieren, Frühlingszwiebeln in kurze Stücke schneiden.

3 Öl im vorgewärmten Wok erhitzen und das Fleisch unter Rühren anbraten, bis es die Farbe ändert. Mit einem Schaumlöffel herausnehmen und abtropfen lassen.

4 Öl bis auf etwa 2 EL weggießen, dann Frühlingszwiebeln, Ingwer und Gemüse zugeben. Mit Salz würzen und 2 Minuten unter Rühren anbraten. Fleisch und Austernsoße zugeben. Gut vermengen und servieren.

DIE CHINESISCHE KÜCHE VEGETARISCH

Gebratenes gemischtes Gemüse I

Su Shi Jin

Schwarze oder Austernpilze können statt der weißen Pilze verwendet werden.

4 PERSONEN	100 g weiße Pilze	Grundbrühe oder Wasser bei Bedarf
	1 mittelgroße rote Paprikaschote, entkernt	1 EL helle Sojasoße
Zutaten	4 EL Pflanzenöl	einige Tropfen Sesamöl (nach Belieben)
100 g Zuckererbsenschoten	1 TL Salz	
100 g Zucchini	1 TL Rohzucker	

1 Gemüse etwa in die gleiche Größe und Form schneiden. Enden der Zuckererbsen entfernen. Große Schoten halbieren.

2 Öl im vorgewärmten Wok erhitzen und das Gemüse 2 Minuten unter Rühren anbraten.

3 Salz und Zucker und bei Bedarf Brühe oder Wasser zugeben, 1 Minute rühren. Zum Schluß die Sojasoße und das Sesamöl zugeben. Gut vermengen und servieren.

Gebratenes gemischtes Gemüse II

Su Shi Jin

Die verschiedenen Zutaten mit Bedacht auswählen, und darauf achten, dass ihre Farbe und Konsistenz gut zusammenpassen.

4 PERSONEN	100 g Brokkoli	Grundbrühe oder Wasser bei Bedarf
	1 mittelgroße oder 2 kleine Karotten	1 EL helle Sojasoße
Zutaten	4 EL Pflanzenöl	einige Tropfen Sesamöl (nach Belieben)
250 g Chinakohl	1 TL Salz	
100 g Babymaiskolben	1 TL Rohzucker	

1 Gemüse etwa in gleiche Größe und Form schneiden.

2 Öl im vorgewärmten Wok erhitzen und das Gemüse 2 Minuten unter Rühren anbraten.

3 Salz und Zucker und bei Bedarf Brühe oder Wasser zugeben, 1 Minute rühren. Zum Schluß Sojasoße und Sesamöl (nach Belieben) zugeben. Gut vermengen. Servieren.

DIE CHINESISCHE KÜCHE   VEGETARISCH

WÜRZIGER TOFU AUS SZECHUAN

Ma Po Dao Fu

Ein allgemein beliebtes Szechuan-Gericht, das aus dem vorigen Jahrhundert stammt. Wenn es rein vegetarisch sein soll, lässt man das Fleisch weg.

4 PERSONEN	1 EL helle Sojasoße
Zutaten	1 TL Chilibohnensoße
3 Stück Tofu	1 EL chinesischer Reiswein
1 Lauchstange	oder trockener Sherry
100 g Rinderhackfleisch	ca. 3–4 EL Grundbrühe oder Wasser
3 EL Pflanzenöl	2 TL Maismehlpaste (S.10)
1 EL schwarze Bohnensoße	gemahlene Szechuanpfefferkörner
	einige Tropfen Sesamöl

1 Tofu in 1 cm große Würfel schneiden, die Würfel in einem Topf mit kochendem Wasser 2-3 Minuten blanchieren, damit sie hart werden. Lauch in kurze Stücke schneiden.

2 Hack im Öl unter Rühren anbraten, bis es die Farbe ändert. Dann den Lauch und die schwarze Bohnensoße zugeben. Tofu mit der Sojasoße, der Chilibohnensoße und dem Wein oder Sherry zufügen. 1 Minute sanft rühren.

3 Mit Brühe oder Wasser ablöschen, aufkochen und 2-3 Minuten schmoren.

4 Soße mit Maismehlpaste binden, mit Szechuanpfeffer würzen und Sesamöl beträufeln. Servieren.

VEGETARISCH   DIE CHINESISCHE KÜCHE

YU HSIANG AUBERGINEN IN WÜRZIGER SOSSE

Yu Hsiang Gai

Yu Hsiang – wörtlich „Fischgeruch" – ist ein Begriff aus der Szechuan-Küche. Er bedeutet, dass man Gewürze verwendet, die eigentlich Fischgerichten vorbehalten sind.

---

4 PERSONEN

Zutaten
450 g Auberginen
3–4 getrocknete rote Chilischoten,
   10 Minuten in Wasser einweichen
Pflanzenöl zum Frittieren
1 Knoblauchzehe, fein gehackt

1 TL frischer Ingwer, fein gehackt
1 TL Frühlingszwiebel, fein gehackt,
   (nur den weißen Teil)
100 g mageres Schweinefleisch, in dünne
   Streifen geschnitten (wenn gewünscht)
1 EL helle Sojasoße
1 TL Rohzucker
1 EL Chilibohnensoße

1 EL chinesischer Reiswein
   oder trockener Sherry
1 EL Reisessig
2 TL Maismehlpaste (S.10)
1 TL Frühlingszwiebel, fein
   gehackt, nur den grünen
   Teil, zum Garnieren
einige Tropfen Sesamöl

1 Auberginen wie Pommes Frites schneiden, nach Belieben schälen. Die eingeweichten Chilischoten in 2–3 Stücke schneiden und entkernen.

2 Öl im Wok erhitzen und die Auberginen-Chips 3–4 Minuten frittieren, bis sie weich sind. Herausnehmen und gut abtropfen lassen.

3 Öl bis auf 1 EL weggießen. Knoblauch, Ingwer, weiße Frühlingszwiebel und Chilis zugeben, einige Male umrühren, danach das Schweinefleisch, wenn gewünscht. Das Fleisch 1 Minute unter Rühren anbraten, bis es die Farbe ändert. Alle Gewürze zufügen und aufkochen.

4 Auberginen hineingeben, gut vermengen und 30–40 Sekunden schmoren, danach die Soße mit der Maismehlpaste binden und geschmeidig rühren. Mit grüner Frühlingszwiebel garnieren und mit Sesamöl beträufeln.

Tipp

Einweichen in Wasser mildert die Schärfe getrockneter Chilischoten. Weichen Sie sie einfach länger als 10 Minuten ein, wenn sie Ihnen zu scharf sind.

DIE CHINESISCHE KÜCHE

BROKKOLI IN AUSTERNSOSSE

Hao You Xi Lan

Vegetarier können die Austernsoße durch Sojasoße ersetzen.

> **4 PERSONEN**
>
> **Zutaten**
> 450 g Brokkoli
> 3–4 EL Pflanzenöl
> ½ TL Salz
> ½ TL Rohzucker
> 3–4 EL Grundbrühe oder Wasser
> 2 EL Austernsoße

1 Brokkoliköpfe in Röschen schneiden und die grobe Haut von den Stielen abziehen. Röschen diagonal zerteilen.

2 Öl im vorgewärmten Wok erhitzen, Salz zugeben, dann den Brokkoli 2 Minuten unter Rühren anbraten. Zucker und Brühe oder Wasser zufügen und noch eine Minute weiterrühren. Zum Schluß die Austernsoße zugeben, gut vermengen und servieren

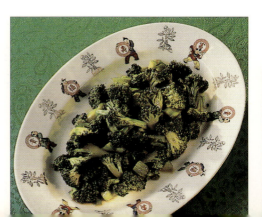

VEGETARISCH

GEBRATENER CHINAKOHL MIT PILZEN

Pia Cai Cao Gu

Man kann für dieses Rezept auch frische Knopfpilze verwenden.

> **4 PERSONEN**
>
> **Zutaten**
> 250 g frische Strohpilze oder 1 Dose Strohpilze (350 g), abgetropft
> 4 EL Pflanzenöl
> 400 g Chinakohl, in Streifen geschnitten
> 1 TL Salz
> 1 TL Rohzucker
> 1 EL Maismehlpaste (S.10)
> 100 ml Milch

1 Pilze der Länge nach halbieren. Hälfte des Öls erhitzen, Chinakohl 2 Minuten unter Rühren anbraten, die Hälfte des Salzes und des Zuckers zugeben. 1 Minute rühren, danach auf einem Teller anrichten.

2 Pilze 1 Minute unter Rühren anbraten. Mit Salz und Zucker würzen, noch 1 Minute dünsten, dann mit Maismehlpaste und Milch binden. Auf dem Kohl servieren.

GEBRATENE SOJASPROSSEN

Chao Dao Ya

Für dieses schnelle und einfache Rezept müssen die Sojasprossen nicht geputzt werden. Einfach in einer Schüssel mit kaltem Wasser abspülen und Schale, die auf der Oberfläche schwimmt, entfernen.

> **4 PERSONEN**
>
> **Zutaten**
> 2–3 Frühlingszwiebeln
> 250 g frische Sojasprossen
> 3 EL Pflanzenöl
> 1 TL Salz
> ½ TL Rohzucker
> einige Tropfen Sesamöl (nach Belieben)

1 Frühlingszwiebeln in kurze Stücke schneiden, etwa so groß wie die Sojasprossen.

2 Öl im vorgewärmten Wok erhitzen, Sojasprossen und Frühlingszwiebeln unter Rühren 1 Minute anbraten. Würzen und noch 1 Minute weiterrühren. Nach Belieben mit Sesamöl beträufeln. Nicht zu lange kochen, da die Sojasprossen sonst zu weich werden.

VEGETARISCH   DIE CHINESISCHE KÜCHE

Geschmortes chinesisches Gemüse

Lo Han Zhai

Im Originalrezept durften es nicht weniger als 18 verschiedene Zutaten sein, die für die 18 Buddhas (Lo Han) stehen. Später begnügte man sich mit acht, heute reichen 4–6 aus.

4 PERSONEN

Zutaten

7 g getrocknete Baumohrpilze
100 g Strohpilze, abgetropft
100 g geschnittene Bambussprossen, abgetropft
50 g Zuckererbsenschoten
1 Stück Tofu
200 g Chinakohl
3–4 EL Pflanzenöl
1 TL Salz
½ TL Rohzucker
1 EL helle Sojasoße
einige Tropfen Sesamöl (nach Belieben)

1 Baumohrpilze 25–30 Minuten in kaltem Wasser einweichen, dann abspülen und harte Stiele abschneiden, falls vorhanden. Große Strohpilze der Länge nach halbieren, kleine ganz lassen. Bambussprossen abspülen und abtropfen lassen. Enden der Zuckererbsen abscheiden. Tofu in etwa 12 Stücke schneiden. Chinakohl etwa so groß wie die Erbsenschoten schneiden.

2 Tofustücke in kochendem Wasser 2 Minuten härten. Herausnehmen und abtropfen lassen.

3 Öl in feuerfester Kasserolle oder im Topf erhitzen und die Tofustücke leicht von beiden Seiten anbräunen. Mit einer Kelle herausnehmen und warm halten.

4 Alles Gemüse in der Kasserolle oder dem Topf 1½ Minuten unter Rühren anbraten, dann die Tofustücke, Salz, Zucker und Sojasoße zugeben. Noch 1 Minute weiterrühren, dann zudecken und 2–3 Minuten dünsten. Nach Belieben mit Sesamöl beträufeln und servieren.

BAMBUSSPROSSEN UND CHINESISCHE PILZE

Chao Shang Dong

Dieses Gericht heißt auch „Zwillingswintergemüse", da Bambussprossen und Pilze im Winter am besten schmecken. Sie sollten also möglichst im Winter eingemachte Bambussprossen und besonders große Pilze verwenden.

4 PERSONEN	300 g Winter-Bambussprossen	1 EL chinesischer Reiswein oder Sherry
	3 EL Pflanzenöl	$^{1}/_{2}$ TL Rohzucker
Zutaten	1 Frühlingszwiebel, in kurze Stücke geschnitten	2 TL Maismehlpaste (S.10)
50 g getrocknete chinesische Pilze (Shiitake)	2 EL helle Sojasoße oder Austernsoße	einige Tropfen Sesamöl

1 Pilze mindestens 3 Stunden in kaltem Wasser einweichen, dann trocken tupfen und harte Stiele entfernen, das Wasser aufbewahren. Große Pilze halbieren oder vierteln, kleine ganz lassen.

2 Bambussprossen abspülen und abtropfen lassen, dann in kleine Keile schneiden.

3 Öl im vorgewärmten Wok erhitzen und Pilze und Bambussprossen etwa 1 Minute unter Rühren anbraten. Frühlingszwiebel und Gewürze mit 2-3 EL Pilzwasser zugeben. Aufkochen und noch etwa 1 Minute schmoren, dann die Soße mit der Maismehlpaste binden. Mit Sesamöl beträufeln.

GEBRATENE TOMATEN, GURKEN UND EIER

Chao San Wei

Statt Gurke kann auch grüner Paprika oder Zucchini genommen werden.

4 PERSONEN	$^{1}/_{3}$ ungeschälte Gurke	4 EL Pflanzenöl
	4 Eier	2 TL chinesischer Reiswein
Zutaten	1 TL Salz	oder trockener Sherry (nach Belieben)
200 g geschälte, feste Tomaten	1 Frühlingszwiebel, fein gehackt	

1 Tomaten und Gurke halbieren, dann in kleine Keile schneiden. Eier mit 1 Prise Salz und einigen Stückchen Frühlingszwiebel leicht verschlagen.

2 Etwa die Hälfte des Öls im vorgewärmten Wok erhitzen, das Ei bei niedriger Hitze anbraten, so daß es fest, aber nicht zu trocken wird. Herausnehmen und warm halten.

3 Restliches Öl stark erhitzen, Gemüse hineingeben und 1 Minute unter Rühren anbraten. Restliches Salz, danach die Eier und nach Belieben den Wein oder Sherry zugeben.

REIS, NUDELN UND DIM SUM

Nudeln in der Suppe

Tang Mein

In China sind Nudeln in der Suppe (Tang Mein) viel beliebter als gebratene Nudeln. Dieses Grundrezept können Sie abwandeln, indem Sie immer andere Zutaten für die „Soße" nehmen.

4 PERSONEN

Zutaten
250 g Hühnerbrustfilet, Schweinefilet oder fertig gekochtes Fleisch
3–4 getrocknete chinesische Pilze (Shiitake), eingeweicht
100 g Bambussprossen, abgetropft
100 g Spinatblätter, Salatherzen oder Chinakohl
2 Frühlingszwiebeln
350 g Eiernudeln
600 ml Grundbrühe
2 EL Pflanzenöl
1 TL Salz
½ TL Rohzucker
1 EL helle Sojasoße
2 TL chinesischer Reiswein oder trockener Sherry
einige Tropfen Sesamöl

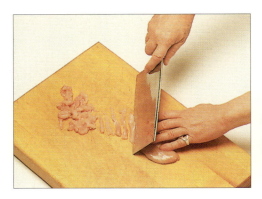

1 Fleisch in dünne Scheiben schneiden. Pilze ausdrücken und harte Stiele entfernen. Pilze, Bambussprossen, grünes Gemüse und Frühlingszwiebeln kleinschneiden.

2 Nudeln nach Anweisung auf der Packung kochen, abtropfen lassen und unter kaltem Wasser abspülen. In eine Servierschüssel geben.

3 Grundbrühe zum Kochen bringen und über die Nudeln gießen, warm halten.

4 Öl im Wok erhitzen, etwa die Hälfte der Frühlingszwiebeln und das Fleisch zugeben und etwa 1 Minute unter Rühren anbraten.

5 Pilze, Bambussprossen und grünes Gemüse hineingeben und 1 Minute mitbraten. Alle Gewürze zugeben. Gut vermengen.

6 Die Gemüsemischung über die Nudeln gießen, mit den restlichen Frühlingszwiebeln garnieren und servieren.

EINFACHER REIS

Pai Fan

Langkorn-, Patna- oder aromatisierten thailändischen Reis verwenden. Pro Person ca. 50 g rohen Reis rechnen.

4 PERSONEN	ca. 250 ml kaltes Wasser
	Prise Salz
Zutaten	1/3 TL Pflanzenöl
250 g Reis	

1 Reis waschen und abspülen. In einen Topf geben und Wasser zufügen. Es sollten nicht mehr als 2 cm Wasser über dem Reis stehen.

2 Zum Kochen bringen, Salz und Öl zugeben und umrühren, damit der Reis nicht ansetzt. 15–20 Minuten zugedeckt auf ganz kleiner Flamme ausquellen lassen.

3 Vom Herd nehmen und 10 Minuten stehen lassen. Vor dem Servieren den Reis mit einer Gabel oder einem Löffel lockern.

REIS MIT RÜHREI

Dan Chao Fan

Nicht zu weich kochenden Reis verwenden. Am Besten den Reis vor dem Kochen kurz einweichen.

4 PERSONEN	2–3 EL Pflanzenöl
	450 g gekochter Reis
Zutaten	100 g grüne Erbsen
3 Eier	
1 TL Salz	
2 Frühlingszwiebeln, fein gehackt	

1 Eier mit einer Prise Salz und einigen Stückchen Frühlingszwiebel leicht verschlagen.

2 Öl im vorgewärmten Wok erhitzen und die Eier leicht anbraten.

3 Reis gut untermischen, damit die Reiskörner nicht zusammenkleben. Restliches Salz, Frühlingszwiebel und Erbsen zugeben. Gut vermengen und servieren.

Schweinefleischklösschen

Jiao Zi

Diese Klößchen eignen sich als Vorspeise für ein mehrgängiges Menü, wenn sie gebraten werden. Sie können auch gedämpft als Snack gereicht werden oder als Hauptmahlzeit, wenn sie pochiert werden.

ERGIBT CA. 80–90 KLÖSSCHEN

Zutaten
450 g Mehl
450 ml Wasser
Mehl zum Einstäuben

Füllung
450 g Chinakohl oder Weißkohl
450 g Schweinehackfleisch
1 EL Frühlingszwiebel, fein gehackt
1 TL frischer Ingwer, fein gehackt
2 TL Salz
1 TL Rohzucker
2 EL helle Sojasoße
1 EL chinesischer Reiswein oder trockener Sherry
2 TL Sesamöl

Dip

2 EL rotes Chiliöl
1 EL helle Sojasoße
1 TL Knoblauch, fein gehackt
1 EL Frühlingszwiebel, fein gehackt

Alle Zutaten in einer kleinen Schüssel vermengen und mit den Schweinefleischklößchen servieren.

1 Mehl in eine Schüssel sieben, das Wasser langsam zugießen und zu einem festen Teig verarbeiten. Kneten, bis der Teig weich und geschmeidig ist. Mit einem feuchten Tuch bedecken und 30 Minuten beiseite stellen.

2 Für die Füllung die Krautblätter blanchieren, bis sie weich sind. Abtropfen lassen und fein hacken. Den Kohl mit den restlichen Zutaten mischen.

3 Die Arbeitsfläche leicht mit Mehl bestäuben. Teig kneten und zu einer langen Rolle von 2,5 cm Durchmesser formen. In 80–90 gleiche Stücke teilen und jedes Stück mit der Handfläche platt drücken.

4 Mit einem Wellholz jedes Stück zu einem dünnen Fladen von etwa 6 cm Durchmesser ausrollen.

5 Etwa 1½ EL der Füllung in die Mitte jedes Pfannkuchens legen. Ihn dann in eine halbmondförmige Tasche falten.

6 Die Ränder gut andrücken, so dass die Taschen fest verschlossen sind.

Braten: 3 EL Öl in einem Wok erhitzen. Die Taschen nebeneinander in das Öl legen und bei mittlerer Hitze circa 2–3 Minuten braten.

Dämpfen: Die Taschen auf einem Salatbett auf den Rost eines Bambusdämpfers legen und 10–12 Minuten bei hoher Temperatur dämpfen. Heiß mit dem Dip servieren.

Pochieren: Die Taschen in etwa 150 ml kochendem Salzwasser 2 Minuten pochieren. Vom Herd nehmen, noch 15 Minuten im Wasser stehen lassen.

Gebratener Reis Spezial

Yanchow Chao Fan

Ein anspruchsvolleres Gericht als Reis mit Rührei und beinahe eine eigenständige Mahlzeit.

4 PERSONEN

Zutaten
50 g geschälte, gekochte Garnelen
50 g gekochter Schinken
3 Eier
1 TL Salz
2 Frühlingszwiebeln, fein gehackt
4 EL Pflanzenöl
100 g Erbsen
1 EL helle Sojasoße
1 EL chinesischer Reiswein
   oder trockener Sherry
450 g gekochter Reis

1 Garnelen mit Küchenpapier abtrocknen. Schinken erbsengroß würfeln.

2 Eier in einer Schüssel mit einer Prise Salz und einigen Stückchen Frühlingszwiebel leicht verschlagen.

3 Etwa die Hälfte des Öls im vorgewärmten Wok erhitzen, Erbsen, Garnelen und Schinken 1 Minute unter Rühren anbraten, dann Sojasoße und Wein oder Sherry zugeben. Herausnehmen und warm halten.

4 Restliches Öl im Wok erhitzen und die Eier leicht anbraten. Reis gut untermischen, damit die Reiskörner nicht zusammenkleben. Restliches Salz, Frühlingszwiebeln und Garnelen, Schinken und Erbsen zufügen. Gut vermengen und heiß oder kalt servieren.

Wonton-Suppe

Wun Tun Tang

In China wird die Wonton-Suppe mehr als Snack oder Dim sum serviert und nicht als Gang eines großen Essens.

4 PERSONEN

Zutaten
200 g nicht zu mageres Schweinefleisch, grob gehackt
50 g geschälte Garnelen, fein gehackt
1 TL Rohzucker
1 EL chinesischer Reiswein oder Sherry
2 EL helle Sojasoße
1 TL Frühlingszwiebeln, fein gehackt
1 TL frischer Ingwer, fein gehackt
24 fertige Wontonhüllen
ca. 700 ml Grundbrühe
fein gehackte Frühlingszwiebeln zum Garnieren

1 Schweinefleisch und Garnelen mit Zucker, Wein oder Sherry, 1 EL Sojasoße, Frühlingszwiebeln und Ingwer in einer Schüssel gut vermengen und 25–30 Minuten stehen lassen.

2 Etwa 1 TL Füllung in die Mitte je einer Wontonhülle geben.

3 Die Ränder der Wontonhüllen befeuchten und übereinander falten. Mit den Fingern zusammendrücken, um sie fest zu schließen. Noch einmal falten.

4 Brühe im Wok oder Topf zum Kochen bringen, die Wontons hineingeben und 4–5 Minuten kochen. Mit der restlichen Sojasoße würzen und den Frühlingszwiebeln garnieren. Servieren.

MEERESFRÜCHTE CHOW MEIN

Hai Wei Chao Mein

Dieses Grundrezept kann durch andere Zutaten für die „Soße" abgewandelt werden.

4 PERSONEN

Zutaten
100 g gesäuberter Tintenfisch
100 g rohe Garnelen
3–4 Kamm-Muscheln
½ Eiweiß
1 EL Maismehlpaste (S.10)
250 g Eiernudeln
5–6 EL Pflanzenöl
50 g Zuckererbsenschoten
½ TL Salz
½ TL Rohzucker
1 EL chinesischer Reiswein
   oder trockener Sherry
2 EL helle Sojasoße
2 Frühlingszwiebeln, in feine Streifen
   geschnitten
Grundbrühe bei Bedarf
einige Tropfen Sesamöl

1 Tintenfisch mit einem scharfen Messer öffnen und innen kreuzweise einritzen. In kleine Stücke schneiden. Tintenfisch in Wasser kochen, bis sich alle Stücke gerollt haben. Mit kaltem Wasser abspülen, abtropfen lassen.

2 Garnelen schälen und der Länge nach halbieren.

3 Muscheln in 3-4 Scheiben schneiden. Muscheln und Garnelen mit Eiweiß und Maismehlpaste vermengen.

4 Nudeln nach Anweisung auf der Packung kochen und unter kaltem Wasser abspülen. Etwa 1 EL Öl untermischen.

5 Etwa 2-3 EL Öl im Wok erhitzen. Zuckererbsen und Meeresfrüchte etwa 2-3 Minuten unter Rühren anbraten, dann Salz, Zucker, Wein oder Sherry, die Hälfte der Sojasoße und etwa die Hälfte der Frühlingszwiebeln gut untermischen. Bei Bedarf die Brühe zugeben. Herausnehmen und warm halten.

6 Restliches Öl im Wok erhitzen und die Nudeln mit der restlichen Sojasoße unter Rühren 2-3 Minuten anbraten. Auf einem großen Servierteller anrichten, die „Soße" darüber gießen, mit Frühlingszwiebeln garnieren und Sesamöl beträufeln. Kalt oder warm servieren.

DIE CHINESISCHE KÜCHE

DESSERTS

Dünne Pfannkuchen

Bao Bing

Dünne Pfannkuchen selbst zu machen ist nicht schwer. Wenn sie allerdings perfekt sein sollen, benötigt man viel Übung und Geduld. Heute kaufen sogar Restaurants tiefgefrorene Pfannkuchen in chinesischen Supermärkten. Wer fertige kauft oder selbstgemachte aufwärmt, sollte sie 5 Minuten dämpfen oder im Mikrowellenherd bei 650 Watt 1–2 Minuten aufwärmen.

ERGIBT 24–30 STÜCK

Zutaten
450 g Mehl
ca. 300 ml kochendes Wasser
1 TL Pflanzenöl
Mehl zum Einstäuben

Tipp

Pfannkuchen können im Kühlschrank mehrere Tage aufbewahrt werden.

1 Mehl in eine Schüssel sieben, dann kochendes Wasser zugießen, dabei vorsichtig rühren. Mit dem Öl vermengen und zu einem festen Teig kneten. Mit einem feuchten Tuch bedecken und etwa 30 Minuten ruhen lassen. Die Arbeitsfläche leicht mit Mehl bestäuben.

2 Teig in 5–8 Minuten geschmeidig kneten und in drei gleichgroße Portionen teilen. Jede zu einer Rolle formen und diese in 8–10 gleiche Stücke teilen. Jedes Stück zu einer Kugel formen und mit der Handfläche flach drücken. Mit einem Wellholz auf 15 cm Durchmesser ausrollen.

3 Eine ungefettete Pfanne sehr stark erhitzen, dann die Temperatur verringern und die Pfannkuchen einzeln in der Pfanne ausbacken. Sie sind fertig, wenn die Unterseite kleine braune Flecken zeigt. Gebackene Pfannkuchen unter ein feuchtes Tuch legen, bis alle fertig sind.

Pfannkuchen mit roter Bohnenpaste

Hong Dao Guo Ping

Falls Sie keine rote Bohnenpaste bekommen, nehmen Sie ersatzweise gesüßtes Kastanienpüree oder Dattelmus.

4 PERSONEN

Zutaten
8 EL gesüßte rote Bohnenpaste
8 dünne Pfannkuchen
2–3 EL Pflanzenöl
Puderzucker zum Bestäuben

1 Etwa 1 EL rote Bohnenpaste auf drei Viertel eines Pfannkuchens verteilen. Dann den Pfannkuchen 3–4 Mal aufrollen.

2 Öl im Wok oder in einer Pfanne erhitzen und die Pfannkuchenrollen braten, bis sie goldbraun sind. Einmal wenden.

3 Jede Pfannkuchenrolle in 3–4 Stücke schneiden und zum Servieren mit Puderzucker bestäuben.

DIE CHINESISCHE KÜCHE   DESSERTS

KANDIERTE ÄPFEL

Ba Tsu Ping Guo

Viele andere Früchte, wie Banane oder Ananas, können auf die gleiche Art zubereitet werden.

4 PERSONEN	Pflanzenöl zum Frittieren und
Zutaten	2 EL für die Glasur
4 feste Speiseäpfel, geschält und entkernt	100 g Puderzucker
100 g Mehl	
100 ml kaltes Wasser	
1 geschlagenes Ei	

1 Äpfel achteln. Alle Stücke mit etwas Mehl bestäuben.

2 Restliches Mehl in eine Rührschüssel sieben, Wasser langsam zugießen. Zu einem glatten Teig verrühren. Das geschlagene Ei zugeben und gut vermengen.

3 Öl im Wok erhitzen. Apfelstücke in den Teig tunken und 3 Minuten frittieren, bis sie goldbraun sind. Herausnehmen und abtropfen lassen.

4 2 EL Öl im Wok erhitzen, den Zucker zugeben und unter ständigem Rühren karamelisieren lassen. Die Äpfel schnell zugeben und gut mischen, bis jedes Apfelstück mit der Karamelmasse überzogen ist. Die Apfelstücke zur Härtung mit kaltem Wasser abschrecken.

DESSERTS　　　　　　　　　　　　　　　　　　DIE CHINESISCHE KÜCHE

MANDELQUARK

Xing Ren Tou Fou

Wird gewöhnlich mit Agar-Agar zubereitet, ersatzweise kann Gelatine verwendet werden.

4–6 PERSONEN

Zutaten
7 g Agar-Agar oder 25 g Gelatinepulver
600 ml Wasser
4 EL Puderzucker
300 ml Milch
1 TL Mandelaroma
frischer oder eingemachter Obstsalat mit Sirup

1 Agar-Agar in einem Topf mit der Hälfte des Wassers bei geringer Hitze auflösen. Dies dauert mindestens 10 Minuten. Bei Gelatine nach der Anweisung vorgehen.

2 Zucker mit dem restlichen Wasser in einem anderen Topf bei mittlerer Hitze auflösen. Milch und Mandelaroma hinzugeben, gut verrühren, aber nicht kochen lassen.

3 Die Milch und den Zucker mit der Agar-Agar-Mischung in einer großen Servierschüssel verrühren. Abkühlen lassen, 2–3 Stunden in den Kühlschrank stellen.

4 Die Masse in kleine Würfel schneiden und in eine Servierschüssel oder in Portionsschüsseln füllen. Den Obstsalat mit dem Sirup darüber geben und servieren.

Südostasien und Japan

STEVEN WHEELER

Die Küchen Asiens erzählen auf ihre Weise von den Menschen und ihren Sitten und Bräuchen. In diesem Kapitel finden Sie Rezepte aus Thailand, Vietnam, Malaysia, Singapur, Indonesien, den Philippinen und Japan, in denen sich die eigenständige kulinarische Kultur jedes Landes widerspiegelt. Prägenden Einfluss haben auch die drei großen Religionen – Islam, Buddhismus und Christentum. Eines gilt jedoch für alle: jede Mahlzeit muss aus frischen und aromatischen Produkten zubereitet sein. Von diesem Grundsatz leben die Küchen dieser Regionen. Da sehr viele dieser Zutaten jetzt auch bei uns in den Supermärkten angeboten werden, gibt es einen Grund mehr, sich beim Kochen fernöstlich inspirieren zu lassen.

SÜDOSTASIEN UND JAPAN   KLEINES GLOSSAR

Kleines Glossar der Küche Südostasiens

So vielseitig wie die Länder selbst sind auch die Küchen Südostasiens: von den spanischen Elementen in der philippinischen Küche bis zu den beinahe asketischen Einflüssen der buddhistischen und islamischen Religionen. Gemeinsam ist fast allen die Art des Servierens. Mahlzeiten werden in zwangloser, familiärer Atmosphäre eingenommen. Alle Gerichte werden gleichzeitig serviert, und Gäste bedienen sich unaufgefordert, entweder mit Stäbchen oder der linken Hand. Die Gerichte sollen in Struktur und Geschmack ausgewogen sein und die Zutaten frisch und aromatisch.

Ausstattung und Küchengeräte

Bambusspieße (1) Werden zum Grillen oder Schmoren von Zutaten verwendet und nach Gebrauch weggeworfen.

Schneidebrett (2) Es lohnt sich, ein stabiles Schneidebrett zu kaufen. Dicke Schneidebretter haben die beste Oberflächenqualität und halten Jahre.

Zitrusfrüchteschäler (3) Die äußere Schale der Zitrusfrüchte gibt vielen fernöstlichen Gerichten einen besonderen Geschmack. Der Schäler trennt nur die Schale ab, ohne den bitteren weißen Teil der Frucht.

Hackbeile (4, 5) Für den Hausgebrauch scheinen sie zunächst etwas ungewöhnlich, sind jedoch sehr praktisch zum Hacken und Einschieben der Zutaten vom Schneidebrett in den Wok. Kleine Beile werden meist zum Hacken und Kleinschneiden von Obst und Gemüse benutzt. Sie können aber auch zum Vorbereiten von Fleisch und Fisch verwendet werden.

Kochstäbchen (6) Mit besonders langen Stäbchen können Zutaten im Wok umgerührt werden, und man verbrennt sich beim Kochen nicht.

Abtropfgitter (7) Liegt am Rand des Woks auf und wird hauptsächlich beim Frittieren verwendet.

Küchenmaschine (8) Eine praktische Alternative zu den traditionellen Stößeln und Mörsern und nützlich, um z.B. Kräuter und Gemüse zu zerkleinern.

Großes Hackmesser (9) Wer mit Hackbeilen nicht vertraut ist, kann ein großes westliches Hackmesser benutzen. Mit breiter Klinge ist die Handhabung am besten.

Reisschaufel (10) Wird aus einem großen Bambusstück hergestellt. Man braucht sie, um den gekochten Reis zu rühren und zu lockern. Auch Stäbchen können zum Lockern verwendet werden.

Reistopf und Deckel (11) Ein guter Reistopf mit fest schließendem Deckel ist eines der wichtigsten Geräte der asiatischen Küche. Edelstahltöpfe mit dickem Boden eignen sich am besten.

Schleifstein (12) Wird zum Schärfen der verschiedenen Messer verwendet. Man kann ihn im Eisenwarengeschäft erhalten. Er sollte vor Gebrauch in Wasser gelegt werden.

Schaumlöffel aus Edelstahl (13) Sollte verwendet werden, wenn scharfe Zutaten normale Metallgeräte schädigen können.

Drahtseiher (14) Mit ihnen nimmt man gekochtes Essen aus heißem Öl oder Wasser heraus. Normale Metallseiher können Geschmack annehmen, daher nicht für Flüssigkeiten auf Fischbasis verwenden.

Wok (15) Wird in allen Teilen Asiens verwendet. Ein Wok erlaubt das Frittieren und Braten der verschiedensten Speisen mit sehr wenig Fett. Frische und Aroma aller Zutaten bleiben dabei erhalten.

Wokkelle (16) Wird zum Umrühren flüssiger Zutaten während des Kochens verwendet und ist auch nützlich, um das Essen in Servierschüsseln umzufüllen.

Wokdeckel (17) Der kuppelförmige Deckel hält die abgegebene Flüssigkeit beim Kochen zurück. Der Dampf, der sich im Deckel sammelt, verhindert, dass die Zutaten zu dunkel gebraten werden.

Wokschaufel (18) Sie passt sich der gerundeten Fläche des Woks an. Die meisten Schaufeln sind aus Edelstahl und nehmen keinen Geschmack an.

Zutaten

Eichelkürbis (1) Viele verschiedene Kürbisarten wachsen in Südostasien. Sie werden meistens als Gemüse verwendet, manchmal jedoch auch als Dessert.

Aubergine (2) Die dunkelhäutige Aubergine wird bei vielen langsam kochenden Gerichten verwendet und ist für ihre weiche Konsistenz bekannt. Große Auberginen können bitter sein und sollten vor Gebrauch gesalzen werden.

Bananenblätter (3) Oft werden Zutaten vor dem Kochen in ein Bananenblatt eingewickelt. Aluminiumfolie kann als Ersatz dienen.

Kardamomschoten (4) Kardamom gehört zur Familie des Ingwers. Die Samen der olivgrünen Schoten sind am süßesten. Sie werden normalerweise zusammen mit anderen Gewürzen gemahlen. Große schwarze Schoten haben einen bitteren Geschmack und passen gut zu Curryzutaten.

Glasnudeln (5) Diese feinen Nudeln werden normalerweise aus der Mungbohne hergestellt, manche Nudeln enthalten jedoch auch Reis, Soja oder Erbsenstärke. Beim Kochen werden sie weich und sind ein wichtiger Bestandteil für Frühlingsrollenfüllungen. Glasnudeln werden beim Frittieren sehr knusprig.

Chilischoten (6) Vorsichtig verwenden. Sie geben vielen fernöstlichen Currys und Dips das typische süßscharfe Aroma. Kleine Schoten sind in der Regel die schärfsten. Grüne Schoten sind weniger süß als die roten.

Chinesische rote Zwiebeln (*Schalotten*) (7) Obwohl sie so klein sind, sind sie sehr intensiv im Geschmack. Falls nicht erhältlich, braune Schalotten verwenden oder eine größere Menge weiße Zwiebeln.

Zimt (*Cassia*) (8) Fest gerollte Zimtstangen geben süßen und geschmacksintensiven Gerichten ein weiches, warmes Aroma. Cassia, der hier abgebildet ist, hat ein stärkeres Aroma und wird mit anderen starken Gewürzen verwendet.

Kokosnuss (9) Ein unentbehrlicher Bestandteil vieler fernöstlicher Gerichte. Die dicke, cremige Kokosmilch wird aus dem weißen Fleisch gewonnen.

Korianderblätter (10) Frischer Koriander riecht beißend scharf und läßt sich gut mit einem anderen starken Aroma verbinden. Auch die weiße Korianderwurzel kann man verwenden, z.B. wenn die Farbe der Blätter optisch stören würde. Ein Bund Koriander hält sich in einem Wasserkrug fünf Tage. Mit einer Plastiktüte abdecken und im Kühlschrank aufbewahren.

Koriandersamen (11) Koriander wird in der ganzen Küche Asiens verwendet. Die Samen werden mit anderen Gewürzen trockengeröstet, damit sie ihr einmaliges Aroma entfalten.

Kreuzkümmel (12) Hat eine ähnlich gerippte Form wie Fenchelsamen und kommt aus der Petersilienfamilie. Sein warmes, pikantes Aroma passt gut zu Koriander und wird in vielen Rindergerichten verwendet. Kreuzkümmel wird meist vor Gebrauch trockengeröstet.

90

KLEINES GLOSSAR — SÜDOSTASIEN UND JAPAN

Eiernudeln (13) Werden aus Mehl hergestellt und als Trockenprodukt abgepackt verkauft. Gekochte Eiernudeln verwendet man in Gerichten wie Mee Goreng aus Singapur und Pansit Guisado aus den Philippinen.

Enokitake Pilze (14) Diese schlanken Pilze schmecken süß und pfeffrig. In Japan werden sie zum Anreichern klarer Brühen verwendet. Enokitake können auch roh im Salat gegessen werden.

Fenchelsamen (15) Pralle, grüne Fenchelsamen sind dem Kreuzkümmel ähnlich und haben ein süßes Anisaroma. Der Samen passt gut zu Erdnuss und der Schale von Zitrusfrüchten und ist hilfreich bei Verdauungsbeschwerden.

Garnelenpaste (*Blachan, Kapi*) (16) Der Geruch der fermentierten Garnelenpaste ist eher abstoßend. Wenn man sie jedoch mit anderen Gewürzen vermengt, verliert die Paste ihren unangenehmen Beigeschmack und gibt vielen fernöstlichen Soßen das ihnen typische Aroma.

Galingal (17) Gehört zur Ingwerfamilie, auch die Wurzel ist ähnlich geformt. Die faserige Wurzel ist ähnlich harzig wie die Pinie und passt gut zu Fischgerichten. Getrockneten Galingal findet man immer häufiger. Vor Gebrauch sollte er in kochendem Wasser eingeweicht werden.

Knoblauch (18) Passt gut zu den starken, scharfen Aromen Ostasiens. Einzelne Zehen können entweder fein gehackt oder - wenn zur Hand - in der Knoblauchpresse gepresst werden.

Ingwer (19) Frischer Ingwer ist im Westen bekannt für sein warmes, scharfes Aroma. In seiner Heimat Ostasien kommt er in vielen interessanten Gewürzkombinationen vor.

Limonenblätter (20) Sind unentbehrlich bei vielen langsam kochenden Speisen. Das intensive Zitrusaroma der Blätter passt besonders gut zu Kokosmilch und scharfen Chiligewürzen.

Limonen (21) Ihr Saft wird oft nach dem Kochen zugegeben. Auch werden Stücke zum Essen gelegt, so dass jeder selbst würzen kann.

Zitronengras (22) Frisches Zitronengras wird in der ganzen fernöstlichen Küche verwendet. Sein Aroma ist zitronenartig und verbindet sich gut mit anderen flüssigen Gewürzen. Zitronengras ist auch getrocknet erhältlich.

Lychees (23) Die spröde Schale läßt sich wie bei einem gekochten Ei abpellen. Die weiße, duftende Frucht hat einen sauberen, frischen Geschmack; sie wird als Dessert serviert.

Mandarinen (24) Der Geschmack der äußeren Schale der Mandarine verbindet sich gut mit den anderen intensiven Gewürzen des Fernen Ostens. Satsumas und Clementinen können auch verwendet werden.

Mango (25) Gibt süßen und würzigen Gerichten ein starkes Aroma. Mangos sind reif, wenn sich die grüne Haut stellenweise rötet.

Minze (26) Verschiedene Arten werden in der vietnamesischen Küche verwendet. Der frische Geschmack verbindet sich besonders gut mit Korianderblättern, Erdnuss und der Mandarinenschale. Minze wird auch in süßen und würzigen Fruchtsalaten verwendet.

Mooli (27) Dieser große weiße Rettich wird oft in japanischen Gerichten verwendet und eignet sich sehr gut, um Garnierungen in Blumenform herzustellen. Falls nicht erhältlich, kann man auch weiße Rüben oder roten Rettich nehmen.

Muskat (28) Das Aroma der Muskatnuss entfaltet sich durch Reiben der Nuss auf einer feinen Reibe. Die dabei frei werdenden frischen Öle verleihen vielen bekannten Gewürzmischungen Intensität und Eigenart.

Eingemachter Ingwer (29) Dünn geschnittener, pinkfarbener, eingemachter Ingwer wird bei japanischem Sushi, gegrilltem Fisch und Rind als Würze verwendet. Er schmeckt süßlich und ist in den meisten Asienläden erhältlich.

Ananas (30) Schmeckt erfrischend und ist eine Hilfe bei Verstopfung. Sie kann am Ende der Mahlzeit serviert werden oder Bestandteil eines Hauptgerichts sein.

Seetang (31) Getrockneter Seetang ist in der japanischen Küche weit verbreitet und gibt der Speise ein salziges, volles Meeresaroma. Nori ist eine getrocknete, flache Seetangart und wird für Sushi verwendet. Kelp ist ebenfalls getrocknet und sollte vor Gebrauch in Wasser eingeweicht werden.

Sesamsamen (32) Weißer Sesamsamen wird viel in der japanischen Küche verwendet. Die Samen sollten trockengeröstet werden, damit sie ihren Geschmack entfalten können. Geröstete Samen werden oft fein gemahlen und zum Binden von Soßen verwendet.

Shiitake Pilz (33) Frische Shiitake haben einen intensiven, fleischigen Geschmack, der besonders gut zu Schalentieren und Geflügel passt. Shiitake sind meist getrocknet erhältlich und schmecken gut, wenn sie in kochendem Wasser eingeweicht werden.

Szechuanpfeffer (34) Szechuanpfeffer hat ein warmes, fruchtiges Aroma, ohne die intensive Schärfe weißer oder schwarzer Pfefferkörner. Den besten Geschmack entfaltet er, wenn die Körner zuerst trockengeröstet und dann direkt vor Gebrauch grob gemahlen werden.

Somennudeln (35) Sie werden aus Weizenmehl hergestellt und sind ein sehr wichtiger Teil des japanischen Speiseplans. Man findet sie meist in schmackhaften Hühnersuppen.

Frühlingszwiebeln (36) Haben ein milderes Aroma als Zwiebeln und passen zu Gerichten, die schnell gekocht werden. Es wird der grüne und der weiße Teil verwendet.

Sternanis (37) Dieses pikante Gewürz hat eine sternförmige Schale und den sanften Geruch des Anissamens. Er wird ganz oder gemahlen zum Würzen süßer Gerichte verwendet.

Sternenfrucht (38) Reife Sternenfrüchte haben ein süßes Aroma und können gekocht oder roh im Fruchtsalat gegessen werden.

Süßkartoffeln (39) Das süße Aroma dieser roten Knolle vereint sich gut mit den scharfen und sauren Aromen Asiens. In Japan werden aus der Süßkartoffel köstliches Konfekt und Zuckerwerk hergestellt.

Tomaten (40) Reife und unreife Tomaten finden in der Küche Asiens Verwendung. Unreife Früchte nimmt man für langsam kochende Fleischgerichte, sie geben ihnen ein besonderes saures Aroma.

91

SCHARFE CHILIENTE MIT KREBSFLEISCH UND CASHEWKERNSOSSE

Bhed Sune Khan

Dieses Gericht kann mit thailändischem Reis und einem thailändischen Dip gereicht werden.

4–6 PERSONEN

Zutaten
2,5 kg Ente
1 Liter Wasser
2 Limonenblätter
1 TL Salz
2–3 kleine rote Chilischoten, entkernt und fein gehackt
5 TL Zucker
½ TL Salz
2 EL Koriandersamen
1 TL Kümmelsamen
100 g rohe, gehackte Cashewkerne
1 Stück Zitronengras, 7,5 cm lang, gehackt
1 Stück Galingal oder frischer Ingwer, 2,5 cm lang, geschält und fein gehackt
2 gepresste Knoblauchzehen
4 rote Schalotten oder eine mittelgroße Zwiebel, fein gehackt
1 Würfel Garnelenpaste, 2 cm im Quadrat
25 g weiße Korianderwurzel oder Korianderstengel, fein gehackt
200 g gefrorenes weißes Krebsfleisch, aufgetaut
50 g Kokosnusscreme
1 kleines Bund Koriander, gehackt, zum Garnieren

1 Ente in kleinere Stücke teilen. Dabei zuerst die Keulen wegschneiden und sie am Gelenk durchschneiden. Keulen jeweils halbieren. Den unteren Rumpf mit einer Geflügelschere abschneiden. Die Brust entlang der Mitte halbieren und die Hälften in je 4 Stücke hacken.

2 Entenfleisch und Knochen in einem großen Kochtopf mit Wasser bedecken. Limonenblätter und Salz zugeben, zum Kochen bringen und 35-40 Minuten ohne Deckel köcheln lassen, bis das Fleisch weich ist. Die Knochen wegtun, Brühe entfetten und beiseite stellen.

3 Für die Currysoße die roten Chilischoten mit Zucker und Salz im Mörser oder der Küchenmaschine verarbeiten. Koriander, Kümmel und Cashews etwa 1-2 Minuten im Wok trockenrösten. Mit Chilischoten, Zitronengras, Galingal oder Ingwer, Knoblauch und roten Schalotten oder Zwiebeln in der Küchenmaschine pürieren. Garnelenpaste und Koriander zufügen.

4 Eine Tasse der Entenkochbrühe hineingießen und zu einer flüssigen Paste verarbeiten.

5 Currymischung zur Ente in den Topf geben, zum Kochen bringen und ohne Deckel 20-25 Minuten köcheln lassen.

6 Krabbenfleisch und Kokosnusscreme zugeben und kurz köcheln lassen. In eine schöne Servierschüssel geben und mit gehacktem Koriander garnieren.

THAILÄNDISCHES GEGRILLTES HUHN

Kai Yang

Thailändisches gegrilltes Huhn schmeckt besonders gut, wenn es auf dem Grill zubereitet wird.
Es sollte mit einem Dip serviert werden.

4–6 PERSONEN	4 TL Zucker	3 EL Pflanzenöl
Zutaten	2 TL Paprika	Salz
900 g Huhn, Unter- oder Oberschenkel	1 Stück frischer Ingwer, 2 cm lang	6–8 Salatblätter zum Servieren
1 TL ganze schwarze Pfefferkörner	3 gepresste Knoblauchzehen	½ Gurke, in Streifen, zum Garnieren
½ TL Kümmel- oder Kreuzkümmelsamen	15 g weiße Korianderwurzel oder Korianderstengel, fein gehackt	4 Frühlingszwiebeln, geputzt, zum Garnieren
		2 geviertelte Limonen zum Garnieren

1 Mit einem schweren Messer den Unterschenkel am dünnen Ende durchhacken. Tief in das Huhn einschneiden, damit die Marinade gut eindringen kann.

2 Pfeffer, Kümmel oder Kreuzkümmel und Zucker im Mörser oder der Küchenmaschine verarbeiten. Dann Paprika, Ingwer, Knoblauch, Koriander und Öl zugeben.

3 Marinade über das Huhn geben, 6 Stunden kalt stellen. Huhn bei mittlerer Hitze 20 Minuten grillen, einmal wenden. Würzen, auf Salat anrichten und garnieren.

THAILÄNDISCHE HÜHNER-GARNELEN-SUPPE

Tom Yum Gung

In Thailand wird solch eine Suppe oft mit trockenem Curry serviert.

4–6 PERSONEN	1 Stück Zitronengras, 7,5 cm lang	2 Limonenblätter
Zutaten	2 gepresste Knoblauchzehen	250 g gekochte Garnelenschwänze, geschält und ohne Darm
2 x 200 g Hühnerbrust mit Knochen	2 EL weiße Korianderwurzel oder Korianderstengel, fein gehackt	Saft einer Limone
½ Hühnerbrühwürfel	2–3 rote Chilischoten, entkernt und fein gehackt	4 Korianderzweige, gehackt, zum Garnieren
400 g Kokosmilch aus der Dose	2 EL Fischsoße	2 Frühlingszwiebeln, nur den grünen Teil in Scheiben geschnitten, zum Garnieren
1 Stück Galingal oder frischer Ingwer, 2 cm lang, geschält und fein gehackt	5 TL Zucker	4 große rote Chilis, in Scheiben, zum Garnieren
	½ TL Salz	

1 Huhn 45 Minuten in der Brühe köcheln lassen. Fleisch häuten, in Streifen schneiden und mit der Kokosmilch wieder in die Brühe geben.

2 Zitronengras, Ingwer oder Galingal, Knoblauch, Koriander und Chilis mixen. Mit Fischsoße, Zucker, Salz und Limonenblättern zur Brühe geben. 20 Minuten kochen.

3 Kurz vor dem Servieren Garnelen und Limonensaft hineingeben. 5 Minuten köcheln lassen. Mit Frühlingszwiebel, Koriander und Chilischoten garnieren.

Trockener Rindfleisch-Curry mit Erdnussbutter und Limone

Nua Pad Prik

Trockener Curry stammt aus den nördlichen Bergregionen Thailands, erfreut sich jedoch im ganzen Land großer Beliebtheit. Er wird gewöhnlich mit einem flüssigen Gericht serviert, wie Muschelragout mit Basilikum oder Hühner- und Garnelensuppe. Mit magerer Lammkeule oder Lammschulter ist dieser Curry genauso köstlich.

4–6 Personen

Zutaten
900 g Kochfleisch, Rinderkamm, Rinderhaxe oder Steakfleisch, fein gehackt
400 g Kokosmilch aus der Dose
300 ml Rinderbrühe

Rote Currypaste
2 EL Koriandersamen
1 TL Kreuzkümmelsamen
6 grüne Kardamomschoten, nur die Samen
½ TL Muskatpulver
¼ TL Nelkenpulver
½ TL Zimtpulver
4 TL Paprika
Schale einer Mandarine, fein gehackt
4–5 kleine rote Chilis, entkernt und fein gehackt
5 TL Zucker
½ TL Salz
1 Stück Zitronengras, in 10 cm langen Streifen
3 gepresste Knoblauchzehen
1 Stück Galingal oder frischer Ingwer, 2 cm lang, geschält und fein gehackt
4 rote Schalotten oder 1 mittelgroße rote Zwiebel, fein gehackt
1 Würfel Garnelenpaste, 2 cm im Quadrat
50 g weiße Korianderwurzel oder Korianderstengel, gehackt
Saft von 2½ Limonen
2 EL Pflanzenöl
2 EL Erdnussbutter
1 Limone in Scheiben zum Garnieren
1 große rote Chili, in Scheiben, zum Garnieren
1 kleines Bund Koriander, gehackt, zum Garnieren

1 Fleisch 30–40 Minuten in das Gefrierfach legen, bis es fest ist. Dann in dünne Streifen schneiden und fein schnetzeln. Kokosmilch in eine Schüssel seihen.

2 Die dünne und die Hälfte der dicken Milch in einem Topf mit dem Rind und der Rinderbrühe zum Kochen bringen, zudecken und 50 Minuten köcheln lassen.

3 Für die Currypaste Koriander-, Kreuzkümmel- und Kardamomsamen im Wok 1–2 Minuten trockenrösten. Mit Muskat, Nelken, Zimt, Paprika und Mandarinenschale mischen. Chilis mit Zucker und Salz zerdrücken. Chilipaste, Zitronengras, Knoblauch, Galingal oder Ingwer, Schalotten oder Zwiebeln, Garnelenpaste und zuletzt Koriander, Saft einer halben Limone und Öl zugeben.

4 Eine Tasse Kochflüssigkeit mit 2–3 EL Currypaste, nach Geschmack, in einem Wok verrühren. Kochen, bis die Flüssigkeit vollständig verdampft ist. Den Rest der Kokosmilch, Erdnussbutter und Fleisch zugeben. 15–20 Minuten ohne Deckel köcheln lassen. Restlichen Limonensaft einrühren. Mit Limone, Chili und Koriander garnieren.

GRÜNES CURRY-KOKOSNUSS-HUHN

Kaeng Khieu Wan Gai

Dies ist ein schwierigeres Rezept für grüne Currypaste, deren richtige Zubereitung zeitaufwendig ist. Schwein, Garnelen und Fisch können das Huhn ersetzen – dann müssen aber die Garzeiten entsprechend angepasst werden.

4–6 PERSONEN	1/2 TL Kümmel- oder Kreuzkümmelsamen	1 Würfel Garnelenpaste, 2 cm im Quadrat
Zutaten	3–4 kleine grüne Chilis, fein gehackt	3 EL Korianderblätter, fein gehackt
1 kg Huhn, ohne Knorpel	4 TL Zucker	3 EL frische Minze oder Basilikum, fein gehackt
600 ml Kokosmilch aus der Dose	2 TL Salz	1/2 TL Muskatpulver
400 ml Hühnerbrühe	1 Stück Zitronengras, in 7,5 cm langen Streifen	2 EL Pflanzenöl
2 Limonenblätter	1 Stück Galingal oder frischer Ingwer, 2 cm lang, geschält und fein gehackt	350 g Süßkartoffeln, geschält und grob gehackt
Grüne Currypaste	3 gepresste Knoblauchzehen	350 g Winterkürbis, geschält, entkernt und grob gehackt
2 TL Koriandersamen	4 Schalotten oder 1 mittelgroße Zwiebel, fein gehackt	100 g grüne Bohnen, geputzt und halbiert
		1 kleines Bund Koriander, gehackt, als Garnitur

1 Hühnerschenkel abschneiden und am Gelenk durchschneiden. Den unteren Rumpf mit einer Geflügelschere mit einem Schnitt durch die Rippen abtrennen. Die Brust in der Mitte halbieren und jeweils noch einmal halbieren. Die Haut abziehen. Hühnerteile beiseite stellen.

2 Kokosmilch in eine Schüssel seihen, den dicken Teil aufbewahren. Huhn in einem Edelstahl- oder Emailkochtopf mit der dünnen Kokosmilch und Brühe bedecken. Limonenblätter zugeben und 40 Minuten ohne Deckel köcheln lassen. Fleisch von den Knochen lösen und beiseite stellen.

3 Koriander- und Kümmel- oder Kreuzkümmelsamen trockenrösten. Chilis mit Zucker und Salz gut pürieren. Die Samen aus dem Wok mit Chilis, Zitronengras, Galingal oder Ingwer, Knoblauch und Schalotten vermengen, dann fein pürieren. Die nächsten 5 Zutaten zugeben.

4 Eine Tasse Kochflüssigkeit mit 4-5 EL Currypaste, nach Geschmack, in einen Wok geben. Kochen, bis die Flüssigkeit vollständig verdampft ist. Hühnerbrühe, Hühnerfleisch, Süßkartoffeln, Kürbis und Bohnen zufügen. 10-15 Minuten köcheln, bis die Kartoffeln gar sind. Kurz vor dem Servieren den dicken Teil der Kokosmilch einrühren und zum Binden leicht köcheln lassen. Mit dem gehackten Koriander garniert servieren.

SÜDOSTASIEN UND JAPAN — THAILAND

THAILÄNDISCHER GEDÄMPFTER FISCH MIT ZITRUSMARINADE

Pla Chien

Zu diesem Gericht thailändischen Reis oder feine Reisnudeln reichen.

4–6 PERSONEN

Zutaten

1,3 kg Papageifisch, Butterfisch, Scholle oder Meerbrassen, ausgenommen, mit Kopf
2 kleine rote Chilischoten, entkernt und fein gehackt
1 EL Zucker
2 gepresste Knoblauchzehen
3 Frühlingszwiebeln, nur den weißen Teil, gehackt
1 Stück Galingal oder frischer Ingwer, 2,5 cm lang, geschält und fein gehackt
Saft einer Mandarine
Schale einer Mandarine, fein gehackt
1 EL Tamarindensoße
1 EL Fischsoße
2 EL helle Sojasoße
Saft einer Limone
1 EL Pflanzenöl
2 Limonen, geviertelt, als Garnitur
4 Frühlingszwiebeln, gekräuselt, als Garnitur

1 Fisch gründlich waschen und in jede Seite 3-4 Mal kräftig einschneiden, damit die Marinade gut einziehen kann. Den Fisch in eine flache Schüssel legen, die in einen Dämpfer passt. Oder den Fisch locker in Folie einwickeln.

2 Chili mit Zucker im Mörser oder in einer Küchenmaschine pürieren, Knoblauch, Frühlingszwiebel, Galingal oder Ingwer und Mandarinenschale zugeben. Gut verarbeiten. Zuletzt die Tamarinden-, Fisch- und Sojasoße, Limonensaft, Mandarinensaft und Pflanzenöl einrühren. Über den Fisch gießen. Mindestens 1 Stunde marinieren lassen.

3 Fisch 25–30 Minuten im zugedeckten Dämpfer garen. Auf einer Servierplatte anrichten und mit Limonenvierteln und gekräuselten Frühlingszwiebeln garnieren.

SCHWEINEFLEISCH-ERDNUSS-HAPPEN

Ma Hor

Eine Vorspeise gibt es bei Thai-Menüs gewöhnlich nicht. Stattdessen werden Appetithappen serviert.

ERGIBT 12 STÜCK

Zutaten

1 EL Pflanzenöl
2 Schalotten oder 1 kleine Zwiebel, fein gehackt
1 Stück frischer Ingwer, 2 cm lang, geschält und fein gehackt
1 gepresste Knoblauchzehe
1 kleine rote Chili, entkernt und fein gehackt
150 g Schweinehack oder der Inhalt von 150 g Schweinewürstchen
2 EL Erdnussbutter
1 EL Fischsoße
Saft einer 1/2 Limone
4 TL Zucker
2 EL gehackte Korianderblätter
4 Clementinen, geschält, in dicken Scheiben
6 Zwillingspflaumen oder Lychees, geschält und entkernt
1 kleine Ananas, geschält, entkernt, in Scheiben
1 feste Birne, geschält, entkernt, in Scheiben
1 Limone, in Keile geschnitten, zum Garnieren
12 Korianderblätter zum Garnieren

1 Öl erhitzen, die nächsten 4 Zutaten anbraten. Danach Hack 10 Minuten garen.

2 Erdnussbutter, Fischsoße, Limonensaft, Zucker und gehackten Koriander zutun.

3 Mischung auf die Fruchtscheiben legen. Mit Limone und Koriander garnieren.

THAILÄNDISCHER DIP

Nam Prik

Nam Prik ist der bekannteste Dip in Thailand. Er ist feurig scharf, daher mit Vorsicht zu genießen.

ERGIBT 120 ML

Zutaten
- 1 EL Pflanzenöl
- 1 Würfel Garnelenpaste, etwa 1 cm im Quadrat, oder 1 EL Fischsoße
- 2 Knoblauchzehen, in feine Scheiben geschnitten
- 1 Stück frischen Ingwer, 2 cm lang, geschält und fein gehackt
- 3 kleine rote Chilis, entkernt und gehackt
- 1 EL fein gehackte Korianderwurzel oder Korianderstengel
- 4 TL Zucker
- 3 EL dunkle Sojasoße
- Saft einer halben Limone

1 Öl im Wok erhitzen und Garnelenpaste oder Fischsoße, Knoblauch, Ingwer und Chilis zugeben und in 1–2 Minuten weich werden lassen, ohne dass sie braun werden.

2 Vom Herd nehmen und Koriander, Zucker, Sojasoße und Limonensaft zugeben. Nam Prik-Soße hält sich in einem Glas mit Schraubverschluss bis zu 10 Tage.

SCHARFER KOKOS-GARNELEN-PAPAYA-SALAT

Yam Ma-La-Kaw Prik

Kann zu Rind- und Huhngerichten serviert werden.

4–6 PERSONEN

Zutaten
- 250 g rohe oder gekochte Garnelenschwänze, geschält, ohne Darm
- 2 reife Papayas
- 250 g Eisbergsalat, Chinakohl und junger Spinat
- 1 feste Tomate, geschält, entkernt und grob gehackt
- 3 Frühlingszwiebeln, gehackt

Salatsoße
- 1 EL Kokosnusscreme
- 2 EL kochendes Wasser
- 6 EL Pflanzenöl
- Saft von 1 Limone
- ½ TL scharfe Chilisoße
- 2 TL Fischsoße (nach Belieben)
- 1 TL Zucker
- 1 kleines Bund Koriander, geschnitten, zum Garnieren
- 1 große Chilischote, in Scheiben, zum Garnieren

1 Für die Salatsoße die Kokosnusscreme mit dem kochenden Wasser in ein Glas mit Schraubverschluss geben. Pflanzenöl, Limonensaft, Chilisoße, Fischsoße (nach Belieben) und Zucker zugeben. Gut schütteln und beiseite stellen. Nicht kühlen.

2 Rohe Garnelen in einem Topf mit kaltem Wasser bedecken und zum Kochen bringen. Nicht länger als 2 Minuten köcheln lassen. Abtropfen lassen und beiseite stellen.

3 Die Papayas längs halbieren und die schwarzen Kerne mit einem Löffel auskratzen. Haut abschälen und Fruchtfleisch in gleichgroße Stücke schneiden. Salatblätter waschen und trockenschleudern. Alle Zutaten in eine Schüssel geben. Mit Salatsoße übergießen und servieren.

ROTES CURRY-RINDFLEISCH MIT TAMARINDE

Kang Mussaman Nuea

Dieser rote Curry kann auch mit gewürfeltem Lamm zubereitet werden, dann die Garzeit um 30 Minuten verkürzen.

4–6 PERSONEN

Zutaten
900 g Kochfleisch, Rinderkamm, Rinderhaxe oder Steak, fein gehackt
400 g Kokosmilch aus der Dose
300 ml Rinderbrühe

Rote Currypaste
2 EL Koriandersamen
1 TL Kreuzkümmelsamen
6 grüne Kardamomschoten, nur die Samen
½ TL Muskatpulver
¼ TL Nelkenpulver
½ TL Zimtpulver
4 TL Paprika
Schale einer Mandarine, fein gehackt
4–5 kleine rote Chilis, entkernt und fein gehackt
5 TL Zucker
½ TL Salz
1 Stück Zitronengras, in 10 cm langen Streifen
3 gepresste Knoblauchzehen
1 Stück Galingal oder frischer Ingwer, 2 cm lang, geschält und fein gehackt
4 rote Schalotten oder 1 mittelgroße rote Zwiebel, fein gehackt
1 Würfel Garnelenpaste, 2 cm im Quadrat
50 g weiße Korianderwurzel oder Korianderstengel, gehackt
2 EL Pflanzenöl
2 EL feine Erdnussbutter
2 EL Tamarindensoße
350 g neue Kartoffeln, geschält, grob gehackt
350 g Kürbis
200 g eingemachte Bambussprossen, in Scheiben
Saft von 2 Limonen
1 Limone, zum Garnieren
1 kleines Bund Koriander, geschnitten, zum Garnieren

1 Das Rindfleisch in 2,5 cm große Würfel schneiden und in einen Edelstahltopf geben.

2 Kokosmilch in ein feines Sieb geben und die Milch in eine Schüssel seihen. Die dünne und die Hälfte der dicken Milch mit der Brühe in einen Topf geben und zum Kochen bringen. 1 Stunde ohne Deckel köcheln lassen. Durchseihen und beiseite stellen.

3 Koriander-, Kümmel- und Kardamomsamen im Wok trocken rösten. Mit Muskatnuss, Nelken-, Zimt-, Paprikapulver, und Mandarinenschale zerstoßen. Chilischoten mit Zucker und Salz zerdrücken. Chilipaste mit Zitronengras, Galingal oder Ingwer, Knoblauch, Schalotten und Garnelenpaste mischen. Koriander und Öl zufügen und gut pürieren.

4 Eine Tasse Kochflüssigkeit mit 4-5 EL Currypaste, nach Geschmack, im Wok aufkochen. Bei großer Hitze reduzieren. Erdnussbutter und Tamarindensoße zugeben. Rindfleisch, Kartoffeln, Kürbis und Bambussprossen zufügen und 20–25 Minuten köcheln lassen, bis die Kartoffeln gar sind. Die dicke Kokosmilch und Limonensaft einrühren. Leicht köcheln lassen. Garnieren und mit thailändischem Reis servieren.

THAILAND   SÜDOSTASIEN UND JAPAN

KOKOSMILCH

Viele Gerichte des Fernen Ostens werden mit Kokosmilch angereichert und gewürzt. Nur die Japaner machen hier eine Ausnahme. Die Kokosmilch ist nicht, wie allgemein angenommen, die Flüssigkeit in der Nuss, obwohl dieser wässrige Saft ein erfrischendes Getränk ist. Die Kokosmilch zum Kochen wird aus dem weißen Fruchtfleisch gewonnen. Wenn man sie stehen läßt, setzt sich der dickflüssige Teil wie Rahm oben ab. Dies geschieht leichter bei kalter Milch. Beim Einkauf durch kräftiges Schütteln prüfen, ob die Nuss viel Milch enthält. Wenn Sie nicht hören, wie die Milch hin- und herschwappt, ist es schwierig, das Fleisch zu entfernen. Bei einer Kokosnuss mit grüner Schale und Fasern kann man fast sicher sein, dass das Fleisch weich und cremig weiß ist. Frische Kokosmilch hält sich an einem kühlen Ort bis zu 10 Tage. Vor Gebrauch unbedingt Zimmertemperatur annehmen lassen.

ERGIBT 400 ML

Zutaten
2 frische Kokosnüsse
1 Liter kochend heißes Wasser

1 Die Kokosnuss über eine Schüssel halten, um die Flüssigkeit aufzufangen, und mit dem Rücken eines großen Messers oder Hackmessers mit einem Schlag knacken.

2 Das weiße Fleisch mit einem Zitrusschäler oder rundem Buttergarnierer auskratzen und mit der Hälfte des Wassers in eine Küchenmaschine geben.

3 Etwa 1 Minute pürieren, dann die Milch filtern und darunter auffangen (z.B. das Kokosfleisch mit den Händen auspressen und durch ein Kunststoffsieb drücken). Das Kokosfleisch mit dem restlichen Wasser zurück in die Küchenmaschine geben, ein zweites Mal einschalten und auspressen. Die Milch 30 Minuten stehen lassen (der dicke Teil wird sich absetzen). Ab und zu die Creme abschöpfen und später als Bindemittel verwenden.

Tipp

Kokosmilch kann direkt aus dem Kokosfleisch gewonnen werden – dann ist sie besonders cremig. Es gibt sie in Dosen zu kaufen, was sehr teuer sein kann, oder als lösliches Pulver und als Kokosnusscreme in Blöcken. Letztere ergeben keine gute Milch, können jedoch in Soßen und Salatsoßen Verwendung finden.

Meeresfrüchteragout mit Basilikum

Po-Tak

Grüne Currypaste kann auch zu anderen Gerichten wie grünem Curry-Kokosnuss-Huhn serviert werden. Currypasten halten sich in einem Glas mit Schraubverschluss im Kühlschrank bis zu 3 Wochen.

4–6 PERSONEN

Zutaten
600 ml frische gesäuberte Muscheln in der Schale
200 g Tintenfisch
350 g Engelhai, Red Snapper oder Speisefisch, gehäutet
150 g rohe oder gekochte Garnelen, geschält und ohne Darm
4 Kamm-Muscheln, in Scheiben
400 ml Kokosmilch aus der Dose
300 ml Hühner- oder Gemüsebrühe
100 g grüne Bohnen, geputzt und gekocht
50 g eingelegte Bambussprossen, abgetropft
1 reife Tomate, gehäutet, entkernt, grob gehackt

Grüne Currypaste
2 TL Koriandersamen
½ TL Kümmel- oder Kreuzkümmelsamen
3–4 mittelgroße grüne Chilis, fein gehackt
4 TL Zucker
2 TL Salz
1 Stück Zitronengras, 7,5 cm lange Streifen
1 Stück Galingal oder frischer Ingwer, 2 cm lang, geschält und fein gehackt
3 gepresste Knoblauchzehen
4 Schalotten oder 1 Zwiebel, fein gehackt
1 Würfel Garnelenpaste, 2 cm im Quadrat
50 g Korianderblätter, fein gehackt
3 EL frische Minze oder Basilikum, fein gehackt
½ TL Muskatpulver
2 EL Pflanzenöl
4 Basilikumzweige mit großen Blättern, zerpflückt, zum Garnieren

1 Muscheln in einem Edelstahl- oder Emailtopf mit 4 EL Wasser zugedeckt 6-8 Minuten kochen. Von ¾ der Muscheln die Schalen entfernen (nicht geöffnete wegwerfen), die Kochflüssigkeit durchseihen und beiseite stellen.

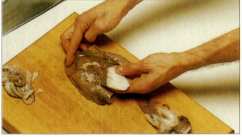

2 Tintenfischtentakel unterhalb der Augen entfernen. Tintenfisch unter kaltem Wasser abspülen und den Darm entfernen. Die Sepiaschale aus dem Innern herausnehmen und die papierdünne Haut abbürsten. Körper aufschneiden und kreuzweise einritzen. In Streifen schneiden und beiseite legen.

3 Für die grüne Currypaste den Koriander- und Kümmel- oder Kreuzkümmelsamen im Wok trockenrösten. Chilischoten mit Zucker und Salz im Mörser oder in der Küchenmaschine pürieren. Die Samen aus dem Wok zu den Chilis geben, Zitronengras, Galingal oder Ingwer, Knoblauch und Schalotten oder Zwiebeln zufügen und pürieren. Garnelenpaste, Korianderblätter, Minze oder Basilikum, Muskat und Pflanzenöl zugeben. Gut verarbeiten. Im Moment mag es nach sehr viel Koriander und Minze aussehen, beim Pürieren verringert sich ihr Volumen jedoch erheblich.

4 Kokosmilch durch ein Sieb gießen. Den dünnen Teil zusammen mit der Hühner- oder Gemüsebrühe in den Wok geben. Der dicke Teil wird später zugegeben. Je nach Geschmack 4-5 EL grüne Currypaste zufügen. Später kann bei Bedarf noch mehr Paste zugegeben werden. Auf großer Flamme kochen, bis alle Flüssigkeit verdampft ist.

5 Den dicken Teil der Kokosmilch zugeben, danach den Tintenfisch und Engelhai, Speisefisch oder Red Snapper. 15-20 Minuten ohne Decke! köcheln lassen. Dann Garnelen, Kammmuscheln und die gekochten Muscheln mit den Bohnen, Bambussprossen und Tomate zufügen. 2-3 Minuten köcheln lassen. Zum Servieren mit Basilikum garnieren.

Thailändischer Obst- und Gemüsesalat

Yam Chomphu

Dieser Fruchtsalat wird mit dem Hauptgericht gereicht und soll nach der Schärfe der Chilis den Gaumen beruhigen.

4–6 PERSONEN

Zutaten
1 kleine Ananas
1 kleine Mango, geschält und in Scheiben
1 grüner Apfel, entkernt und in Scheiben
6 Lychees, geschält und entkernt
100 g grüne Bohnen, geputzt und halbiert
1 mittelgroße, rote Zwiebel
1 kleine Gurke, in kurze Finger geschnitten
100 g Sojasprossen
2 Frühlingszwiebeln, in Streifen geschnitten
1 reife Tomate, geviertelt
250 g Eisbergsalat

Kokosnuss-Dip
6 TL Kokosnusscreme
2 EL Zucker
5 EL kochendes Wasser
¼ TL Chilisoße
1 EL Fischsoße
Saft 1 Limone

Tipp

Kokosnusscreme wird in Blöcken von 200 g angeboten und ist in Supermärkten und Delikatessenläden erhältlich. Bei warmem Wetter sollte man die Kokosnusscreme an einem kühlen Ort aufbewahren, damit sie nicht weich wird.

1 Für den Dip die Kokosnuss, den Zucker und das kochende Wasser in ein Glas mit Schraubverschluss geben. Chilisoße, Fischsoße und Limonensaft zufügen und das Ganze gut schütteln.

2 Beide Enden der Ananas mit einem gezackten Messer abschneiden, dann die Schale entfernen und den Strunk mit einem Apfelentkerner ausschneiden. Oder der Länge nach vierteln und den Strunk mit einem Messer ausschneiden. Ananas grob hacken, mit den anderen Früchten beiseite stellen.

3 Bohnen in einem kleinen Topf mit Salzwasser 3–4 Minuten kochen. Unter kaltem Wasser abschrecken und beiseite stellen. Zum Servieren die Früchte und das Gemüse in kleinen Häufchen auf einem tiefen Teller anrichten. Den Kokosnuss-Dip zum Tunken daneben stellen.

Süss-saurer Gurken-Dip

Ajad

Süße Dips wie diese sind willkommene Erfrischungen zu einem brennend scharfen Thai-Essen.

ERGIBT 120 ML

Zutaten
5 EL Wasser
2 EL Zucker
½ TL Salz
1 EL Reis- oder Weißweinessig
¼ kleine Gurke, geviertelt und in dünne Scheiben geschnitten
2 Schalotten oder 1 kleine rote Zwiebel, dünn geschnitten

1 Wasser mit Zucker, Salz und Essig in einem Edelstahl- oder Emailletopf aufkochen und knapp 1 Minute köcheln lassen, bis sich der Zucker aufgelöst hat.

2 Abkühlen lassen, Gurken und Schalotten oder Zwiebel zugeben und bei Zimmertemperatur servieren.

SÜDOSTASIEN UND JAPAN VIETNAM

HONIG-WACHTELN IN FÜNFGEWÜRZE-MARINADE

Bo Can Quay

In chinesischen Supermärkten gibt es fertiges Fünfgewürzepulver. Wird das Pulver nicht länger als 3 Monate aufbewahrt, bleibt das Aroma erhalten. So kann man sich das Selbermachen ersparen.

4–6 PERSONEN

Zutaten
4 Wachteln
2 Stücke Sternanis
2 TL Zimt
2 TL Fenchelsamen
2 TL Szechuan- oder chinesischer Pfeffer
1 Prise Nelkenpulver
1 kleine Zwiebel, fein gehackt
1 gepresste Knoblauchzehe
4 EL klarer Honig
2 EL dunkle Sojasoße
2 grob gehackte Frühlingszwiebeln zum Garnieren
1 Mandarine oder Satsuma zum Garnieren
Salatblätter zum Servieren

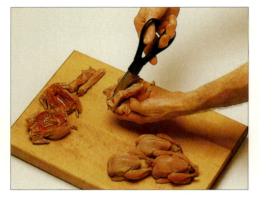

1 Den Rückenknochen der Wachteln entfernen. Dazu auf beiden Seiten entlang des Knochens mit einer Schere einschneiden.

2 Mit der Handfläche flachdrücken und mit zwei Bambusspießen fixieren.

3 Die fünf Gewürze im Mörser oder einer Gewürzmühle fein mahlen. Zwiebel, Knoblauch, Honig und Sojasoße zugeben und gut pürieren.

4 Wachteln auf einen flachen Teller legen, mit der Marinade bedecken und mindestens 8 Stunden einziehen lassen.

5 Grill auf mäßige Temperatur vorheizen und die Wachteln 7-8 Minuten auf beiden Seiten grillen, ab und zu mit Marinade bestreichen.

6 Äußere Schale der Mandarine oder Satsuma mit einem Gemüse- oder Zitrusschäler entfernen. In feine Streifen schneiden und mit den gehackten Frühlingszwiebeln vermengen. Wachteln auf einem Bett aus Salatblättern anrichten, mit Mandarinenschale und Frühlingszwiebeln garnieren und servieren.

SCHARFES CHILIHUHN MIT INGWER UND ZITRONENGRAS

Ga Xao Xa Ot

Dieses Gericht kann auch mit Entenkeulen zubereitet werden. Die Keulen am Gelenk durchschneiden, damit sich das Fleisch leichter mit Stäbchen essen läßt.

4–6 PERSONEN

Zutaten
3 Hähnchenschenkel
1 EL Pflanzenöl
1 Stück frischer Ingwer, 2 cm lang, geschält und fein gehackt
1 gepresste Knoblauchzehe
1 kleine rote Chilischote, entkernt und fein gehackt
1 Stück Zitronengras, in 5 cm langen Streifen
150 ml Hühnerbrühe
1 EL Fischsoße (nach Belieben)
2 TL Zucker
½ TL Salz
Saft einer ½ Zitrone
50 g rohe Erdnüsse
2 Frühlingszwiebeln, in Streifen
1 Mandarinen- oder Satsumaschale, in Streifen
2 EL gehackte Minze
Reis oder Reisnudeln zum Servieren

1 Mit der Messerkante durch das schmale Ende des Unterschenkels hacken. Schenkel am Gelenk durchschneiden und die Haut entfernen.

2 Öl im großen Wok oder einer Bratpfanne erhitzen. Huhn, Ingwer, Knoblauch, Chili und Zitronengras zufügen und 3-4 Minuten kochen. Hühnerbrühe, Fischsoße, falls verwendet, Zucker, Salz und Zitronensaft zugeben. 30-35 Minuten zugedeckt köcheln lassen.

3 Erdnüsse für die Garnierung schälen. Dazu 2-3 Minuten bei ständiger Hitze gleichmäßig braun rösten. In ein sauberes Tuch geben und die Schale abrubbeln.

4 Geröstete Erdnüsse, Frühlingszwiebeln, Mandarinenschale und Minze über das Huhn streuen. Als Beilage Reis oder Reisnudeln servieren.

Frühlingsrollen mit Fisch-Fleisch-Pilzfüllung

Cha Gio

Statt des Schweinehacks kann auch die gleiche Menge gutes Schweinebrät verwendet werden. Frühlingsrollen können im Voraus gefüllt werden und bis zum Frittieren im Kühlschrank aufbewahrt werden.

ERGIBT 12 ROLLEN

Zutaten
- 25 g Reisnudeln
- 50 g chinesische Pilze (Shiitake), frisch oder getrocknet
- 1 EL Pflanzenöl
- 4 Frühlingszwiebeln, gehackt
- 1 kleine Karotte, gerieben
- 200 g Schweinehack
- 100 g weißes Krebsfleisch
- 1 TL Fischsoße (nach Belieben)
- Salz und Pfeffer
- 12 gefrorene Frühlingsrollenhüllen, aufgetaut
- 2 EL Maismehlpaste
- Pflanzenöl zum Frittieren
- 1 Kopf Eisbergsalat zum Servieren
- 1 Bund Minze oder Basilikum zum Servieren
- 1 Bund Koriander zum Servieren
- ½ Gurke, in Scheiben, zum Servieren

1 Nudeln in einem großen Topf mit Salzwasser 8 Minuten kochen. Dann in fingerlange Stücke schneiden. Getrocknete Pilze vor dem Kleinschneiden 10 Minuten in kochendem Wasser einweichen.

2 Für die Füllung Öl im Wok oder einer Bratpfanne erhitzen, Frühlingszwiebeln, Karotten und Hack zugeben und 8–10 Minuten dünsten. Vom Herd nehmen, Krabbenfleisch, Fischsoße und Gewürze hineingeben. Nudeln und Pilze zufügen, beiseite stellen.

3 Je eine Frühlingsrollenhülle mit Maismehlpaste einpinseln, dann 1 TL der Füllung darauf geben. Untere Ecke umschlagen, dann die Seiten links und rechts in die Mitte falten und zur Zigarre rollen. Die Paste hilft beim Verschließen.

4 Öl im Wok oder einer Friteuse erhitzen. Jeweils zwei Rollen 6–8 Minuten frittieren. Das Öl soll nicht zu heiß sein, sonst verbrennt die Hülle, bevor die Füllung gar ist. Auf einem Salatbett mit Minze, Koriander und Gurke garniert servieren.

SCHARF-SAURER HÜHNERSALAT

Ga Nuong Ngu Vi

Dieser Salat schmeckt auch mit Garnelen köstlich. Für 4 Personen 450 g Garnelenschwänze rechnen.

4–6 PERSONEN	1 gepresste Knoblauchzehe	2 TL Fischsoße (nach Belieben)
Zutaten	1 EL Erdnussbutter	100 g Sojasprossen
2 Hühnerbrustfilet, ohne Haut	2 EL gehackte Korianderblätter	1 Kopf Chinakohl, grob gehackt
1 kleine rote Chili, entkernt und fein gehackt	1 TL Zucker	2 mittelgroße Karotten, in Stifte geschnitten
1 Stück frischer Ingwer, etwa 1 cm lang, geschält und fein gehackt	½ TL Salz	1 rote Zwiebel, in dünne Ringe geschnitten
	1 EL Reis- oder Weißweinessig	1 große Gewürzgurke, in Scheiben
	4 EL Pflanzenöl	

1 Huhn in dünne Scheiben schneiden, in einer Schale beiseite stellen. Chili, Ingwer und Knoblauch im Mörser zerstoßen. Erdnussbutter, Koriander, Zucker und Salz zugeben.

2 Danach Essig, 2 EL Öl und nach Belieben Fischsoße dazugeben. Gut pürieren. Huhn mit der Würzmischung bedecken und mindestens 2-3 Stunden marinieren.

3 Die restlichen 2 EL Öl im Wok oder in einer Bratpfanne erhitzen. Huhn hineingeben und 10-12 Minuten braten, dabei ab und zu rühren. Auf dem Salat anrichten.

ALFALFA-KREBSFLEISCH-SALAT MIT KNUSPRIG FRITTIERTEN NUDELN

Goi Gia

Alfalfasprossen gibt es in vielen Supermärkten. Man kann sie auch aus Samen selbst ziehen.

4–6 PERSONEN	1 kleiner Eisbergsalat	½ kleine rote Chili, entkernt und fein gehackt
Zutaten	4 Korianderzweige, grob gehackt	1 Stück Ingwer in Sirup, in Streichholzgröße geschnitten
Pflanzenöl zum Frittieren	1 reife Tomate, geschält, entkernt und gewürfelt	2 TL Ingwersirup
50 g chinesische Reisnudeln, ungekocht	4 frische Minzezweige, grob gehackt	2 TL Sojasoße
150 g tiefgefrorenes weißes Krebsfleisch, aufgetaut	**Sesam-Limonen-Salatsoße**	Saft einer ½ Limone
100 g Alfalfasprossen	3 EL Pflanzenöl	
	1 TL Sesamöl	

1 Für die Salatsoße Öle in einer Schüssel verquirlen. Chili, Ingwer, Ingwersirup und Sojasoße mit dem Limonensaft zugeben.

2 Öl in einer Friteuse auf 195°C erhitzen. Je eine Handvoll Nudeln knusprig frittieren. Herausnehmen, auf Krepp trocknen.

3 Krebsfleisch mit den Alfalfasprossen flockig vermengen. Auf einem Nudelnest und den Salatzutaten servieren.

Fleischbällchen mit Minze-Erdnuss-Soße

Nem Nuong

Dieses Gericht ist mit Hühnerbrust genauso köstlich.

4–6 PERSONEN **Zutaten** 300 g Schweinshaxe, ohne Knochen, gewürfelt 1 Stück frischer Ingwer, etwa 1 cm lang, geschält und fein gehackt 1 gepresste Knoblauchzehe 2 TL Sesamöl 1 EL halbtrockener Sherry 1 EL Sojasoße	1 TL Zucker 1 Eiweiß ½ TL Salz 1 Prise weißer Pfeffer 350 g Langkornreis, gewaschen und 15 Minuten gekocht 50 g Schinken, dicke Scheiben, gewürfelt 1 Eisbergsalat zum Servieren	**Minze-Erdnuss-Soße** 1 EL Kokosnusscreme 75 ml kochendes Wasser 2 EL weiche Erdnussbutter Saft von 1 Limone 1 kleine rote Chili, entkernt und fein gehackt 1 gepresste Knoblauchzehe 1 EL frisch gehackte Minze 1 EL frisch gehackter Koriander 1 EL Fischsoße (nach Belieben)

1 Fleisch, Ingwer und Knoblauch in eine Küchenmaschine geben und 2–3 Minuten pürieren. Sesamöl, Sherry, Sojasoße und Zucker zugeben und verarbeiten. Zuletzt das Eiweiß unterrühren, salzen und pfeffern.

2 Gekochten Reis und Schinken auf einen flachen Teller legen. Mit nassen Händen aus der Fleischmischung daumengroße Bälle formen. Zum Panieren in dem Reis wälzen und mit je einem Bambusspieß durchbohren.

3 Für die Soße die Kokosnusscreme in einen Meßbecher geben und mit kochendem Wasser bedecken. Erdnussbutter in einer anderen Schüssel mit Limonensaft, Chili, Knoblauch, Minze und Koriander gut vermengen. Dann die Kokosnusscreme zugeben und nach Belieben mit der Fischsoße würzen.

4 Die Fleischbällchen 8–10 Minuten in einem Bambusdämpfer garen. Die Salatblätter auf einer Servierplatte anrichten und die Bällchen auf die Blätter legen. Den Dip danebenstellen.

EXOTISCHER OBSTSALAT

Hoa Qua Tron

Viele verschiedene Früchte können je nach Angebot für diesen Salat verwendet werden, zum Beispiel Mandarinen, Sternenfrucht, Papaya, Kapstachelbeeren und Passionsfrucht.

4–6 PERSONEN

Zutaten
100 g Zucker
300 ml Wasser
2 EL Ingwersirup
2 Stücke Sternanis
1 Zimtstange, 2,5 cm lang
1 Nelke
Saft einer 1/2 Zitrone
2 Minzezweige
1 Mango, geschält und in Scheiben geschnitten
2 Bananen, in Scheiben geschnitten
8 Lychees, frisch oder aus der Dose
250 g frische Erdbeeren, halbiert
2 Stücke Ingwer, gehackt
1 mittelgroße Ananas

1 Zucker mit dem Wasser, Ingwersirup, Gewürzen, Zitronensaft und Minze in einen Topf geben. Aufkochen und 3 Minuten köcheln lassen. In eine große Schüssel seihen und abkühlen lassen.

2 Beide Enden der Mango abschneiden und die Haut abschälen. Mango auf ein Ende stellen und Fruchtfleisch an beiden Seiten des flachen Kerns abschneiden. In gleichmäßige Stücke teilen und zum Sirup geben. Bananen, Lychees, Erdbeeren und Ingwer zufügen. Bis zum Servieren kühl stellen.

3 Die Ananas längs halbieren. Das Fruchtfleisch mit einem gezackten Messer lockern und herausnehmen, so dass zwei Schalen entstehen. Fruchtfleisch in große Stücke schneiden und zu dem gekühlten Sirup geben.

4 Fruchtsalat in die Ananashälften füllen und auf einer großen Servierplatte anrichten. Der Obstsalat reicht locker für eine zweite Füllung.

FLEISCH-GARNELEN-TERRINE

Pho

Dieses schnelle und köstliche Gericht kann auch mit 200 g Hühnerbrustfilet statt Schweinefilet zubereitet werden.

4–6 PERSONEN

Zutaten

350 g Schweinekoteletts oder 200 g Schweinefilet
250 g rohe Garnelen
150 g dünne Eiernudeln
1 EL Pflanzenöl
2 TL Sesamöl
4 Schalotten oder 1 mittelgroße Zwiebel, in Scheiben geschnitten
1 EL frischer Ingwer, in feinen Scheiben
1 gepresste Knoblauchzehe
1 TL Zucker
1,5 Liter Hühnerbrühe
2 Limonenblätter
3 EL Fischsoße
Saft einer 1/2 Limone
4 Korianderzweige zum Garnieren
2 Frühlingszwiebeln, nur der grüne Teil, gehackt, zum Garnieren

1 Bei den Koteletts alles Fett und die Knochen wegschneiden. Das Fleisch für 30 Minuten ins Gefrierfach legen, so dass es fest, aber nicht gefroren ist. Fein schnetzeln. Rohe Garnelen schälen, den Darm entfernen.

2 In einem großen Topf Salzwasser zum Kochen bringen und die Eiernudeln nach Packungsanweisung kochen. Mit kaltem Wasser abschrecken und abtropfen lassen. Beiseite stellen.

3 Pflanzen- und Sesamöl in einem großen Topf erhitzen, die Schalotten hineingeben und 3–4 Minuten gleichmäßig bräunen. Aus dem Topf nehmen, beiseite stellen.

4 Ingwer, Knoblauch, Zucker und Hühnerbrühe in den Topf geben und mit den Limonenblätter zum Kochen bringen. Fischsoße und Limonensaft zugeben, dann das Schweinefleisch. 15 Minuten köcheln lassen. Garnelen und Nudeln hineingeben und 3–4 Minuten köcheln lassen. In flachen Suppenschalen servieren, garniert mit Korianderblättern, dem grünen Teil der Frühlingszwiebeln und den gebräunten Schalotten.

VIETNAMESISCHE DIP-SOSSE

Nuoc Cham

Diesen Dip in einer kleinen Schüssel als Beilage zu Frühlingsrollen und Fleischgerichten reichen.

ERGIBT 150 ML

Zutaten
1–2 kleine rote Chilischoten, entkernt und fein gehackt
1 gepresste Knoblauchzehe
1 EL geröstete Erdnüsse
4 EL Kokosmilch
2 EL Fischsoße
Saft von 1 Limone
2 TL Zucker
1 TL gehackte Korianderblätter

1 Chili zusammen mit Knoblauch und Erdnüssen im Mörser oder in der Küchenmaschine pürieren.

2 Mit Kokosmilch, Fischsoße, Limonensaft, Zucker und Koriander verrühren.

UMGANG MIT CHILISCHOTEN

Chilischoten sind in der östlichen Küche wichtig und sollten mit Vorsicht behandelt werden. Die beißenden Öle, die beim Schneiden der Chilischoten frei werden, sind gefährlich für die empfindlichen Teile der Haut, z. B. Lippen und Augen. Nach dem Schneiden von Chilischoten die Hände gründlich mit Wasser und Seife waschen.

1 Die brennende Schärfe roter und grüner Chilischoten ist im Samen enthalten. Wem sie im Essen zu feurig sind, sollte sie vor dem Kochen entfernen. Am besten spült man die Kerne unter fließendem Wasser heraus.

2 Man kann ein gutes Chiligewürz herstellen, indem man Chilis in einem Glas Öl aufbewahrt. Frühestens nach 3 Wochen verwenden. Chiliöl gibt vielen östlichen Gerichten eine sanfte Schärfe.

GURKEN- UND KAROTTENGARNITUR

Das Anrichten der Speisen spielt in der fernöstlichen Küche eine große Rolle. Diese Gemüsegarnituren gelingen leicht.

ERGIBT 2 DEKORATIVE GARNITUREN

Zutaten
1 große Karotte
½ Gurke

1 Aus der Gurke einen 7,5 cm langen und 2 cm breiten Streifen schneiden. Diesen Streifen 4 Mal längs bis kurz vor das Ende einschneiden. Den zweiten und vierten Streifen zu einer offenen Schlaufe umbiegen. Der gleiche Gurkenstreifen kann als attraktiver Fächerstreifen verwendet werden.

2 Die Karotte schälen und der ganzen Länge nach in 6 mm dicke Streifen schneiden. Daraus nun Rechtecke der Größe 2 cm x 8 cm machen. Diese nun zweimal der Länge nach einschneiden, einmal von rechts, einmal von links, und zwar so, dass sie am Ende noch gut zusammenhalten. Dann die Streifen wie abgebildet vorsichtig über Kreuz legen. Diese Garnitur kann auch aus einem großen, weißen Rettich, einer Gurke oder aus Zitronenschale hergestellt werden.

SÜDOSTASIEN UND JAPAN · MALAYSIA

KOKOSBRÜHE MIT FISCH UND GARNELEN

Laksa Lemak

Garnelen, Fisch und Nudeln werden zu dieser heißen Kokosbrühe getrennt serviert. Jeder kann selbst entscheiden, wie er seine Suppe essen möchte.

4–6 PERSONEN

Zutaten

25 g rohe Cashewkerne
3 Schalotten oder 1 mittelgroße Zwiebel, in Scheiben
1 Stück Zitronengras, in 5 cm langen Streifen
2 gehackte Knoblauchzehen
2 EL Pflanzenöl
1 Würfel Garnelenpaste oder 1 EL Fischsoße
1 EL milde Currypaste
400 g Kokosmilch aus der Dose
1/2 Hühnerbrühwürfel
3 Curryblätter (nach Belieben)
450 g weißes Fischfilet, Kabeljau, Schellfisch oder Weißfisch
250 g Garnelenschwänze, roh oder gekocht
1 kleiner Römersalat, in Streifen
100 g Sojasprossen
3 Frühlingszwiebeln, in Streifen
1/2 Gurke, in Streifen
150 g Laska-Nudeln (Spaghetti-Reisnudeln), 10 Minuten vor dem Kochen einweichen
Garnelenkräcker zum Servieren

1 Cashewkerne im Mörser oder in einer Küchenmaschine mit Schalotten oder Zwiebeln, Zitronengras und Knoblauch pürieren. Die Nudeln nach Anweisung kochen.

2 Öl im großen Wok oder Topf erhitzen, die Zutaten aus dem Mörser oder der Küchenmaschine hineingeben und 1–2 Minuten braten, bis die Nüsse braun werden.

Tipp

Auf einer großen Servierplatte in Streifen geschnittene Salatblätter auslegen. Die Salatzutaten zusammen mit dem Fisch, den Garnelen und den Nudeln in kleinen Häufchen anrichten. Den Salat mit einer Schüssel Garnelenkräcker und die Suppe in einem Tontopf mit Deckel servieren.

3 Garnelenpaste oder Fischsoße und Currypaste, dann die Kokosmilch, Brühwürfel und Curryblätter hineingeben. 10 Minuten köcheln lassen.

4 Fisch in mundgerechte Stücke schneiden. Fisch und Garnelen in einen großen Frittierkorb legen und in die köchelnde Kokosnussbrühe tauchen. 3–4 Minuten garen.

Fisch mit Sesam und Ingwermarinade

Panggang Bungkus

Tropische Fische sind an gut sortierten Fischtheken erhältlich. Eine gute Auswahl bieten mitunter auch Asienläden. Ersatzweise einfach guten Weißfisch nehmen.

4–6 PERSONEN

Zutaten
- 2 Red Snapper, Papageifische oder Engelhaischwänze, je etwa 350 g
- 2 EL Pflanzenöl
- 2 TL Sesamöl
- 2 EL Sesamsamen
- 1 Stück frischer Ingwer, 2,5 cm lang, geschält und in dünne Scheiben geschnitten
- 2 gepresste Knoblauchzehen
- 2 kleine rote Chilis, entkernt, fein gehackt
- 4 Schalotten oder 1 mittelgroße Zwiebel, halbiert und in Scheiben geschnitten
- 2 EL Wasser
- 1 Würfel Garnelenpaste, oder 1 EL Fischsoße
- 2 TL Zucker
- $^{1}/_{2}$ TL gehackter schwarzer Pfeffer
- Saft von 2 Limonen
- 3–4 Bananenblätter oder Aluminiumfolie
- 1 Limone zum Garnieren
- 2 rote Chiliblüten zum Garnieren

1 Fisch innen und außen unter fließendem kalten Wasser säubern. Mit Küchenkrepp trockentupfen. Fisch auf beiden Seiten mit einem Messer tief einschneiden, damit die Marinade gut eindringen kann. Papageifisch mit feinem Salz einreiben und 15 Minuten stehen lassen. (Dies neutralisiert den kalkigen Korallengeschmack dieses Fisches.)

2 Für die Marinade Gemüse- und Sesamöl im Wok erhitzen, Sesamsamen zugeben und goldbraun braten. Ingwer, Knoblauch, Chili und Schalotten oder Zwiebel zufügen und bei niedriger Temperatur andünsten. Wasser, Garnelenpaste oder Fischsoße, Zucker, Pfeffer und Limonensaft zugeben, diese 2–3 Minuten köcheln und abkühlen lassen.

3 Von den Bananenblättern die Mittelrippe entfernen. Blätter in kochendem Wasser weich machen. Damit sie biegsam bleiben, mit Pflanzenöl einreiben. Die Marinade über dem Fisch verteilen. In das Blatt einwickeln und mit einem Bambusspieß befestigen oder Fisch in Folie wickeln. 3 Stunden an einem kühlen Ort marinieren.

4 Ofen auf 180°C vorheizen oder einen Grill anzünden und warten, bis die Kohlen gleichmäßig glühen. Den eingewickelten Fisch auf dem Rost oder Backpapier 35–40 Minuten garen. Mit Limone und Chiliblüten garnieren.

WÜRZIGES HUHN IM TONTOPF

Ayam Golek

Früher stellte man einen Tontopf in die glühenden Kohlen eines offenen Feuers – daher stammt das Dämpfen in diesem Gefäß. Die sanfte Hitze läßt die Flüssigkeit im Topf leicht köcheln, ähnlich der Wirkung der heutigen Kasserollen.

4–6 PERSONEN

Zutaten
1 Huhn à 1,5 kg
3 EL frisch geriebene Kokosnuss
2 EL Pflanzenöl
2 Schalotten oder eine kleine Zwiebel, fein gehackt
2 gepresste Knoblauchzehe
1 Stück Zitronengras, 5 cm lang
1 Stück Galingal oder frischer Ingwer, 2,5 cm lang, geschält, in dünne Scheiben geschnitten
2 kleine grüne Chilischoten, entkernt und fein gehackt
1 Würfel Garnelenpaste, 1 cm im Quadrat, oder 1 EL Fischsoße
400 g Kokosmilch aus der Dose
300 ml Hühnerbrühe
2 Limonenblätter (nach Belieben)
1 EL Zucker
1 EL Reis- oder Weißweinessig
2 reife Tomaten zum Garnieren
2 EL gehackte Korianderblätter zum Garnieren
gekochter Reis zum Servieren

1 Huhn zerlegen, dabei mit einem Hackmesser Keulen und Flügel abschneiden. Haut entfernen und Oberkeulen von Unterkeulen trennen. Unteren Teil des Huhns mit einer Küchenschere abtrennen, so dass das Bruststück bleibt. So viele Knochen wie möglich entfernen, um das Essen zu erleichtern. Bruststück in 4 gleichmäßige Teile schneiden. Beiseite stellen.

2 Kokosnuss im großen Wok ohne Ölzugabe bräunen. Pflanzenöl, Schalotten oder Zwiebel, Knoblauch, Zitronengras, Galingal oder Ingwer, Chili und Garnelenpaste oder Fischsoße zugeben. Kurz braten, damit sich das Aroma entfaltet. Ofen auf 180°C vorheizen. Hühnerteile in den Wok geben und mit den Gewürzen 2-3 Minuten bräunen.

3 Kokosmilch abseihen und den dünnen Teil zu der Hühnerbrühe geben, dann falls verwendet, Limonenblätter, Zucker Essig. In einen glasierten Tontopf umfüllen, dann zudecken und 50-55 Minuten im Ofen garen, bis das Huhn weich ist. Den festen Teil der Kokosmilch hineinrühren, in den Ofen zurückstellen und sodann weitere 5-10 Minuten andicken lassen.

4 Tomaten enthäuten, dazu in einer Schüssel mit kochendem Wasser übergießen, so löst sich die Haut leichter. Tomaten halbieren, entkernen und in große Würfel schneiden. Über das fertige Gericht geben, gehackten Koriander darüberstreuen und mit einer Schüssel Reis servieren.

Grüner Gemüsesalat mit Kokos-Minze-Dip

Syabas

Diese vitaminreiche Erfrischung wird in Singapur und Malaysia zu Fleischgerichten gereicht.

4–6 PERSONEN	100 g Chinakohl, grob gehackt	2 TL Zucker
	100 g Sojasprossen	3 EL Kokosnusscreme
Zutaten	Salatblätter zum Servieren	75 ml kochendes Wasser
100 g Zuckererbsenschoten, geputzt und halbiert		2 TL Fischsoße
100 g grüne Bohnen, geputzt und halbiert	**Dip**	3 EL Pflanzenöl
½ Gurke, geschält, halbiert und in Scheiben	1 gepresste Knoblauchzehe	Saft von 1 Limone
	1 grüne Chilischote, entkernt und fein gehackt	2 EL frisch gehackte Minze

1 Salzwasser zum Kochen bringen. Bohnen, Zuckererbsen und Gurke 4 Minuten blanchieren. Unter fließendem Wasser abschrecken. Abtropfen lassen, beiseite stellen.

2 Für den Dip Knoblauch, Chili und Zucker im Mörser zerstoßen. Kokosnusscreme, Wasser, Fischsoße, Pflanzenöl, Limonensaft und Minze zugeben. Gut verrühren.

3 Den Dip in eine flache Schüssel gießen. Salatzutaten in einem Korb anrichten und zusammen servieren.

Mariniertes Grillsteak

Daging

Auch Hähnchen- oder Schweineschnitzel können auf diese Weise gegrillt werden.

4–6 PERSONEN	2 TL ganze schwarze Pfefferkörner	**Dip**
	1 EL Zucker	75 ml Rinderbrühe
Zutaten	2 EL Tamarindensoße	2 EL Ketchup
4 Rumpsteaks à 200 g	3 EL dunkle Sojasoße	1 TL Chilisoße
1 gepresste Knoblauchzehe	1 EL Austernsoße	Saft von 1 Limone
1 Stück frischer Ingwer, 2,5 cm lang, geschält und fein gehackt	Pflanzenöl zum Einpinseln	

1 Alle Zutaten zusammen vermengen und pürieren. Marinade über das Fleisch geben und mindestens 8 Stunden einziehen lassen.

2 Eine gusseiserne Grillpfanne sehr gut vorheizen. Marinade vom Fleisch kratzen und aufbewahren. Fleisch mit Öl einpinseln und etwa 2 Minuten auf jeder Seite braten.

3 Marinade in einen Topf geben, Brühe, Soßen und Limonensaft dazugießen und kurz köcheln. Die Steaks und den Dip getrennt servieren.

HÄHNCHENFILET AM SPIESS MIT ERDNUSS-SOSSE

Sate Ayam Saos Kacang

Das Huhn und die Soße können im Gefrierfach bis zu 6 Wochen aufbewahrt werden. Zwei Stunden auftauen lassen.

4–6 PERSONEN

Zutaten
- 4 Hühnerbrustfilets
- 1 EL Koriandersamen
- 2 TL Fenchelsamen
- 2 gepresste Knoblauchzehen
- 1 Stück Zitronengras, in 5 cm langen Streifen
- 1/2 TL Kurkuma (Gelbwurz)
- 2 TL Zucker
- 1/2 TL Salz
- 2 EL Sojasoße
- 1 EL Sesamöl
- Saft einer 1/2 Zitrone
- Salatblätter zum Servieren
- 1 Bund Minze zum Servieren
- 1 Limone, geviertelt, zum Garnieren
- 1/2 Gurke, geviertelt, zum Garnieren

Soße
- 150 g rohe Erdnüsse
- 1 EL Pflanzenöl
- 2 Schalotten oder 1 kleine Zwiebel, fein gehackt
- 1 gepresste Knoblauchzehe
- 1–2 kleine Chilischoten, entkernt, fein gehackt
- 1 Würfel Garnelenpaste, 1 cm im Quadrat, oder 1 EL Fischsoße
- 2 EL Tamarindensoße
- 100 ml Kokosmilch
- 1 EL Honig

1 Huhn in lange dünne Streifen schneiden und im Zickzack auf 12 Bambusspieße stecken. Auf einem flachen Teller anrichten und beiseite stellen.

2 Für die Marinade Koriander- und Fenchelsamen im Wok trockenrösten. Im Mörser oder der Küchenmaschine zerkleinern, dann mit Knoblauch, Zitronengras, Kurkuma, Zucker, Salz, Sojasoße, Sesamöl und Zitronensaft in den Wok geben. Mischung nach dem Abkühlen über dem Huhn verteilen und 8 Stunden an einem kühlen Ort einziehen lassen.

3 Für die Erdnussoße die Erdnüsse in wenig Öl im Wok braten oder bei mäßiger Hitze grillen, dabei ständig rühren, damit sie nicht anbrennen. Erdnüsse auf ein sauberes Tuch geben und mit den Händen rubbeln, um die dünne Haut zu entfernen. In der Küchenmaschine 2 Minuten zerkleinern.

4 Pflanzenöl im Wok erhitzen und Schalotten oder Zwiebel, Knoblauch und Chilis darin andünsten. Garnelenpaste oder Fischsoße mit der Tamarindensoße, der Kokosmilch und dem Honig zugeben. Kurz köcheln lassen, zu den Erdnüssen geben und zu einer dickflüssigen Soße pürieren. Grill auf mittlere Hitze vorheizen. Bei einem Holzkohlengrill die Kohlen weiß glühen lassen. Huhn mit etwas Öl einpinseln und 6–8 Minuten grillen. Auf einem Salatbett mit dem Dip servieren.

Scharfes Chili-Krebsfleisch mit Ingwer und Limonen

Ikan Maris

Dieses Gericht mit einer Schüssel gehackter Gurken und heißen Toastscheiben servieren.

4–6 PERSONEN

Zutaten

- 2 mittelgroße Krebse, gekocht
- 1 Stück frischer Ingwer, 2,5 cm lang, geschält und gehackt
- 2 gepresste Knoblauchzehen
- 1–2 kleine rote Chilischoten, entkernt und fein gehackt
- 1 EL Zucker
- 2 EL Pflanzenöl
- 4 EL Ketchup
- 150 ml Wasser
- Saft von 2 Limonen
- 2 EL frisch gehackte Korianderblätter zum Garnieren

Tipp

Heiße Handtücher sind zum Reinigen der Hände am Ende der Mahlzeit nützlich. Feuchten Sie weiße Frotteetücher an. Das Wasser vorher mit einigen Tropfen Kölnisch Wasser parfümieren. In einer Plastiktüte 2 Minuten in der Mikrowelle bei voller Leistung erhitzen. Aus der Tüte nehmen und in einem Deckelkorb auf den Tisch stellen.

1 Beine und Scheren der Krebse abdrehen. Den dicksten Teil der Schale mit einem Hammer oder dem Rücken eines schweren Messers aufknacken.

2 Mit beiden Daumen die untere Beinseite öffnen. Aus diesem Teil den Magensack und die grauen Innereien entfernen. Dann diesen Teil mit einem Messer vierteln. Den oberen Teil in 6 gleichgroße Teile schneiden.

3 Ingwer, Knoblauch, Chilis und Zucker im Mörser zerstoßen. Öl in einem großen Wok erhitzen, die gemahlenen Gewürze zugeben und 1–2 Minuten simmern lassen. Nun Ketchup, Wasser und Zitronensaft hineingeben und kurz köcheln.

4 Krebsteile zufügen und 3–4 Minuten garen. In eine Servierschüssel geben und mit gehacktem Koriander bestreuen.

MALAYSISCHER FISCH-CURRY

Ikan Moolee

Zu diesem Gericht wird oft scharfes Tomaten-Sambal serviert.

4–6 PERSONEN **Zutaten** 700 g Filet vom Engelhai, Speisefisch oder Red Snapper Salz 3 EL frisch geriebene oder in Streifen geschnittene Kokosnuss	2 EL Pflanzenöl 1 Stück Galingal oder frischer Ingwer, 2,5 cm lang, geschält, in dünne Scheiben geschnitten 2 kleine rote Chilischoten, entkernt, fein gehackt 2 gepresste Knoblauchzehen 1 Stück Zitronengras, in 5 cm langen Streifen 1 Würfel Garnelenpaste, 1 cm im Quadrat, oder 1 EL Fischsoße	400 g Kokosmilch aus der Dose 600 ml Hühnerbrühe ½ TL Kurkuma 3 TL Zucker Saft von 1 Limone oder ½ Zitrone

1 Fisch in große Stücke schneiden, mit Salz würzen und beiseite stellen.

2 Kokosnuss im großen Wok ohne Ölzugabe bräunen. Pflanzenöl, Galingal oder Ingwer, Chili, Knoblauch und Zitronengras zugeben und kurz anbräunen. Garnelenpaste oder Fischsoße einrühren. Kokosmilch abseihen und den dünnen Teil zugeben.

3 Hühnerbrühe, Kurkuma, Zucker, etwas Salz und Limonen- oder Zitronensaft zugeben. 10 Minuten köcheln. Fisch hineingeben und weitere 6–8 Minuten köcheln. Den dicken Teil der Kokosmilch einrühren und binden lassen. Mit Reis servieren.

EINFACHER REIS

Sein natürlicher Geschmack wird verstärkt, wenn man etwas Pflanzenöl dazugibt.

4–6 PERSONEN

Zutaten
400 g Langkornreis
1 EL Pflanzenöl
700 ml kochendes Wasser
½ TL Salz

1 Den Reis mehrere Male in kaltem Wasser waschen, bis das Wasser klar ist. Reis mit Pflanzenöl, Wasser und Salz in einen schweren Topf geben. Einmal umrühren, damit der Reis nicht am Boden ansetzt. 10–12 Minuten köcheln lassen. Danach vom Herd nehmen, zudecken und weitere 5 Minuten im Topf ausquellen lassen. Vor dem Servieren mit einer Gabel oder Stäbchen auflockern.

KOKOSREIS MIT ZITRONENGRAS

Diesen Reis zu gegrilltem Steak oder anderen Fleischgerichten servieren.

4–6 PERSONEN **Zutaten** 400 g Langkornreis	½ TL Salz 1 Stück Zitronengras, 5 cm lang 25 g Kokosnusscreme 700 ml kochendes Wasser

1 Den Reis mehrere Male in kaltem Wasser waschen, bis das Wasser klar ist. Reis, Salz, Zitronengras und Kokosnusscreme in einen schweren Topf geben, mit der angegebenen Menge kochendem Wasser bedecken. Einmal umrühren, damit der Reis nicht am Boden ansetzt. 10–12 Minuten köcheln lassen.

2 Vom Herd nehmen, zudecken und weitere 5 Minuten im Topf ausquellen lassen. Vor dem Servieren mit einer Gabel oder einem Stäbchen auflockern.

SÜDOSTASIEN UND JAPAN — MALAYSIA

SINGAPUR-PUNSCH

In allen Cocktailbars der Welt ist der Singapur Punsch bekannt. Die Zutaten sind sehr unterschiedlich, werden jedoch alle in einer Standardmaßeinheit abgemessen, die knapp 2 EL entspricht.

1 GLAS	1 Maßeinheit Zitronensaft
	Sodawasser zum Abschmecken
Zutaten	1 Orangenscheibe
Eis	1 Zitronenscheibe
2 Maßeinheiten Gin	1 Maraschinokirsche zum Garnieren
1 Maßeinheit Kirschbrandy	1 Minzezweig zum Garnieren

1 Eis in ein sauberes Tuch einwickeln und mit einem Nudelholz oder dem Boden einer Pfanne zerschlagen. Einen Cocktail-Shaker zur Hälfte mit Eis füllen.

2 Gin, Kirschbrandy und Zitronensaft zugeben und schütteln.

3 In ein hohes Glas mit Eiswürfeln seihen, Nach Geschmack mit Sodawasser auffüllen. Mit Orangen- und Zitronenscheibe, Kirsche und Minze garnieren.

GEBRATENE NUDELN SPEZIAL

Mee Goreng

Mee Goreng ist wohl eines der bekanntesten Gerichte aus Singapur. Viele verschiedene Zutaten kommen hinein.

4–6 PERSONEN

Zutaten
250 g Eiernudeln
1 Hühnerbrustfilet, enthäutet
100 g mageres Schweinefleisch
2 EL Pflanzenöl
200 g Garnelenschwänze, roh oder gekocht
4 Schalotten oder 1 mittelgroße Zwiebel, gehackt
1 Stück frischer Ingwer, 2 cm lang, geschält und in dünne Streifen geschnitten
2 gepresste Knoblauchzehen
3 EL helle Sojasoße
1–2 TL Chilisoße
1 EL Reis- oder Weißweinessig
1 TL Zucker
½ TL Salz
100 g Chinakohl, in Streifen geschnitten
100 g Spinat, in Streifen geschnitten
3 Frühlingszwiebeln, in Streifen geschnitten

1 Nudeln in einem großen Topf Salzwasser nach Anweisung kochen. Abtropfen lassen und beiseite stellen. Hühnerbrust und Schweinefleisch 30 Minuten in das Gefrierfach legen, jedoch nicht gefrieren lassen.

2 Fleisch quer zur Faser dünn schnetzeln. Öl in einem großen Wok erhitzen und Huhn, Schweine und Garnelen 2–3 Minuten braten. Schalotten oder Zwiebel, Ingwer und Knoblauch zugeben und ohne Bräunung dünsten.

3 Soja- und Chilisoße, Essig, Zucker und Salz zugeben. Köcheln lassen, Chinakohl, Spinat und Frühlingszwiebeln hineingeben, zugedeckt 3–4 Minuten garen. Zuletzt die Nudeln dazugeben und heiß werden lassen.

SÜDOSTASIEN UND JAPAN

INDONESIEN

GEGRILLTER FISCH MIT CASHEW-INGWER-MARINADE

Panggang Bungkus

Um das süß-würzige Aroma dieses sehr beliebten indonesischen Gerichts zu bewahren, wird der marinierte Fisch in Bananenblättern oder Folie gebraten. Die Fischpakete verbreiten bei Tisch ihren süßen Duft.

4 PERSONEN

Zutaten

1 kg Butterfisch, Papageifisch oder Seebarsch, ohne Schuppen und gesäubert
150 g rohe Cashewkerne
2 Schalotten oder 1 kleine Zwiebel, fein gehackt
1 Stück frischer Ingwer, 1 cm lang, geschält und fein gehackt
1 gepresste Knoblauchzehe
1 kleine rote Chilischote, entkernt, fein gehackt
2 EL Pflanzenöl
1 TL Garnelenpaste
2 TL Zucker
½ TL Salz
2 EL Tamarindensoße
2 EL Ketchup
Saft von 2 Limonen
4 junge Bananenblätter oder Aluminiumfolie

1 Beide Seiten des Fisches 3-4 Mal mit einem scharfen Messer einschneiden, so wird er auch innen gar. Beiseite stellen.

2 Cashews, Schalotten oder Zwiebeln, Ingwer, Knoblauch und Chili im Mörser oder der Küchenmaschine fein pürieren. Pflanzenöl, Garnelenpaste, Zucker und Salz gut untermengen, dann Tamarindensoße, Ketchup und Limonensaft zugeben.

Tipp

Bananenblätter bekommt man in Indien- oder Asienläden. Sollte das nicht möglich sein, einfach den Fisch in Aluminiumfolie einwickeln.

Das echte fernöstliche Aroma erhält der Fisch beim Grillen. Den Grill anzünden und warten, bis die Kohlen gleichmäßig glühen. Dann jedes Fischpaket für 30-35 Minuten grillen.

3 Fisch auf beiden Seiten mit der Marinade bestreichen und bis zu 8 Stunden einziehen lassen.

4 Dicke Mittelrippe der Bananenblätter ausschneiden und die Blätter 1 Minute in kochendem Wasser weich machen. Blätter mit Pflanzenöl einreiben. Fisch in die Blätter einwickeln und mit einem Bambusspieß feststecken. Backofen auf 180°C vorheizen und 30-35 Minuten garen.

RIND MIT SCHARFEM MANGO-DIP

Sate Bali

Dieses Gericht mit grünem Salat und gekochtem Reis servieren.

ERGIBT 12 SPIESSE

Zutaten
450 g Rinderlendensteak, 2 cm dick, ohne Fett
1 EL Koriandersamen
1 TL Kreuzkümmelsamen
50 g rohe Cashewkerne
1 EL Pflanzenöl
2 Schalotten oder 1 kleine Zwiebel, fein gehackt
1 Stück frischer Ingwer, 1 cm lang, geschält und fein gehackt
1 gepresste Knoblauchzehe
2 EL Tamarindensoße
2 EL dunkle Sojasoße
2 TL Zucker
1 TL Reis- oder Weißweinessig

Scharfer Mango-Dip
1 reife Mango
1–2 kleine rote Chilischoten, entkernt und fein gehackt
1 EL Fischsoße
Saft von 1 Limone
2 TL Zucker
1/4 TL Salz
2 EL frisch gehackte Korianderblätter

1 Fleisch in lange Streifen schneiden und im Zick-Zack auf 12 Bambusspieße stecken. Auf einem Teller beiseite stellen.

2 Für die Marinade Samen und Kerne im großen Wok gleichmäßig braun trockenrösten. Im Mörser mit rauher Oberfläche zerstoßen. Oder Gewürze und Kerne in einer Küchenmaschine schroten. Öl, Schalotten oder Zwiebel, Ingwer, Knoblauch, Tamarinden- und Sojasoße, Zucker und Essig zugeben. Fleisch mit dieser Mischung bestreichen und bis zu 8 Stunden marinieren lassen. Fleisch 6–8 Minuten bei mittlerer Hitze im Elektrogrill oder auf einem Holzkohlengrill grillen. Wenden, damit es eine gleichmäßige Farbe erhält. In der Zwischenzeit den Mango-Dip zubereiten.

3 Mangofleisch mit Chilis, Fischsoße, Limonensaft, Zucker und Salz zu einer glatten Soße mixen. Dann Koriander zugeben.

GARNELEN MIT PAPAYA-SOSSE

Udang Sate

Rohe Garnelen bekommt man tiefgefroren bei guten Fischhändlern oder auch im chinesischen Supermarkt.

ERGIBT 12 SPIESSE

Zutaten
700 g ganze rohe Garnelenschwänze oder 24 Königsgarnelen
2 EL Koriandersamen
2 TL Fenchelsamen
1 Stück frischer Ingwer, 1 cm lang, geschält und fein gehackt
2 Schalotten oder 1 Zwiebel, fein gehackt
2 gepresste Knoblauchzehen
1 Stück Zitronengras, 5 cm lang
2 TL Kokosnusscreme
Saft von 1 Limone
1 EL Fischsoße
2 TL Chilisoße
2 EL helle Sojasoße
4 TL Zucker
1/2 TL Salz
Salatblätter zum Servieren

Soße
2 reife Papayas
Saft von 1 Limone
1/2 TL frisch gemahlener, schwarzer Pfeffer
eine Prise Salz
2 EL frisch gehackte Minze

1 Garnelen auf 12 Bambusspieße stecken und auf einen flachen Teller legen.

2 Koriander- und Fenchelsamen trockenrösten, dann im Mörser fein zerstoßen. Schalotten oder Zwiebel, Ingwer, Knoblauch und Zitronengras zugeben und pürieren. Zuletzt Kokosnuss, Limonensaft, Fischsoße, Chili- und Sojasoße, Zucker und Salz zufügen. Garnelen mit der Soße bestreichen und bis zu 8 Stunden marinieren. Garnelen bei mittlerer Hitze auf dem Elektrogrill oder auf einem Holzkohlengrill 6–8 Minuten grillen. Einmal wenden.

3 Papayas, Limonensaft, Pfeffer und Salz mixen. Minze einrühren und servieren.

GARNELEN-CURRY MIT WACHTELEIERN

Gulai Udang

Wachteleier bekommt man in Delikatessengeschäften. Falls keine Wachteleier erhältlich sind, ersatzweise Hühnereier verwenden. Nehmen Sie 1 Hühnerei für 4 Wachteleier.

4–6 PERSONEN

Zutaten
- 900 g ganze rohe Garnelenschwänze, geschält und ohne Darm
- 12 Wachteleier
- 2 EL Pflanzenöl
- 4 Schalotten oder 1 Zwiebel, fein gehackt
- 1 Stück Galingal oder frischer Ingwer, 2,5 cm lang, geschält und fein gehackt
- 2 gepresste Knoblauchzehen
- 1 Stück Zitronengras, 5 cm lang, gehackt
- 1–2 kleine rote Chilis, entkernt, fein gehackt
- 1/2 TL Kurkuma (Gelbwurz)
- 1 Stück Garnelenpaste, 1 cm im Quadrat, oder 1 EL Fischsoße
- 400 g Kokosmilch aus der Dose
- 300 ml Hühnerbrühe
- 100 g Chinakohl, grob gehackt
- 2 TL Zucker
- 1/2 TL Salz
- 2 Frühlingszwiebeln, nur den grünen Teil, in Streifen geschnitten zum Garnieren
- 2 EL geriebene Kokosnuss zum Garnieren

1 Wachteleier 8 Minuten kochen. In kaltem Wasser abschrecken und schälen, beiseite stellen.

2 Öl im großen Wok erhitzen, Schalotten oder Zwiebeln, Galingal oder Ingwer und Knoblauch zugeben und ohne Bräunung weich werden lassen. Dann Zitronengras, Chili, Kurkuma und Garnelenpaste oder Fischsoße hineingeben und kurz dünsten.

3 Garnelen zugeben und kurz braten. Kokosmilch über einer Schüssel abseihen, dann den dünnen Teil der Milch mit der Hühnerbrühe hineingeben. Chinakohl, Zucker und Salz zufügen und zum Kochen bringen. 6-8 Minuten köcheln lassen.

4 In eine Servierschüssel geben, die Wachteleier halbieren und in die Soße rühren. Mit Frühlingszwiebel und der geriebenen Kokosnuss bestreuen.

INDONESIEN SÜDOSTASIEN UND JAPAN

GEGRILLTES CASHEWKERN-HUHN

Ayam Bali

Dieses Gericht stammt von der wunderschönen Insel Bali. Dort werden Nüsse oft als Basis für Soßen und Marinaden verwendet. Mit grünem Salat und einem scharfen Chili-Knoblauch-Dip servieren.

4–6 PERSONEN

Zutaten
4 Hähnchenschenkel

Marinade
50 g rohe Cashewkerne oder Macadamia-Nüsse
2 Schalotten oder 1 kleine Zwiebel, fein gehackt
2 gepresste Knoblauchzehen
2 kleine rote Chilischoten, gehackt
1 Stück Zitronengras, 5 cm lang
1 EL Tamarindensoße
2 EL dunkle Sojasoße
1 EL Fischsoße (nach Belieben)
2 TL Zucker
1/2 TL Salz
1 EL Reis- oder Weißweinessig
Chinakohl zum Servieren
Radieschenscheiben, zum Garnieren
1/2 Gurke, in Scheiben, zum Garnieren

1 Hähnchenschenkel mehrmals mit einem scharfen Messer bis auf den Knochen einscheiden, Knöchelende entfernen.

2 Für die Marinade Cashewkerne oder Macadamia-Nüsse in einer Küchenmaschine oder im Mörser mahlen.

3 Schalotten oder Zwiebeln, Knoblauch, Chili und Zitronengras zugeben und pürieren. Restliche Marinadenzutaten untermischen.

4 Huhn mit der Marinade einstreichen und bis zu 8 Stunden marinieren. Bei mittlerer Hitze im Grill 15 Minuten auf beiden Seiten grillen. Auf einen flachen, mit Chinakohl ausgelegten Teller legen und mit den Radieschen- und Gurkenscheiben garnieren.

NASI GORENG

Nasi Goreng

Wenn Sie Reste verwerten wollen, sollten Sie Nasi Goreng kochen. In Indonesien gibt es viele verschiedene Rezepte für Nasi Goreng. Immer ist Reis die Grundlage, aber für Aroma und Farbe kann fast alles verwendet werden.

4–6 PERSONEN	2–3 kleine rote Chilischoten, entkernt und fein gehackt	350 g Filet vom Schwein oder Huhn, gehäutet und geschnetzelt
Zutaten	1 EL Tamarindensoße	350 g rohe oder gekochte Garnelenschwänze, geschält
3 Eier	1 Stück Garnelenpaste, 1 cm im Quadrat, oder 1 EL Fischsoße	200 g Sojasprossen
1 Prise Salz	1/2 TL Kurkuma (Gelbwurz)	200 g Chinakohl
4 EL Pflanzenöl	6 TL Kokosnusscreme	200 g tiefgefrorene Erbsen, aufgetaut
6 Schalotten oder 1 große Zwiebel, gehackt	Saft von 2 Limonen	250 g Langkornreis, gekocht etwa 700 g
2 gepresste Knoblauchzehen	2 TL Zucker	1 kleines Bund Koriander oder Basilikum, grob gehackt, zum Garnieren
1 Stück frischer Ingwer, 2,5 cm lang, geschält und fein gehackt	1/2 TL Salz	

1 Eier mit einer Prise Salz verquirlen. Eine beschichtete Pfanne bei mittlerer Hitze vorheizen. Eier ohne Fett hineingeben und die Pfanne rütteln, bis die Eier fest werden. Aufrollen, in Scheiben schneiden, zugedeckt beiseite stellen.

2 1 EL Öl im Wok erhitzen und Schalotten oder Zwiebel gleichmäßig bräunen. Aus der Pfanne nehmen, beiseite stellen und warm halten.

3 Restliche 3 EL Öl im Wok erhitzen, Knoblauch, Ingwer und Chili zugeben und ohne Bräunung weich werden lassen. Tamarindensoße, Garnelenpaste oder Fischsoße, Kurkuma, Kokosnuss, Limonensaft, Zucker und Salz hineinrühren. Kurz bei mittlerer Hitze vermengen. Schweine- oder Hühnerfleisch und Garnelen zugeben und 3–4 Minuten braten.

4 Sojasprossen, Chinakohl, Erbsen und Gewürze hineingeben und kurz kochen. Den Reis zufügen und 6–8 Minuten unter Rühren braten, damit nichts anbrennt. Auf eine große Servierplatte geben, mit Eierstreifen, gebräunten Schalotten oder Zwiebeln und gehacktem Koriander oder Basilikum garnieren.

INDONESIEN · SÜDOSTASIEN UND JAPAN

SCHARFER TOMATEN-SAMBAL

Sambal Tomat

Sambals werden als Würze auf den Tisch gestellt und dienen hauptsächlich zum Tunken von Fleisch und Fisch. Sie sind sehr pikant und sollten sparsam verwendet werden.

ERGIBT 120 ML

Zutaten
3 reife Tomaten
½ TL Salz
1 TL Chilisoße
4 EL Fischsoße oder Sojasoße
1 EL gehackte Korianderblätter

1 Tomaten mit kochendem Wasser bedecken, damit sich die Haut löst. Abziehen, halbieren, entkernen, fein hacken.

2 Gehackte Tomaten in eine Schüssel geben, Salz, Chili- und Fisch- oder Sojasoße und Koriander zugeben.

CHILI-KNOBLAUCH-SAMBAL

Sambal Kecap

Dieses Sambal ist besonders feurig, daher Gäste warnen, wenn sie keine scharfen Gerichte gewöhnt sind.

ERGIBT 120 ML

Zutaten
1 gepresste Knoblauchzehe
2 kleine rote Chilischoten, entkernt und fein gehackt
2 TL Zucker
1 TL Tamarindensoße
4 EL Sojasoße
Saft einer ½ Limone

1 Knoblauch, Chili und Zucker im Mörser oder in einer Küchenmaschine fein pürieren.

2 Tamarinden-, Sojasoße und Limonensaft einrühren.

GURKEN-SAMBAL

Sambal Selamat

Dieses Sambal hat einen delikaten Geschmack, ist aber ohne Chili nicht so scharf wie andere Rezepte.

ERGIBT 150 ML

Zutaten
1 gepresste Knoblauchzehe
1 TL Fenchelsamen
2 TL Zucker
½ TL Salz
2 Schalotten oder 1 kleine Zwiebel, in feinen Scheiben
100 ml Reis- oder Weißweinessig
¼ Gurke, fein gewürfelt

1 Knoblauch, Fenchelsamen, Zucker und Salz im Mörser oder in einer Küchenmaschine fein pürieren.

2 Schalotten oder Zwiebel, Essig und Gurken untermengen. 6 Stunden oder länger gut durchziehen lassen.

WÜRZIGE ERDNUSS-REISKÜCHLEIN

Rempeyek

Diese würzigen Reiskuchen mit knackigem grünen Salat und einem Dip, wie scharfem Tomaten-Sambal, servieren.

ERGIBT 16 STÜCK

Zutaten
1 gepresste Knoblauchzehe
1 Stück frischer Ingwer, 1 cm lang, geschält und fein gehackt
1/4 TL Kurkuma (Gelbwurz)
1 TL Zucker
1/2 TL Salz
1 TL Chillisoße
2 TL Fisch- oder Sojasoße
2 EL gehackte Korianderblätter
Saft einer 1/2 Limone
100 g Langkornreis, gekocht
Erdnüsse, gehackt
150 ml Pflanzenöl zum Frittieren

1 Knoblauch, Ingwer und Kurkuma im Mörser zerstoßen. Zucker, Salz, Chili- und Fisch- oder Sojasoße, Koriander und Zitronensaft zugeben.

2 100 g gekochten Reis zugeben und zu einem geschmeidigen Teig verkneten. Restlichen Reis einrühren. Mit nassen Händen daumengroße Bällchen formen.

3 Die Bällchen in den gehackten Erdnüssen rollen, bis sie gleichmäßig bedeckt sind. Beiseite stellen.

4 Öl in einer Frittierpfanne erhitzen. Ein Tablett mit Küchenkrepp auslegen, um die Reisküchlein abtropfen zu lassen. Jeweils 3 Kuchen frittieren, bis sie knusprig und goldbraun sind. Mit einem Schaumlöffel herausnehmen und auf dem Küchenkrepp abtropfen lassen.

INDONESIEN — SÜDOSTASIEN UND JAPAN

GEMÜSESALAT MIT SCHARFER ERDNUSS-SOSSE

Gado Gado

Diesen Gemüsesalat mit Nasi Goreng und Garnelenkräckern servieren. Die Erdnuss-Soße wird getrennt serviert, und jeder bedient sich selbst.

4–6 PERSONEN

Zutaten
2 mittelgroße, geschälte Kartoffeln
200 g grüne Bohnen, geputzt

Erdnuss-Soße
150 g Erdnüsse
1 EL Pflanzenöl
1 gepresste Knoblauchzehe
2 Schalotten oder 1 kleine Zwiebel, fein gehackt
1–2 kleine rote Chilischoten, entkernt und fein gehackt
1 Würfel Garnelenpaste, 1 cm im Quadrat oder 1 EL Fischsoße (nach Belieben)
2 EL Tamarindensoße
100 ml Kokosmilch aus der Dose
1 EL klaren Honig

Salatzutaten
200 g Chinakohl, in Streifen geschnitten
1 Eisbergsalat
200 g Sojasprossen
1/2 Gurke, in Finger geschnitten
150 g weißer Riesenrettich, in Streifen
3 Frühlingszwiebeln
250 g Tofu, in große Würfel geschnitten
3 hart gekochte Eier, geviertelt
1 kleines Bund Koriander

1 Kartoffeln 20 Minuten in Salzwasser kochen. Bohnen 3-4 Minuten kochen. Kartoffeln und Bohnen abtropfen lassen und unter fließendem kaltem Wasser abschrecken.

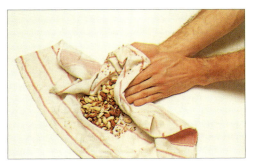

2 Für die Erdnuss-Soße die Erdnüsse im Wok trockenrösten oder bei mittlerer Hitze grillen, dabei ständig rühren, damit sie nicht anbrennen. Dann in ein sauberes Tuch geben und mit den Händen rubbeln, um die dünne Schale zu entfernen. Erdnüsse in der Küchenmaschine 2 Minuten pürieren.

3 Öl im Wok erhitzen und Schalotten oder Zwiebeln, Knoblauch und Chili ohne Bräunung dünsten. Garnelenpaste oder nach Belieben Fischsoße mit Tamarindensoße, Kokosmilch und Honig zugeben. Kurz köcheln, zu den Erdnüssen geben und zu einer dicken Soße verarbeiten.

4 Salatzutaten, Kartoffeln und Bohnen auf einer großen Platte anrichten und mit einer Schüssel Erdnuss-Soße servieren.

ASIATISCHES FONDUE

Ta Pin Lo

Dieses Gericht ist in vielen östlichen Ländern bekannt. Dabei trifft sich die ganze Familie am Tisch. Verschiedene Zutaten werden um einen Topf köchelnder Hühnerbrühe arrangiert und dann gekocht und erwärmt. Die Mahlzeit ist ein großes Ereignis, und jeder wählt aus, was er am liebsten essen möchte. Dips werden dazu gestellt, um die Speisen nach Geschmack zu variieren.

4–6 PERSONEN

Zutaten
200 g mageres Schweinefleisch
200 g Filetsteak
1 Hühnerbrustfilet, ohne Haut
250 g weißes Fischfilet (Heilbutt oder Engelbarsch)
250 g Tofu
16 rohe Garnelenschwänze, geschält und ohne Darm
1,5 Liter Hühnerbrühe
1 kleine rote Chilischote, halbiert
1 Stück frischer Ingwer, 2,5 cm lang, geschält und in Scheiben geschnitten
200 g chinesische Eiernudeln, ungekocht
250 g Chinakohl, in grobe Streifen geschnitten
1 Eisbergsalat oder Römersalat
6 Frühlingszwiebeln
½ Gurke, in Scheiben geschnitten
Chilisoße
Sojasoße
Saft von 3 Zitronen

1 Schweinefleisch, Steak und Hühnerfleisch 30 Minuten ins Gefrierfach legen, damit es fest wird. Fleisch schnetzeln und auf einem kleinen Teller anrichten.

2 Fisch häuten und in dicke Stücke schneiden. Tofu in große Würfel schneiden und zusammen mit dem Fisch und den Garnelen auf einem kleinen Teller anrichten.

3 Hühnerbrühe mit Chili und Ingwer in einem Topf, der auf dem Tisch stehen kann, zum Kochen bringen. Ein Fonduetopf mit Flamme darunter ist ideal.

4 Die Nudeln nach der Packungsanweisung in einem großen Topf kochen. Unter fließendem kaltem Wasser abschrecken, abtropfen lassen und in eine schöne Schüssel füllen.

5 Alle Salatzutaten waschen, abtropfen lassen und anschließend auf Tellern oder in flachen Schüsseln anrichten.

6 Chili-, Sojasoße und Zitronensaft in drei getrennten kleinen Schüsselchen auf den Tisch stellen. Fonduegabeln eignen sich bestens, um Fleisch, Nudeln, Tofu und Fisch in die Brühe zu tauchen. In Singapur werden jedoch kleine Drahtkörbe benutzt.

Hühnersuppe Wonton mit Garnelen

Ji Wun Tun Tang

Diese Suppe ist eine erlesenere Variation der einfachen Wonton-Suppe und ist fast eine eigenständige Mahlzeit.

4 PERSONEN	2 Frühlingszwiebeln, fein gehackt	850 ml Hühnerbrühe
Zutaten	1 Ei	1/4 Gurke, geschält und gewürfelt
325 g Hühnerbrustfilet, ohne Haut	2 TL Austernsoße (nach Belieben)	1 Frühlingszwiebel, in grobe Streifen geschnitten
200 g Garnelenschwänze, roh oder gekocht	Salz und Pfeffer	zum Garnieren
1 TL fein gehackter frischer Ingwer	1 Paket Wontonhüllen	4 Korianderzweige zum Garnieren
	1 EL Maismehl (Maisstärke)-Paste	1 Tomate, ohne Haut, entkernt, gewürfelt

1 Hühnerbrust, 150 g Garnelenschwänze, Ingwer und Frühlingszwiebeln in einer Küchenmaschine 2–3 Minuten pürieren. Dann Ei, Austernsoße und die Gewürze zugeben, wieder kurz einschalten. Beiseite stellen.

2 Jeweils 8 Wontonhüllen auf die Arbeitsfläche legen, Kanten mit Mehlpaste bestreichen und je 1/2 TL Füllung in die Mitte der Hülle legen. Falten und fest verschließen. In Salzwasser 4 Minuten kochen.

3 Hühnerbrühe zum Kochen bringen, restliche Garnelen und Gurken zugeben und 3-4 Minuten köcheln. Die Wontons hineingeben, köcheln, bis sie durchgegart sind. Garnieren und heiß servieren.

Gebratener Reis Malakka

Chow Fan

Es gibt im Osten viele Versionen dieses Gerichts, in allen werden Reisreste verwertet. Die anderen Zutaten können je nach Angebot variieren, gern nimmt man jedoch Garnelen.

4–6 PERSONEN	1 TL fein gehackter Ingwer	3 Frühlingszwiebeln, nur den grünen Teil, grob gehackt
Zutaten	4 Schalotten oder 1 Zwiebel, fein gehackt	250 g Schweinebraten, in dicke Scheiben geschnitten und gewürfelt
2 Eier	1 gepresste Knoblauchzehe	
Salz und Pfeffer	250 g Garnelenschwänze, frisch oder gekocht	3 EL helle Sojasoße
3 EL Pflanzenöl	1–2 TL Chilisoße	350 g Langkornreis, gekocht
	250 g tiefgefrorene Erbsen	

1 Eier gut verquirlen und würzen. 1 EL Öl in einer großen beschichteten Pfanne erhitzen und die Eier hineingeben. Knapp eine Minute stocken lassen. Das Omelett aufrollen, in dünne Streifen schneiden und beiseite stellen.

2 Restliches Pflanzenöl in einem großen Wok erhitzen, Schalotten, Ingwer, Knoblauch und Garnelenschwänze hineingeben und 1–2 Minuten kochen, dabei aufpassen, dass der Knoblauch nicht anbrennt.

3 Chilisoße, Frühlingszwiebeln, Erbsen, Schweinebraten und Sojasoße zugeben. Rühren, damit sich alles gut erhitzt, dann den Reis zugeben und 6–8 Minuten braten. In einer Schüssel mit dem Omelett garniert anrichten.

SÜDOSTASIEN UND JAPAN   INDONESIEN

SCHWEIN-ERDNUSS-WONTONS MIT PFLAUMENSOSSE

Wanton Goreng

Diese knusprigen gefüllten Wontons sind köstlich mit Eierpfannkuchen-Salatwickel, einem beliebte Salat in Indonesien. Die Wontons können 8 Stunden vor dem Kochen zubereitet werden.

ERGIBT 40–50 WONTONS

Zutaten
200 g Schweinehack oder 200 g frisches Schweinebrät
2 Frühlingszwiebeln, fein gehackt
2 EL Erdnussbutter
2 TL Austernsoße (nach Belieben)
Salz und Pfeffer

1 Paket Wontonhüllen
2 EL Mehlpaste
Pflanzenöl zum Frittieren

Pflaumensoße
250 g dunkles Pflaumengelee
1 EL Reis- oder Weißweinessig
1 EL dunkle Sojasoße
½ TL Chilisoße

1 Schweinehack mit Frühlingszwiebeln, Erdnussbutter, Austernsoße und Gewürzen vermengen und beiseite stellen.

2 Für die Pflaumensoße Pflaumengelee, Essig, Soja- und Chilisoße in einer Servierschüssel verrühren. Beiseite stellen.

3 Jeweils 8 Wontonhüllen auf die Arbeitsfläche legen, Kanten mit Mehlpaste bestreichen und je ½ TL Füllung darauf legen. Ecke auf Ecke über die Mitte falten und zusammendrücken.

4 Einen Wok oder eine Frittierpfanne zu einem Drittel mit Pflanzenöl füllen und auf 195 C erhitzen. Ein Drahtsieb oder einen Frittierkorb und ein mit Küchenkrepp ausgelegtes Tablett bereit halten. Je 8 Wontons in das heiße Fett geben und 1–2 Minuten frittieren, bis sie goldbraun sind. Herausnehmen, auf das mit Krepp ausgelegte Tablett legen und mit feinem Salz bestreuen. Die Pflaumensoße auf einen Servierteller stellen und die knusprigen Wontons um die Schüssel anrichten.

INDONESIEN — SÜDOSTASIEN UND JAPAN

SCHARFE CHILIGARNELEN

Udang

Scharfe Chiligarnelen können 8 Stunden im Voraus zubereitet werden und schmecken am Besten gegrillt.

> **4–6 PERSONEN**
>
> **Zutaten**
> 1 gepresste Knoblauchzehe
> 1 Stück frischer Ingwer, 12 mm lang, geschält und gehackt
> 1 kleine rote Chilischote, entkernt, gehackt
> 2 TL Zucker
> 1 EL helle Sojasoße
> 1 EL Pflanzenöl
> 1 TL Sesamöl
> Saft von 1 Limone
> Salz zum Abschmecken
> 700 g ganze rohe Garnelen
> 200 g Cocktailtomaten
> ½ Gurke, in Stücke geschnitten
> 1 kleines Bund Koriander, grob gehackt

1 Knoblauch, Ingwer, Chili und Zucker im Mörser zu einer Paste verarbeiten. Sojasoße, Pflanzen- und Sesamöl, Limonensaft und Salz zugeben. Garnelen mit der Marinade bestreichen und 8 Stunden marinieren.

2 Garnelen, Tomaten und Gurken auf Bambusspieße stecken. Die Garnelenspiesse 3–4 Minuten grillen, mit Koriander bestreuen und servieren.

GARNELENKRÄCKER

Krupuk

Garnelenkräcker sind eine beliebte Beilage zu vielen Gerichten des Fernen Ostens und werden oft gereicht, bevor man sich zu Tisch setzt. Manche Supermärkte verkaufen sie küchenfertig.

> **4–6 PERSONEN**
>
> **Zutaten**
> 300 ml Pflanzenöl
> 50 g rohe Garnelenkräcker
> Salz

1 Ein Tablett mit Küchenkrepp auslegen. Öl in einem großen Wok bis zum Rauchpunkt erhitzen. Hitze reduzieren, um eine gleichmäßige Temperatur zu erhalten.

2 Je 3–4 Garnelenkräcker in das Öl geben. Bevor sie braun werden, aus dem Öl herausnehmen und auf das mit Krepp ausgelegte Tablett legen. Mit Salz bestreut servieren.

SÜSS-SAURER INGWERSAMBAL

Sambal Jahe

In Indonesien und Malaysia sind Sambals weit verbreitet. Sie sollen scharfe Chiliaromen betonen oder mildern. Sambals können auch so einfache Zutaten wie Zwiebeln und Gurken haben.

> **ERGIBT 90 ML**
>
> **Zutaten**
> 4–5 kleine rote Chilis, entkernt und gehackt
> 2 Schalotten oder 1 kleine Zwiebel, gehackt
> 2 Knoblauchzehen
> 1 Stück frischer Ingwer, 2 cm lang, geschält
> 2 EL Zucker
> ¼ TL Salz
> 3 EL Reis- oder Weißweinessig

1 Chilis und Schalotten oder Zwiebel im Mörser oder in einer Küchenmaschine fein pürieren.

2 Knoblauch, Ingwer, Zucker und Salz zugeben und weiter geschmeidig rühren. Zum Schluss den Essig zugeben, vermengen und in ein Glas mit Schraubverschluss füllen.

SÜDOSTASIEN UND JAPAN   INDONESIEN

SCHWEINEFLEISCH MIT ZITRONENGRAS UND KOKOSNUSS

Semur Daging

Servieren Sie dieses Gericht mit gekochtem Reis und scharfem Tomaten-Sambal.

4–6 PERSONEN	4 Schalotten oder 1 mittelgroße Zwiebel, gehackt	300 ml Hühnerbrühe
Zutaten	1 Stück Zitronengras, in 5 cm langen Streifen	1 TL Zucker
700 g Schweinefilet oder -lende	1–2 kleine rote Chilis, entkernt und fein gehackt	Saft von 1 Zitrone
2 EL Pflanzenöl	1 Würfel Garnelenpaste, etwa 1 cm im Quadrat	Schale einer Satsuma, in feinen Streifen
	400 g Kokosmilch aus der Dose	1 kleines Bund Koriander, gehackt

1 Schweinefleisch 30 Minuten in das Gefrierfach legen. Fein schnetzeln.

2 Öl im großen Wok erhitzen, Schalotten, Zitronengras, Chili und Garnelenpaste zugeben, dann das Fleisch darin anbraten.

3 Kokosmilch, Hühnerbrühe, Zucker und Zitronensaft zugeben, erneut zum Kochen bringen und 15–20 Minuten köcheln. In eine Servierschüssel füllen und mit Satsumaschale und Koriander bestreuen.

EIERPFANNKUCHEN-SALATWICKEL

Nonya Popiah

Ein sehr beliebter Snack in Indonesien. Die Pfannkuchen werden nach Geschmack in verschiedene Soßen getunkt.

ERGIBT 12	1 Eisbergsalat	1 kleine rote Chilischote, entkernt, fein gehackt
	100 g Sojasprossen	1 EL Reis- oder Weißweinessig
Zutaten		2 TL Zucker
2 Eier	**Füllung**	100 g weißer Riesenrettich, geschält, gerieben
½ TL Salz	3 EL Pflanzenöl	1 mittelgroße Karotte, gerieben
1 EL Pflanzenöl	1 Stück frischer Ingwer, 12 mm lang, geschält und gehackt	100 g Chinakohl oder Weißkohl, in Streifen
100 g Mehl	1 gepresste Knoblauchzehe	2 Schalotten oder 1 kleine rote Zwiebel, in dünne Scheiben geschnitten
300 ml Wasser		

1 Eier in eine Schüssel aufschlagen, Salz, Öl und Mehl zugeben und zu einem glatten Teig verrühren. Nicht zu lange rühren. Das Wasser nach und nach zugeben. Den Teig 15–20 Minuten stehen lassen.

2 Eine beschichtete Bratpfanne mit Öl einreiben und erhitzen. Boden der Pfanne mit Teig bedecken und 30 Sekunden backen. Wenden und kurz backen. Pfannkuchen auf einem Teller zugedeckt warm halten.

3 Öl im großen Wok erhitzen, Ingwer, Knoblauch und Chili zugeben, dünsten. Essig, Zucker, Rettich, Karotten, Chinakohl und Schalotten zugeben, 3–4 Minuten dünsten. Mit Pfannkuchen und Salat servieren.

PHILIPPINISCHER HÜHNERTOPF

Puchero

Diese sättigende Suppe ist eine von vielen, die die Spanier im 16. Jahrhundert in die philippinische Küche eingeführt haben. Grundlage des Rezepts und der Methode ist Potajes, ein besonderer Eintopf, der in Spanien immer noch beliebt ist. Auf den Philippinen variieren die Zutaten, der Ursprung des Gerichts ist jedoch erhalten geblieben.

4–6 PERSONEN

Zutaten

200 g getrocknete weiße Bohnen
3 Hähnchenschenkel
1 EL Pflanzenöl
350 g mageres Schweinefleisch, gewürfelt
1 Chorizo (span. Knoblauchwurst, nach Belieben verwenden)
1 kleine Karotte, geschält und grob gehackt
1 mittelgroße Zwiebel, grob gehackt
1,5 Liter Wasser
1 gepresste Knoblauchzehe
2 EL Tomatenmark
1 Lorbeerblatt
2 Hühnerbrühwürfel
350 g süße oder neue Kartoffeln, geschält
2 TL Chilisoße
2 EL weißer Weinessig
3 feste Tomaten, geschält, entkernt und gehackt
250 g Chinakohl
Salz und frisch gemahlener Pfeffer
3 Frühlingszwiebeln, in Streifen geschnitten
gekochter Reis zum Servieren

1 Die Bohnen 8 Stunden in reichlich Wasser einweichen.

2 Die Hähnchenschenkel am Gelenk durchschneiden. Das schmale Ende des Unterschenkels abhacken und wegwerfen.

3 Öl im Wok oder großen Topf erhitzen und Huhn, Schweinefleisch, Chorizo-Scheiben, falls verwendet, Karotten und Zwiebel hineingeben. Gleichmäßig bräunen.

4 Die weißen Bohnen abtropfen lassen und zusammen mit dem Wasser, Knoblauch, Tomatenmark und Lorbeerblatt zugeben. Zum Kochen bringen und 2 Stunden köcheln, bis die Bohnen fast weich sind.

5 Brühwürfel hineinbröckeln, süße oder neue Kartoffeln und Chilisoße dazugeben und 15–20 Minuten köcheln, bis die Kartoffeln gar sind.

6 Essig, Tomaten und Chinakohl hineingeben und weitere 1–2 Minuten köcheln lassen. Mit Salz und Pfeffer abschmecken. Der Puchero sollte genügend Flüssigkeit enthalten, um als Vorspeise serviert zu werden. Es folgt der Hauptgang mit dem Fleisch und dem Gemüse, bestreut mit Frühlingszwiebel. Als Beilage Reis servieren.

SÜSS-SAURES SCHWEINEFLEISCH MIT KOKOS-SOSSE

Adobo

Adobo ist ein beliebtes philippinisches Gericht. Das Fleisch wird durch das Marinieren weich, bevor es in Kokosmilch gegart, gebraten und in die Soße zurückgegeben wird. Rind-, Huhn- oder Fisch-Adobos sind auch beliebt.

4–6 PERSONEN

Zutaten
- 700 g mageres Schweinefleisch, gewürfelt
- 1 gepresste Knoblauchzehe
- 1 TL Paprika
- 1 TL gehackter schwarzer Pfeffer
- 1 EL Zucker
- 200 ml Palmen- oder Cidreessig
- 2 kleine Lorbeerblätter
- 400 ml Hühnerbrühe
- 50 g Kokosnusscreme
- 150 ml Pflanzenöl oder Schweineschmalz zum Frittieren
- 1 unreife Papaya, geschält, entkernt und grob gehackt
- Salz
- ½ Gurke, geschält, in Streifen geschnitten
- 2 feste Tomaten, geschält, entkernt und gehackt
- 1 kleines Bund Schnittlauch, gehackt

1 Fleisch in Knoblauch, Paprika, Pfeffer, Zucker, Essig und Lorbeer 2 Stunden marinieren. Brühe und Kokoscreme zugeben.

2 30–35 Minuten köcheln, Fleisch herausnehmen, abtropfen lassen. Öl erhitzen und Fleisch bräunen. Herausnehmen.

3 Fleisch erneut mit Papaya in die Soße geben, würzen und 15–20 Minuten köcheln. Garnieren und servieren.

NUDELN MIT HUHN, GARNELEN UND SCHINKEN

Pansit Guisado

Eiernudeln können bis zu 24 Stunden im Voraus gekocht und in einer Schüssel kaltem Wasser aufbewahrt werden.

4–6 PERSONEN

Zutaten
- 300 g Eiernudeln
- 1 EL Pflanzenöl
- 1 mittelgroße Zwiebel, gehackt
- 1 gepresste Knoblauchzehe
- 1 Stück frischer Ingwer, geschält und gehackt
- 50 g Wasserkastanien aus der Dose, in Scheiben
- 1 EL helle Sojasoße
- 2 EL Fischsoße oder starke Hühnerbrühe
- 200 g gekochte Hühnerbrust, in Scheiben
- 150 g gekochter Schinken, in dicken Scheiben, in kurze Streifen geschnitten
- 250 g Garnelenschwänze, gekocht und geschält
- 200 g Sojasprossen
- 200 g Babymaiskolben aus der Dose, abgetropft
- 2 Limonen, in Keile geschnitten, zum Garnieren
- 1 kleines Bund Koriander, in Streifen geschnitten zum Garnieren

1 Nudeln nach Packungsanweisung kochen. Abgetropft beiseite stellen.

2 Zwiebeln, Knoblauch, Ingwer in Öl dünsten. Kastanien, Soßen, Fleisch zugeben.

3 Nudeln, Sojasprossen und Mais hineingeben. 6–8 Minuten unter Rühren braten.

Geschmortes Rind in Erdnuss-Sosse

Kari Kari

Wie viele philippinische Gerichte, die spanischen Ursprungs sind, hat dieser langsam kochende Estofado, umgenannt in Kari Kari, viel von seiner Eigenart behalten. Reis und Erdnüsse machen die Soße reichhaltig und glänzend.

4–6 PERSONEN	2 mittelgroße Zwiebeln, gehackt	2 TL Zucker
Zutaten	2 gepresste Knoblauchzehen	1 Lorbeerblatt
900 g Kochfleisch, Rinderhaxe, Bein- oder Steakfleisch	300 g Knollensellerie, geschält und grob gehackt	1 Thymianzweig
	425 ml Rinderbrühe	3 EL Langkornreis, in Wasser eingeweicht
2 EL Pflanzenöl	350 g neue Kartoffeln, geschält und in große Würfel geschnitten	50 g Erdnüsse oder 2 EL Erdnussbutter
1 EL Annattosamen oder 1 TL Paprika und eine Prise Kurkuma (Gelbwurz)	1 EL Fisch- oder Anchovisoße	1 EL Weißweinessig
	2 EL Tamarindensoße	Salz und frisch gemahlener schwarzer Pfeffer zum Abschmecken

1 Fleisch in 2,5 cm große Würfel schneiden und beiseite stellen. Öl in einer feuerfesten Kasserolle erhitzen, Annattosamen, falls verwendet, zugeben und rühren, damit das Öl dunkelrot wird. Wenn keine Annattosamen verwendet werden, können der Paprika und das Kurkuma später zugegeben werden.

2 Zwiebeln, Knoblauch und Sellerie im Öl ohne Bräunung weich werden lassen. Rind hineingeben und braun braten. Falls keine Annattosamen zum Röten der Soße verwendet wurden, jetzt Paprika und Kurkuma mit dem Rind einrühren. Brühe, Kartoffeln, Fisch- oder Anchovis- und Tamarindensoße, Zucker, Lorbeerblatt und Thymian zugeben. Aufkochen und 2 Stunden köcheln lassen.

3 Reis mit kaltem Wasser bedecken und 30 Minuten stehen lassen. Erdnüsse, falls verwendet, grillen und die Schalen in einem sauberen Tuch abrubbeln. Reis abtropfen lassen und mit den Erdnüssen oder der Erdnussbutter im Mörser oder einer Küchenmaschine pürieren.

4 Wenn das Fleisch weich ist, 4 EL Kochflüssigkeit zu dem pürierten Reis und den Erdnüssen geben. Vermengen und in die Kasserolle rühren. 15–20 Minuten köcheln, bis die Soße bindet. Zuletzt Weinessig einrühren und mit Salz und frisch gemahlenem Pfeffer würzen.

PHILIPPINEN · SÜDOSTASIEN UND JAPAN

ZUCKERBRÖTCHEN

Ensaimadas

Auf den Philippinen werden Kaffee und heiße Milchschokolade zu besonderen Tageszeiten getrunken – der Merienda. Meriendas gibt es morgens und nachmittags, und Kuchen und Brot dürfen nicht fehlen. Viel wird mit Kokosnuss aromatisiert, obwohl bei diesen leckeren Brötchen spanischer Herkunft Butter, Eier und Käse den Geschmack geben.

ERGIBT 10 BRÖTCHEN

Zutaten
350 g Brotmehl
1 TL Salz
1 EL Puderzucker
150 ml lauwarmes Wasser
1 TL Trockenhefe
3 Eigelb
50 g weiche ungesalzene Butter
100 g Cheddarkäse, gerieben
6 TL geschmolzene ungesalzene Butter,
50 g Zucker

1 Gesiebtes Mehl, Salz und Puderzucker in eine Küchenmaschine mit einem Teigrührer geben oder mit einem Handmixer mit Teigrührer verarbeiten. In der Mitte eine kleine Vertiefung machen. Hefe in dem lauwarmen Wasser aufweichen und hineingeben. Eigelb zufügen und einige Minuten warten, bis die Flüssigkeit Blasen wirft.

2 Zutaten in knapp 2 Minuten zu einem festen Teig verarbeiten. Die 50 g Butter zugeben und 2–3 Minuten, bei einem Handmixer 4–5 Minuten, kneten, bis der Teig geschmeidig ist. Teig in eine mit Mehl bestäubte Schüssel geben, zudecken und an einem warmen Platz gehen lassen, bis er sich verdoppelt hat.

3 Ofen auf 190°C vorheizen. Teig auf eine mit Mehl bestäubte Arbeitsfläche geben und in 10 Stücke teilen. Geriebenen Käse ausstreuen und jedes Stück darin 12 cm lang ausrollen. In Schneckenform biegen und auf eine leicht gefettete 30 x 20 cm große Backform mit hoher Kante legen.

4 Die Backform mit einer Plastiktüte lose abdecken und ein zweites Mal gehen lassen, bis sich der Teig verdoppelt hat. Das dauert je nach Umgebungstemperatur 45 Minuten bis 2 Stunden. 20–25 Minuten backen. Mit der geschmolzenen Butter einpinseln, mit Zucker bestreuen und abkühlen lassen. Die Brötchen auseinanderbrechen und in einem Korb servieren.

Süss-saure Suppe mit Schwein und Garnelen

Sinegang

Diese Suppe hat einen sauren, aromatischen Geschmack. Unreife Früchte und Gemüse geben eine herbe Note.

4–6 PERSONEN	1 kleine grüne Guave, geschält, halbiert und entkernt	100 g grüne Bohnen, geputzt und halbiert
Zutaten	1 kleine unreife Mango, geschält und das Fruchtfleisch gehackt	1 Sternenfrucht, in dicken Scheiben
350 g mageres Schweinefleisch, gewürfelt		100 g grüner Kohl, in Streifen
250 g rohe oder gekochte Garnelenschwänze, geschält	1,5 Liter Hühnerbrühe	Salz
2 EL Tamarindensoße	1 EL Fisch- oder Sojasoße	1 TL gehackter schwarzer Pfeffer
Saft von 2 Limonen	300 g Süßkartoffeln, geschält und gewürfelt	2 Frühlingszwiebeln, in Streifen, zum Garnieren
	250 g unreife Tomaten, geviertelt	2 Limonen, geviertelt, zum Garnieren

1 Schweinefleisch schneiden, Garnelen schälen und beiseite stellen. Tamarindensoße und Limonensaft in einen Topf geben.

2 Schweinefleisch, Guave und Mango zugeben. Brühe und Fisch- oder Sojasoße einrühren. Ohne Deckel 30 Minuten köcheln.

3 Restliche Früchte, Gemüse und Garnelen zufügen. 10–15 Minuten köcheln lassen. Würzen, garnieren und servieren.

Schweinefleischtaschen

Empanadas

Sie kommen ursprünglich aus Galizien in Spanien und wurden im 16. Jahrhundert auf den Philippinen eingeführt.

ERGIBT 12 TEIGTASCHEN

Zutaten
350 g gefrorener Teig, aufgetaut

Füllung
1 EL Pflanzenöl
1 mittelgroße Zwiebel
1 gepresste Knoblauchzehe
1 TL Thymian
100 g Schweinehack
1 TL Paprika
Salz und frisch gemahlener schwarzer Pfeffer
1 hart gekochtes Ei, gehackt
1 mittelgroße Gewürzgurke, gehackt
2 EL frisch gehackte Petersilie
Pflanzenöl zum Frittieren

1 Für die Füllung Öl in einer Friteuse oder einem Wok erhitzen und Zwiebeln, Knoblauch und Thymian 3–4 Minuten ohne Bräunung weich werden lassen. Fleisch und Paprika zugeben und 6–8 Minuten gleichmäßig bräunen. Gut würzen, in eine Schüssel füllen und abkühlen lassen. Wenn die Mischung abgekühlt ist, hart gekochtes Ei, Gewürzgurke und Petersilie zugeben.

2 Teig auf eine mit Mehl bestäubte Arbeitsfläche legen und auf 37x37 cm ausrollen. 12 Kreise mit 12 cm Durchmesser ausschneiden. Je 1 EL Füllung darauf legen, die Kanten mit Wasser befeuchten, falten und verschließen. Öl in einer Friteuse mit Korb auf 196°C erhitzen. Jeweils 3 Empanadas auf einmal in den Korb legen und frittieren, bis sie goldbraun sind. Das Frittieren sollte mindestens 1 Minute dauern, sonst wird die Füllung nicht gar. Warm in einem Korb mit einer Serviette bedeckt servieren.

Kürbis-Küchlein mit Garnelen

Ukoy

Diese köstlichen frittierten Kuchen sollten warm mit einer Fisch- oder dunklen Sojasoße serviert werden.

4–6 PERSONEN	½ TL Trockenhefe	½ TL Chilisoße
	200 ml lauwarmes Wasser	1 gepresste Knoblauchzehe
Zutaten	1 Ei, geschlagen	Saft von ½ Limone
200 g rohe Garnelenschwänze, geschält und grob gehackt	150 g Süßkartoffeln, geschält und gerieben	Pflanzenöl zum Frittieren
200 g Brotmehl	250 g Kürbis, geschält, entkernt und gerieben	
½ TL Salz	2 Frühlingszwiebeln, gehackt	
	50 g Wasserkastanien, in Scheiben und gehackt	

1 Gesiebtes Mehl und Salz in einer Schüssel mischen und eine Vertiefung in die Mitte drücken. Hefe im Wasser auflösen und in die Vertiefung geben, dann das Ei. Etwas warten, bis sich Blasen bilden. Zu einem Teig verrühren.

2 Geschälte Garnelen in einen Topf geben und mit Wasser bedecken. Zum Kochen bringen und 10–12 Minuten köcheln. Mit kaltem Wasser abschrecken und abtropfen lassen. Grob hacken. Beiseite stellen. Süßkartoffeln und Kürbis zu dem Teig zugeben.

3 Dann Frühlingszwiebeln, Wasserkastanien, Chilisoße, Knoblauch, Limonensaft und Garnelen zufügen. Etwas Öl in einer großen Friteuse erhitzen. Teig in kleinen Fladen hineingeben und goldbraun frittieren. Abtropfen lassen und servieren.

Philippinische heisse Schokolade

Napalet a Chocolate

Diese köstliche heiße Schokolade wird zur Merienda mit Zuckerbrötchen oder Kokosnuss-Reiskrapfen gereicht.

2 PERSONEN

Zutaten
2 EL Zucker
100 ml Wasser
100 g Schokolade (Zartbitter)
200 ml Kondensmilch

1 Zucker und Wasser in einen beschichteten Topf geben. Köcheln, bis ein Sirup entsteht.

2 Schokolade in gleichgroße Stücke brechen, zum Sirup geben und rühren, bis sie geschmolzen ist.

3 Kondensmilch zugeben, wieder zum Köcheln bringen und schaumig schlagen. Auf zwei hohe Tassen verteilen.

Kokosnuss-Reiskrapfen

Puto

Diese köstlichen Krapfen können jederzeit mit einem Becher Kaffee oder heißer Schokolade serviert werden.

ERGIBT 28 KRAPFEN

Zutaten
150 g Langkornreis, gekocht
2 EL Kokosmilchpulver
3 EL Zucker
2 Eigelb
Saft von ½ Zitrone
100 g getrocknete Kokosnuss, gerieben
Öl zum Frittieren
Puderzucker zum Bestäuben

1 Im Mörser oder in der Küchenmaschine 100 g Reis pürieren, bis er geschmeidig ist und klebt. In eine große Schüssel geben, mit dem restlichen Reis, Kokosmilchpulver, Zucker, Eigelb und Zitronensaft vermengen. Die getrocknete Kokosnuss auf ein Tablett streuen. Die Mischung mit nassen Händen in daumengroße Stücke formen und in der Kokosnuss rollen.

2 Öl in einem Wok oder einer Friteuse mit Korb auf 180°C erhitzen. Jeweils 3-4 Kokosnussbällchen 1-2 Minuten frittieren, bis die sie gleichmäßig braun werden. Auf eine Platte legen und mit Puderzucker bestäuben. In jeden Krapfen einen Zahnstocher stecken und mit Milchkaffee oder heißer Schokolade zur Meriendazeit servieren.

SÜDOSTASIEN UND JAPAN

JAPAN

JAPANISCHES FONDUE

Shabu Shabu

Shabu Shabu ist die perfekte Einführung in die japanische Küche und passt zu einem geselligen Essen. Der Name deutet auf den zischenden Laut, den hauchdünnes Rindfleisch, Tofu und Gemüse beim Garen in der Fonduebrühe machen.

4–6 PERSONEN

Zutaten
450 g Rinderlendenstück
1,5 Liter Wasser
½ Päckchen fertiges Daschi-Pulver oder
 ½ Gemüsebrühwürfel
150 g Karotten
6 Frühlingszwiebeln, in Scheiben geschnitten
250 g weißer Riesenrettich, geschält und in
 Streifen geschnitten

150 g Chinakohl, in groben Streifen
300 g Udon oder feine Weizennudeln, gekocht
100 g Bambussprossen aus der Dose, in
 Scheiben geschnitten
200 g Tofu, in große Würfel geschnitten
10 Shiitake-Pilze, frisch oder getrocknet
Sesam-Dip
50 g Sesamsamen oder 2 EL Tahinapaste
100 ml fertige Daschibrühe oder Gemüsebrühe
4 EL dunkle Sojasoße
4 TL Zucker

2 EL Sake (nach Belieben)
2 TL Wasabi-Pulver (nach Belieben)
Ponzu-Dip
75 ml Zitronensaft
1 EL Reis- oder Weißweinessig
75 ml dunkle Sojasoße
1 EL Tamarisoße
1 EL Mirin oder 1 TL Zucker
¼ TL fertiges Daschi-Pulver oder
 ¼ Gemüsebrühwürfel

1 Fleisch 30 Minuten ins Gefrierfach legen, damit es fest wird, aber nicht gefroren ist. Mit einem scharfen Messer oder Hackmesser in Scheiben schneiden. Auf einer Platte appetitlich anrichten, zudecken und beiseite stellen. Das Wasser in einem japanischen Donabe oder in einer feuerfesten, außen unglasierten Kasserolle zum Kochen bringen. Daschi-Pulver oder Gemüsebrühwürfel zugeben, zudecken und 8–10 Minuten köcheln lassen. Mit einem Rechaud auf den Tisch stellen.

2 Für das Gemüse einen Topf mit Salzwasser zum Kochen bringen. Die Karotten schälen und mit einem Messer der Länge nach einkerben. Die Karotten in dünne Scheiben schneiden und 2–3 Minuten blanchieren. Frühlingszwiebeln, Chinakohl und den weißen Riesenrettich die gleiche Zeit blanchieren. Gemüse mit den Nudeln, Bambussprossen und Tofu anrichten. Pilze (getrocknete 3–4 Minuten in kochendem Wasser einweichen) in Scheiben schneiden.

3 Für den Sesam-Dip die Sesamsamen, falls verwendet, in einer schweren Pfanne ohne Fettzugabe rösten, ohne sie zu verbrennen. Samen im Mörser mit einer rauhen Oberfläche zerstoßen oder die Tahinapaste verwenden.

4 Restliche Zutaten zufügen, gut vermengen und in eine niedrige Schüssel geben. Sesam-Dip hält sich im Kühlschrank 3–4 Tage.

5 Für den Ponzu-Dip die Zutaten in ein Glas mit Schraubverschluss geben und gut schütteln. Die Gäste mit Stäbchen und Schalen versorgen, so dass sich jeder nach Belieben bedienen kann. Gegen Ende der Mahlzeit nimmt jeder Gast eine Portion Nudeln und gießt die Brühe darüber.

Tipp

Die bekannteste Brühe in Japan heißt Daschi. Ihr Aroma stammt von einem besonderen Seetang, bekannt als Kelp. Diese leichte Brühe gibt es in Pulverform in Asienläden. Gemüsebrühwürfel sind ein guter Ersatz für Daschi.

Die Tahinapaste, die hauptsächlich in der griechischen und türkischen Küche verwendet wird, ist ein Püree aus gerösteten Sesamsamen. Sie ist in großen Supermärkten und Delikatessgeschäften erhältlich.

MISO-FRÜHSTÜCKSSUPPE

Miso-Shiru

Miso ist fermentierte Bohnenpaste, die viele der beliebten Suppen Japans bereichert und aromatisiert. Mit dieser Suppe hat man morgens eine gute Grundlage für den Tag. Misopaste ist in den meisten Naturkostläden erhältlich.

ERGIBT 1 LITER	1 Liter Daschi oder leichte Brühe
Zutaten	4 EL Miso
3 Shiitake-Pilze, frisch oder getrocknet	100 g Tofu, in große Würfel geschnitten
	1 Frühlingszwiebel, nur grüner Teil, in Scheiben

1 Pilze (getrocknete 3–4 Minuten in kochendem Wasser einweichen) in dünne Scheiben schneiden. Beiseite stellen.

2 Daschi oder Gemüsebrühe zum Kochen bringen. Miso einrühren und die Pilze zugeben. 5 Minuten köcheln lassen.

3 Suppe auf vier Schüsseln verteilen und jeweils Tofu und Frühlingszwiebeln hineingeben und servieren.

KREBS-TOFU-KLÖSSCHEN

Kami-Dofu Iridashi

Diese kleinen Krebs- und Ingwerknödel werden als köstliche Beilage serviert.

ERGIBT 30 KNÖDEL	2 EL Reismehl oder Weizenmehl	50 g weißer Riesenrettich, fein gerieben
Zutaten	¼ TL Salz	
100 g tiefgefrorenes weißes Krebsfleisch, aufgetaut	2 EL Frühlingszwiebel, nur den grünen Teil, fein gehackt	**Dip**
100 g Tofu, abgetropft	1 Stück Ingwer, 2 cm lang, geschält und gerieben	100 ml Daschi oder verdünnte Brühe
1 Eigelb	2 TL helle Sojasoße	3 EL Mirin oder 1 EL Zucker
	Pflanzenöl zum Frittieren	3 EL dunkle Sojasoße

1 Krebsfleisch so gut wie möglich ausdrücken. Tofu mit dem Rücken eines Löffels durch ein Sieb drücken und mit dem Krebsfleisch in der Schüssel vermengen.

2 Eigelb, Reismehl, Salz, Frühlingszwiebel, Ingwer und Sojasoße zu der Tofu-Krebsmischung geben. Zu einer glatten Paste verrühren. Beiseite stellen. Für den Dip Daschi oder Brühe mit Mirin oder Zucker und Sojasoße vermengen.

3 Ein Tablett mit Küchenkrepp auslegen. Öl auf 195°C erhitzen. Aus der Mischung daumengroße Stücke formen. Jeweils 6 Bällchen 1–2 Minuten frittieren. Auf dem Krepp abtropfen lassen. Mit dem Dip und dem geriebenem Rettich servieren.

SÜDOSTASIEN UND JAPAN   JAPAN

GLASIERTE GRILLHÜHNCHENSPIESSE

Yakitori

Yakitori ist in ganz Japan beliebt und wird oft als Appetithappen mit Getränken gereicht.

12 SPIESSE UND 8 FLÜGELSTÜCKE

Zutaten
4 Hähnchenoberschenkel, ohne Haut
4 Frühlingszwiebeln, blanchiert und in kurze Stücke geschnitten
8 Hühnerflügel

Soße zum Darübergießen
4 EL Sake
75 ml dunkle Sojasoße
2 EL Tamarisoße
3 EL Mirin oder süßer Sherry
4 EL Zucker

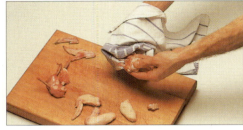

1 Knochen aus den Oberschenkeln entfernen. Fleisch würfeln. Frühlingszwiebeln und Fleisch auf 12 Bambusspieße stecken.

2 Bei den Hähnchenflügeln die Spitze am ersten Gelenk entfernen, das zweite Gelenk durchhacken und die beiden dünnen Knochen freilegen. Diese mit einem sauberen Tuch festhalten und ziehen, wobei das Fleisch nach außen gedreht wird. Den kleineren Knochen wegwerfen.

3 Soßenzutaten in einem Edelstahl- oder Emailletopf aufkochen und auf ein Drittel reduzieren. Abkühlen lassen. Den Grill auf mittlere Temperatur erhitzen. Die Spieße ohne Öl grillen. Wenn Saft aus dem Huhn austritt, mit reichlich Soße bestreichen. Das Huhn auf den Spießen weitere 3 Minuten, die Flügel nicht mehr als 5 Minuten grillen.

SUSHI

Sushi

Sushi ist eine Kunstform in Japan, jedoch kann man Sushi mit ein wenig Übung auch zu Hause zubereiten.

ERGIBT 8–10 STÜCK

Zutaten

Thunfisch-Sushi
3 Blätter Nori (papierdünner Seetang)
150 g frisches Thunfischfilet, in Streifen
1 TL Wasabi, mit ein wenig Wasser zu einer dünnen Paste gerührt
6 junge Karotten, blanchiert
450 g gekochter Sushireis

Lachs-Sushi
2 Eier
½ TL Salz
2 TL Zucker
5 Blätter Nori
450 g gekochter Sushireis
150 g sehr frisches Lachsfilet, in dicken Streifen
1 TL Wasabi, mit ein wenig Wasser als Paste angerührt
¼ kleine Gurke, in Streifen geschnitten

1 Für die Thunfisch-Sushi ein halbes Noriblatt auf eine Bambusmatte legen, Thunfischstreifen quer darauf legen und mit dem verdünnten Wasabi würzen. Eine Reihe Karotten neben den Thunfisch legen und fest rollen. Die Kanten mit Wasser bestreichen und verschließen. Ein viereckiges Stück Backpapier auf die Bambusmatte legen, dann den Sushireis gleichmäßig darauf verteilen. Den in Seetang eingewickelten Thunfisch in die Mitte legen und fest einrollen, dabei den Seetang gänzlich einschließen. Das Papier entfernen und mit einem nassen Messer in hübsche runde Stücke schneiden.

2 Für Lachs-Sushi ein einfaches Omelett zubereiten. Eier, Salz und Zucker verquirlen. Rührei in eine beschichtete Pfanne geben, kurz rühren und sich setzen lassen. Auf ein sauberes Tuch geben und abkühlen lassen. Nori auf eine Bambusmatte legen, mit dem Omelett belegen und Ränder beschneiden. Das Omelett mit einer Schicht Reis bedecken und Lachsstreifen darauf legen. Den Lachs mit Wasabi würzen, dann einen Gurkenstreifen neben den Lachs legen. Bambusmatte über die Hälfte falten, dabei entsteht innen eine Tränenform. Mit einem nassen Messer in Stücke schneiden.

162

SALZGEGRILLTE MAKRELEN

Shio-Yaki

Shio-Yaki bedeutet in Salz gegrillt. In Japan werden ölhaltige Fische vor dem Kochen mit Salz eingerieben, um den Geschmack zu verstärken. Makrelen, Hornhechte und Barsch sind die beliebtesten. Sie entwickeln ein einmaliges Aroma, wenn sie gesalzen werden. Vor dem Kochen wird das Salz abgewaschen.

2 PERSONEN

Zutaten
- 1 große Makrele, Hornhecht oder Barsch, ausgenommen und gesäubert, mit Kopf
- 2 EL feines Meeressalz

Soja-Ingwer-Dip
- 4 EL dunkle Sojasoße
- 2 EL Zucker
- 1 Stück frischer Ingwer, 2,5 cm lang, geschält und fein gerieben

Japanischer Meerrettich
- 3 TL Wasabipulver
- 2 TL Wasser
- 1 mittelgroße Karotte, geschält und in Streifen geschnitten

1 Fisch unter fließendem Wasser abspülen und gut mit Küchenkrepp abtrocknen. Fisch auf beiden Seiten mehrmals bis auf die Gräten einschneiden, damit er gleichmäßig gar wird. Fisch innen und außen salzen und das Salz gut einreiben. Auf einen Teller legen und 40 Minuten stehen lassen.

2 Für den Soja-Ingwer-Dip Sojasoße, Zucker und Ingwer in einen Edelstahltopf geben. 2–3 Minuten köcheln, abseihen und abkühlen lassen. Für den japanischen Meerrettich das Wasabipulver mit dem Wasser in einer kleinen Tasse zu einer festen Paste verarbeiten. Eine runde, glatte Kugel formen und auf die gestiftelten Karotten legen.

3 Fisch in reichlich kaltem Wasser waschen, um das Salz zu entfernen. Vor dem Grillen jeden Fisch etwas biegen. Damit er die Stellung beibehält, den Fisch mit zwei Bambusspießen der Länge nach durchbohren, einen unter dem Auge, den anderen darüber ansetzen.

4 Den Grill auf mittlere Temperatur erhitzen und den Fisch 10–12 Minuten grillen, einmal wenden. Üblicherweise wird der Fisch ohne Würze gekocht, man kann ihn jedoch mit etwas Soja-Ingwer-Dip während des Garens bestreichen.

JAPAN · SÜDOSTASIEN UND JAPAN

AUBERGINEN MIT SESAMHUHN

Nasu Hasami-Age

Junges Gemüse wird in Japan wegen seines süßen, köstlichen Aromas gepriesen. In diesem Rezept werden kleine Auberginen mit gewürztem Huhn gefüllt.

4 PERSONEN

Zutaten
200 g Huhn, Brust oder Oberschenkel, ohne Haut
1 Frühlingszwiebel, nur grüner Teil, fein gehackt
1 EL dunkle Sojasoße
1 EL Mirin oder süßen Sherry
½ TL Sesamöl
¼ TL Salz
4 kleine Auberginen, ca. 10 cm lang
1 EL Sesamsamen
Mehl zum Bestäuben

Dip
Pflanzenöl zum Frittieren
4 EL dunkle Sojasoße
4 EL Daschi oder Gemüsebrühe
3 EL Mirin oder süßer Sherry

1 Für die Füllung das Hühnerfleisch vom Knochen entfernen und in einer Küchenmaschine 1-2 Minuten pürieren. Frühlingszwiebeln, Sojasoße, Mirin oder Sherry, Sesamöl und Salz zugeben.

2 Die Auberginen viermal so einschneiden, dass sie am Stiel noch verbunden sind. Die Huhnpaste in die Auberginen füllen, dabei etwas öffnen. Das dicke Ende der Auberginen in den Sesamsamen wälzen, dann mit Mehl bestäuben. Beiseite legen.

3 Für den Dip Sojasoße, Daschi oder Brühe und Mirin oder Sherry verquirlen. In eine flache Schüssel gießen und beiseite stellen.

4 Öl in einer Friteuse auf 195°C erhitzen. Je 2 Auberginen 3-4 Minuten frittieren. Mit einem Schaumlöffel herausnehmen und auf Küchenkrepp legen.

SÜDOSTASIEN UND JAPAN   JAPAN

Japanischer Reis und Sushireis

Sushi-Meshi

Die Japaner bevorzugen ihren Reis etwas klebrig, so dass er sich leicht formen und mit Stäbchen essen läßt. Echter japanischer Reis ist im Westen schwer erhältlich, als Ersatz kann man jedoch thailändischen oder Langkornreis nehmen. Letztere Sorten dann nur einmal waschen, damit eine gewisse Klebrigkeit erhalten bleibt.

ERGIBT 900 G GEKOCHTEN REIS

Zutaten
350 g japanischen, thailändischen oder Langkornreis
1 Liter kochendes Wasser
1 Stück Riesenkelp, 5 x 5 cm (nach Belieben)

Soße
3 EL Reisessig oder destillierter weißer Essig
3 EL Zucker
2 TL Meersalz

1 Japanischen Reis mehrmals waschen, bis das Wasser klar ist. Thailändischen oder Langkornreis einmal waschen und abtropfen lassen. Reis in einen großen schweren Topf geben, mit abgemessener Menge Wasser bedecken. Kelp nach Belieben zugeben. Einmal rühren und ohne Deckel 15 Minuten köcheln lassen. Herd abschalten, zudecken und den Reis auf dem Herd 5 Minuten ausquellen lassen. Vor dem Servieren mit einer Reisschaufel oder einem Löffel auflockern. Dieser Reis ist das japanische Grundnahrungsmittel.

2 Für Sushireis braucht man zusätzlich eine Soße. Man erhitzt den Essig in einem kleinen Topf mit Deckel, um den Essigdampf einzuschließen. Zucker und Salz zugeben und auflösen. Abkühlen lassen. Den gekochten Reis zum Abkühlen auf eine Matte oder ein Brett legen.

3 Die Soße darübergießen und den Reis mit einer Reisschaufel oder einem Löffel auflockern. Bis zum Servieren zudecken.

Panierter Fisch, Garnelen und Gemüse

Tempura

Tempura ist eines der wenigen japanischen Gerichte, das aus dem Westen stammt. Das Rezept ist eine Idee spanischer und portugiesischee Missionare, die sich im 16. Jahrhundert im Süden Japans ansiedelten.

4–6 PERSONEN

Zutaten
1 Blatt Nori
8 große Garnelenschwänze
200 g Wittling- oder Engelhaifilet, in Finger geschnitten
1 kleine Aubergine
4 Frühlingszwiebeln, gekürzt
6 Shiitake-Pilze, frisch oder getrocknet
Mehl zum Bestäuben
Pflanzenöl zum Frittieren
feines Salz zum Bestreuen
5 EL Soja- oder Tamarisoße zum Servieren

Teig
2 Eigelb
300 ml Eiswasser
250 g Mehl
1/2 TL Salz

Darm bei Garnelen entfernen

Alle rohen Garnelen haben einen schwarzen Darm, der an der äußeren Kurve des Schwanzes verläuft. Der Darm ist nicht giftig, schmeckt aber eventuell unangenehm. Daher sollte man ihn entfernen.

1 Die Garnelen schälen, ohne dabei das Schwanzteil zu entfernen.

2 Jede Garnele der Länge nach aufkratzen und den Darm freilegen. Ihn mit einem kleinen Messer entfernen.

1 Nori in 12 mm lange Streifen schneiden. Ein Ende des Noristreifens mit Wasser bestreichen und um das Schwanzende einer jeden Garnele wickeln. Der Länge nach mit einem Bambusspieß durchstechen, damit sie gerade bleiben. Das Fischfilet auf Spieße stecken und beiseite stellen.

2 Auberginen in Scheiben schneiden, mit Salz bestreuen, auf einen Teller legen und leicht mit der Hand andrücken, um den Bitterstoff auszupressen. 20–30 Minuten stehen lassen, dann unter kaltem Wasser abspülen. Gut trocknen und auf Bambusspieße stecken. Restliches Gemüse auf Bambusspieße stecken und beiseite stellen.

3 Teig kurz vor Gebrauch zubereiten. Eigelb mit der Hälfte des Eiswassers verquirlen, gesiebtes Mehl und Salz zugeben und mit Stäbchen locker vermischen, ohne es zu einer trockenen Paste zu rühren. Restliches Wasser zugeben und zu einem glatten Teig verarbeiten. Nicht zu lange rühren.

4 Öl in einer Friteuse oder einem Wok mit Korbeinsatz auf 180°C erhitzen. Fisch und Gemüse mit Mehl bestäuben, nie mehr als drei Stücke auf einmal. In den Teig tauchen, so dass sie ganz überzogen sind, dann in heißem Öl 1-2 Minuten knusprig und goldbraun frittieren. Gut abtropfen lassen, mit feinem Salz bestreuen und vor dem Servieren auf Küchenkrepp abtropfen lassen. Mit Soja- oder Tamarisoße servieren.

STROHNUDEL-GARNELEN MIT SÜSSEM INGWER-DIP

Age-Mono

Garnelen sind in der japanischen Küche sehr beliebt. Selten schmecken sie köstlicher als eingewickelt in knusprige Nudeln und Seetang.

4–6 Personen	2 Blätter Nori	**Dip**
Zutaten	12 große rohe Garnelenschwänze, geschält und ohne Darm	6 EL Sojasoße
100 g Somennudeln oder Vermicelli	Pflanzenöl zum Frittieren	2 EL Zucker
		1 Stück frischer Ingwer, 2 cm lang, gerieben

1 Somennudeln, falls verwendet, mit kochendem Wasser bedecken, 1-2 Minuten einweichen. Abtropfen lassen und gut mit Küchenkrepp abtrocknen. Auf 7 cm Länge schneiden. Vermicellinudeln 1-2 Minuten in kochendem Wasser einweichen. Nori in 1 cm breite und 5 cm lange Streifen schneiden. Beiseite stellen. Für den Dip Sojasoße mit Zucker und Ingwer aufkochen. 2-3 Minuten köcheln, abseihen und abkühlen.

2 Die Nudeln auf ein Holzbrett legen. Garnelen der Länge nach auf einen Bambusspieß stecken und gerade ausrichten. Garnelen in die Nudeln rollen, so dass sie sie gleichmäßig einhüllen. Das eine Ende der Nori befeuchten und die Nudeln am dicken Ende der Garnele sichern. Beiseite stellen.

3 Öl in einer Friteuse oder einem Wok mit Abtropfgitter auf 180°C erhitzen. Jeweils 2 Garnelen 1-2 Minuten frittieren, bis die Nudeln oder Vermicelli knusprig und goldbraun sind.

4 Zum Schluss mit einem scharfen Messer durch das Noriband schneiden, so dass die Garnelen sauber beschnitten sind. Auf Küchenkrepp abtropfen lassen und servieren. Den Dip in einer Schüssel dazu reichen.

SÜSSKARTOFFEL-WASSERKASTANIEN-KONFEKT

Okashi

Es ist in Japan üblich, Bohnenpasten-Konfekt zum Tee zu servieren. Dieses Konfekt ist an sich sehr süß, schmeckt jedoch sehr gut zu den japanischen grünen Teesorten, besonders dem großblättrigen Sencha- und Banch-Tee.

ERGIBT 18 STÜCK

Zutaten
450 g Süßkartoffeln, geschält und grob gehackt
¼ TL Salz
2 Eigelb
200 g Zucker
4 EL Wasser
75 g Reismehl oder Weizenmehl
1 TL Orangenblüten- oder Rosenwasser (nach Belieben)
200 g Wasserkastanien aus der Dose in dickem Sirup, abgetropft
Puderzucker zum Bestäuben
2 Streifen kandierte Angelikawurzel
2 TL Pflaumen- oder Aprikosenkompott
3–4 Tropfen rote Speisefarbe

1 Süßkartoffeln in einen schweren Topf geben, mit kaltem Wasser bedecken und Salz zufügen. Zum Kochen bringen und ca. 20–25 Minuten köcheln, bis die Süßkartoffeln weich sind. Gut abtropfen lassen und zurück in den Topf geben. Gut zerstampfen oder durch ein feines Sieb pressen. Eigelb, Zucker und Wasser in eine kleine Schüssel geben, mit Mehl und Orangenblüten- oder Rosenwasser, falls verwendet, vermengen. Zum Kartoffelbrei geben und bei mäßiger Hitze 3–4 Minuten dick werden lassen. Auf eine Platte geben und abkühlen lassen.

2 Um die Süßkartoffelbällchen zu formen, 2 TL der Mischung in die Mitte einer nassen Baumwollserviette geben. Das Tuch zudrehen und dabei den Brei zu einer Nuss formen. Falls die Mischung klebt, prüfen, ob das Tuch nass genug ist.

3 Den Sirup von den Wasserkastanien abwaschen. Abtrocknen. Kastanien im Puderzucker wälzen und mit Angelikawurzelstreifen garnieren. Für das Kartoffelkonfekt Pflaumen- oder Aprikosenkompott mit roter Speisefarbe färben. Jedes Bällchen mit einem Tropfen garnieren. In japanischer Lackdose oder auf einem Tablett servieren.

Tipp

Mit Zucker bestäubte Kastanien halten bei Zimmertemperatur in einer verschlossenen Dose bis zu 5 Tage. Süßkartoffelkonfekt hält sich ebenfalls verschlossen im Kühlschrank.

DIE INDISCHE KÜCHE

RAFI FERNANDEZ

Der kulinarische Reichtum des indischen Subkontinents ist so groß und vielfältig wie seine Geschichte und die Menschen, die dort leben. Jede Region hat ihren für sie typischen Kochstil entwickelt: Im Norden wird mit Sahne, Joghurt, Ghee (geklärte Butter) und Nüssen gekocht, während der Süden Chili, Kokosnuss und Kokosnussöl bevorzugt. Im Osten sind Fischgerichte und Senföl sehr beliebt, und die Küche im Westen verwendet sehr viele Zutaten aus fremden Ländern. Eines vereint jedoch die verschiedenen Stile – die Gewürze, die der indischen Küche das so typische Aroma verleihen.

KLEINES GLOSSAR DER INDISCHEN KÜCHE

Viele Einflüsse – wirtschaftliche, religiöse und regionale – kommen in der indischen Küche zusammen. Aber trotz dieser kulturellen Vielfalt ist die Kost des Subkontinents stets harmonisch ausgewogen in Struktur und Aroma. Zu jedem Gericht gibt es die passende Beilage. Erfrischende Speisen wie Raitas und Salate sollte man mit scharfen Currys, Pickles und Chutneys reichen – sie ergänzen einander perfekt. Die indische Küche ist nicht nur etwas für Eingeweihte, sondern erlernbar wie alles andere auch. So können Sie daheim alle hier beschriebenen Rezepte einfach nachkochen. Die meisten Zutaten sind im Supermarkt erhältlich, ansonsten schauen Sie im Asienladen.

AUSSTATTUNG UND KÜCHENGERÄTE

Chappati-Pfanne (Tava) (1) Sie ist aus schwerem Gusseisen, so dass Chappatis und andere Brotsorten nicht anbrennen.
Chappati-Rollbrett (Roti Takta) (2) Dieses runde Brett mit Holzoberfläche steht auf kurzen Beinen. Auf ihm kann man verschiedene Brotgrößen formen. Dank des höheren Niveaus läßt sich überflüssiges Mehl leicht entfernen.
Chappati-Teigrolle (Velan) (3) Dünner als die westlichen und in verschiedenen Größen erhältlich. Nehmen Sie eine Größe, die Ihnen gut in der Hand liegt.
Chappati-Pfannenmesser (Roti Chamcha) (4) Der quadratische, flache Kopf ist nützlich, wenn man Brot in der heißen Pfanne backt.
Sieb (Channi) (5) Ein Edelstahlsieb verwenden, da es sich nicht verfärbt.
Küchenmaschine (6) Ein sehr wichtiges Küchengerät. Kleine Mengen von Zutaten können auch im Mörser oder in einer Kaffeemühle gemahlen werden.
Wärmeverteiler (7) Viele Currys werden sanft bei niedriger Hitze geköchelt, der Hitzeverteiler verhindert das Anbrennen am Boden.
Indische Bratpfanne (Karai) (8) Ähnelt dem Wok, ist aber stärker gerundet und aus schwererem Metall.
Messer (Churrie) (9) Sie sollten immer sehr scharf sein. So sind Zutaten einfacher zu schneiden und die Schnittkanten glatt.
Großer Mahlstein und Steinrolle (Sil Padi) (10) Die traditionelle indische „Küchenmaschine". Zutaten werden auf dem schweren geriffelten Schieferstein mit der Steinrolle zu Pulver verarbeitet.
Reislöffel (Chawal Ke Chamchi) (11) Verhindert, dass man die Reiskörner beim Servieren beschädigt.
Wärmeplatte (Garam Thali) (12) Auf der Wärmeplatte kocht das Essen bei Tisch weiter.
Schaumlöffel (Channi Chamchi) (13) Mit ihm können Teile sicher aus heißem Öl oder anderen Flüssigkeiten herausgenommen werden.
Edelstahlstößel und Mörser (Hamam Dasta) (14) Ideal zum Pürieren von kleinen Mengen wasserhaltiger Zutaten, z. B. Ingwer und Knoblauch. Der Stahl hält ewig und nimmt nicht die starken Aromen der Gewürze an.
Steinstößel und Mörser (Pathar Hamam Dasta) (15) Nützlich für eine geringe Menge wasserhaltiger oder trockener Zutaten.

GEWÜRZE

Anissamen (1) Hat einen köstlichen Lakritzgeschmack und süße Samen. Er hilft bei der Verdauung.
Lorbeerblätter (2) Sie werden in vielen Gerichten aus dem Norden Indiens verwendet. Auch aromatischer Reis wird mit ihnen gewürzt.
Schwarzer Kardamom (3) Diese großen schwarzen Schoten werden ganz verwendet. Sie haben ein Mentholaroma und werden hauptsächlich in Gerichten aus dem Norden Indiens gebraucht.
Schwarzer Kreuzkümmel (4) Diese aromatischen Samen werden meist ganz zum Bestreuen von Brot und Reisgerichten verwendet. Nicht durch normalen Kreuzkümmelsamen ersetzen.
Chilipulver (5) Es gibt heutzutage viele Sorten im Handel, die unterschiedlich scharf sind. Zunächst sparsam verwenden und nach Geschmack nachwürzen.
Zimtstangen (6) Zimt ist nicht nur gemahlen, sondern auch in Stangen erhältlich, die vor dem Servieren entfernt werden können.
Nelken (7) Werden für pikante wie auch süße Speisen verwendet.
Korianderpulver (8) Wird nicht nur zum Würzen, sondern auch zum Binden von Currys verwendet.
Koriandersamen (9) Werden selten ganz verwendet. Vor dem Mahlen trockenrösten. Koriander ist für einen guten Curry unentbehrlich.
Kreuzkümmelpulver (10) Das sehr aromatische Kreuzkümmelpulver ist eines der wichtigsten Gewürze in einem Curry.
Kreuzkümmelsamen (11) Ganze Kreuzkümmelsamen werden hauptsächlich für vegetarische Gerichte verwendet. Vor dem Mahlen trockenrösten.
Fenchelsamen (12) Aromatisch und süß. Sie können ganz oder als Pulver verwendet werden. Sie können auch trockengeröstet und abgekühlt nach einem Essen serviert werden. Sie fördern die Verdauung und geben frischen Atem.
Bockshornkleepulver (13) Dieses leicht bitter schmeckende Gewürz sollte sparsam verwendet werden.
Bockshornkleesamen (14) Ganze Samen werden in vegetarischen Speisen verwendet. Wenn sie angepflanzt werden, erhält man einen Spinat.
Fünfgewürzepulver (15) Eine Mischung aus Sternanis, Fenchel, Zimt, Nelke und Szechuanpfeffer.
Garam Masala (16) Diese Gewürzmischung gibt Feuer und bereichert Currys. In verschiedenen Mischungen erhältlich.

172

KLEINES GLOSSAR · DIE INDISCHE KÜCHE

Grüner Kardamom (17) Ist süß und aromatisch im Geschmack und wird für pikante wie auch süße Speisen verwendet.

Senfsamen (18) Senfsamen sind geruchlos, werden jedoch nach Mahlen oder Anfeuchten sehr scharf. Wenn man sie aussät, erhält man Senfspinat.

Nigella (19) Ein aromatisches Gewürz mit einem scharfen beißenden Geschmack. Es wird hauptsächlich in vegetarischen Gerichten verwendet.

Zwiebelsamen (20) Diese schwarzen Samen in Tränenform haben ein erdiges Aroma. Sie werden auf Brot gestreut und in vegetarischen Gerichten verwendet.

Pfefferkörner (21) Kamen durch die Portugiesen nach Indien und sind inzwischen ein unentbehrliches Gewürz in vielen indischen Gerichten.

Rote Chilischoten (22) Kamen durch die Portugiesen nach Indien. Je größer die Schote ist, desto milder ist das Aroma. Ein milderes Chiliaroma erhält man, wenn man die Kerne entfernt.

Runde rote Chilischoten (23) Sie sind scharf, haben ein Pimentaroma und sind eingelegt eine Delikatesse.

Safran (24) Das teuerste Gewürz der Welt, es wird aus der Narbe einer besonderen Krokussorte gewonnen. Für 100 g Safran benötigt man circa 20.000 mit der Hand gepflückte Krokusblüten!

Sternanis (25) Eine sternförmige Schote mit Lakritzgeschmack.

Kurkuma (Gelbwurz) (26) Ein gelbes Gewürz mit erdigem, aber scharfem Geschmack. Es sollte vorsichtig dosiert werden.

ZUTATEN

Gehobelte Mandeln (1) Sie sind sehr reich an Vitamin B1 und in Indien sehr teuer.

Aprikosen (2) Werden meist zu festlichen Anlässen verwendet. Gedünstete Aprikosen mit Vanillepudding sind ein beliebtes Dessert.

Asafoetida (3) Ein Harz mit beißendem, bitterem Geschmack und einem starken Geruch. In einem Behälter mit luftdichtem Deckel aufbewahren, damit andere Gewürze nicht den Geruch annehmen.

Auberginen (4) Sofort nach dem Aufschneiden in Wasser legen, damit sie nicht die Farbe ändern.

Basmatireis (5) Ein Haupterzeugnis Indiens. Viele Sorten sind heute im Westen erhältlich.

Bengal-Kichererbsen (6) Ganze Bohnen werden in Linsencurrys verwendet. Das Mehl (besan) wird zur Zubereitung von Bhajas verwendet und kann zum Würzen und Binden bestimmter Currys verwendet werden.

Schwarzaugen-Bohnen (7) Ovale beige Bohnen mit einem charakteristischen schwarzen 'Auge'. Sie sind im Norden Indiens sehr beliebt.

Schwarze Kichererbsen (8) Können ganz oder halbiert verwendet werden. Das Mehl wird zur Herstellung von Papadums verwendet.

Flaschenkürbis (9) Die Frucht des Flaschenkürbis ist weißgrün. Vor Gebrauch schälen und entkernen.

Kichererbsen (10) Beige, herzförmige Erbsen, die getrocknet oder in Salzwasser eingelegt angeboten werden. Vorgekochte, eingeweichte Kichererbsen sparen viel Vorbereitungszeit.

Korianderblätter (11) Das beliebteste Küchenkraut in Indien wegen seines erfrischenden und einmaligen Aromas.

Curryblätter (12) Werden sehr gern im Süden Indiens verwendet. Die Blätter lassen sich, so wie sie sind, gut einfrieren.

Tindla (Gentleman's toe) (13) Diese zarten Früchte sehen geschnitten wie Minigurken aus. Bei Überreife sind sie innen rot.

Ingwer (14) Frischer Ingwer ist unentbehrlich in der indischen Küche und wird in großer Vielfalt in pikanten und süßen Speisen verwendet.

Grüne Chilischoten (15) Sie sind kein einheimisches Gewächs, aber für die indische Küche unentbehrlich geworden. Sehr reich an Vitamin A und C.

Indische grüne Bohnen (16) Haben einen leicht bitteren Geschmack, sind gekocht allerdings köstlich. Beide Enden wie bei anderen Bohnen abschneiden.

Indischer Käse (Paneer) (17) Besonders im Norden Indiens beliebt. Gibt vielen vegetarischen Gerichten zusätzlichen Nährwert. Haltbarer, vakuumverpackte Paneer wird in indischen Supermärkten und vielen Naturkostläden angeboten.

Zitronen (18) Zitronen und Limonen werden zum Säuern der Currys, zum Einlegen und für Chutneys benutzt.

Muskatblüten (19) Die getrocknete Schale der Muskatnuss. Sie hat einen leicht bitteren Geschmack.

Mangos (reif) (20) Verschiedene Mangosorten sind erhältlich, allerdings gibt es die beste Sorte 'Alfonso' nur von Mai bis Juli.

Mangos (grün) (21) Wird hauptsächlich zum Einmachen und für Chutneys verwendet. Zutat in manchen südindischen Curryrezepten.

Melonen (22) Melone wird in Indien oft als Erfrischung serviert.

Minze (23) Indische Minze hat ein stärkeres Aroma als die verschiedenen Sorten, die man im Westen erhält.

Muskat (24) Dieses aromatische und süße Gewürz gehört zu vielen indischen Gerichten.

Okras (25) Ein in Indien sehr beliebtes Gemüse. Es muss sorgfältig vorbereitet und gekocht werden, damit sich der viskose Inhalt nicht auf alle anderen Zutaten verteilt.

Orangen (26) Orangenspalten sind nach dem Essen sehr erfrischend.

Pistazien (27) Pistazien sind in Indien nicht heimisch und daher eine teure Zutat.

Lila Bohnen (28) Diese Bohnen haben eine leuchtend lila-grünliche Schale und dunkellila Samen. Vor Gebrauch beide Enden abschneiden.

Rote Chilischoten (29) Frische rote Chilischoten sind unterschiedlich scharf. Die schärfsten sind die ganz kleinen.

Rote Kichererbsen (30) Sind trocken oder leicht geölt erhältlich.

Rote Zwiebeln (31) Sie sind eigentlich dunkellila und schärfer als gewöhnliche Zwiebeln.

Santra (32) Sehr erfrischend nach einem Currygericht. Spalten mit Salz und Pfeffer bestreut servieren.

Spinat (33) In Indien gibt es mehr als 15 Spinatsorten, viele vegetarische Gerichte werden mit ihnen zubereitet.

Tamarinde (34) Die Tamarinde ist eine saure, sichelförmige Frucht.

Tomaten (35) Eine weitere Frucht, die mit den Portugiesen nach Indien kam und jetzt in vielen Gerichten verwendet wird.

Vermicelli (36) Diese haarfeinen Fadennudeln werden aus Weizen hergestellt und in pikanten und süßen Gerichten verwendet. Indische Vermicelli sind viel feiner als italienische.

Walnüsse (37) Werden in Süßigkeiten, Salaten und Raita verwendet.

173

DIE INDISCHE KÜCHE

VORSPEISEN UND SNACKS

ZWIEBELKRAPFEN

Bhajias

Bhajias sind ein klassischer indischer Snack. Viele Gemüsesorten können in diesem Teig gebacken werden.

ERGIBT 20–25 STÜCK	1 TL Backpulver	2 grüne Chilischoten, fein gehackt
	¼ TL Asafoetida	50 g Korianderblätter, gehackt
Zutaten	Salz	kaltes Wasser für den Teig
250 g Kichererbsenmehl (Besan)	je ½ TL Nigella-, Fenchel-, Kreuzkümmel- und	Pflanzenöl zum Frittieren
½ TL Chilipulver	Zwiebelsamen, grob gemahlen	
1 TL Kurkuma	2 große Zwiebeln, in feinen Scheiben	

1 Mehl, Chilipulver, Kurkuma, Backpulver und Asafoetida in einer Schüssel mischen und nach Geschmack salzen. In eine große Rührschüssel sieben.

2 Grob gemahlene Samen, Zwiebel, grüne Chilis und Korianderblätter zugeben und gut vermengen. Langsam soviel kaltes Wasser einrühren, dass ein dicker Teig alle Zutaten umgibt.

3 Im Karai oder Wok genügend Öl zum Frittieren erhitzen. Den Teig löffelweise abstechen und in das heiße Öl geben. Goldbraun frittieren. Genügend Platz zum Wenden lassen. Gut abtropfen lassen und heiß servieren.

JOGHURTSUPPE

Karhi

In einigen Gegenden Indiens wird diese Suppe gezuckert. Zusammen mit Bhajias gilt sie als Hauptgang.

4–6 PERSONEN	½ TL Kurkuma	3 gepresste Knoblauchzehen
	Salz	1 Stück Ingwer, 5 cm lang, zerdrückt
Zutaten	2–3 grüne Chilischoten, fein gehackt	3–4 Curryblätter
450 ml Naturjoghurt, geschlagen	4 EL Pflanzenöl	frische Korianderblätter, gehackt, zum
4 EL Kichererbsenmehl	4 ganze getrocknete rote Chilischoten	Garnieren
½ TL Chilipulver	1 TL Kreuzkümmelsamen	

1 Die ersten 5 Zutaten vermischen und durch ein Sieb in einen Topf geben. Grüne Chilis zugeben und etwa 10 Minuten auf kleiner Flamme kochen, gelegentlich umrühren. Suppe nicht überkochen lassen.

2 Öl in einem Topf erhitzen und restliche Gewürze, Knoblauch und Ingwer rösten, bis die getrockneten Chilis schwarz werden.

3 Öl und Gewürze in die Joghurtsuppe gießen, zudecken und 5 Minuten bei ausgeschaltetem Herd stehen lassen. Gut verrühren und noch 5 Minuten erhitzen. Heiß mit Korianderblättern garniert servieren.

DIE INDISCHE KÜCHE — VORSPEISEN UND SNACKS

LINSENSUPPE

Dhal Sherva

Eine einfache, mild gewürzte Linsensuppe, die gut als Beilage zu sehr pikanten Fleischgerichten passt.

4–6 PERSONEN

Zutaten
1 EL Ghee
1 große Zwiebel, fein gehackt
2 gepresste Knoblauchzehen
1 grüne Chilischote, gehackt
½ TL Kurkuma
100 g rote Linsen (Masoor Dhal)
250 ml Wasser
Salz
400 g eingemachte Tomaten, gehackt
½ TL Zucker
Zitronensaft
200 g gekochten Reis oder 2 gekochte Kartoffeln (nach Belieben)
gehackte Korianderblätter zum Garnieren

1 Ghee in einem großen Topf erhitzen und Zwiebel, Knoblauch, Chili und Kurkuma dünsten, bis die Zwiebel glasig ist.

2 Linsen und Wasser zugeben und aufkochen. Hitze reduzieren, zudecken und kochen, bis das Wasser aufgenommen ist.

3 Linsen mit dem Rücken eines Holzlöffels zerdrücken, bis ein geschmeidiger Brei entsteht. Salzen, gut vermengen.

4 Restliche Zutaten zugeben. Die Suppe wieder erhitzen und heiß servieren. Damit die Suppe gehaltvoller wird, Reis oder klein geschnittene Kartoffeln unterheben.

Tipp

Linsen immer vor Gebrauch mit kaltem Wasser abspülen, um Schwebteile zu entfernen.

GEFÜLLTE KARTOFFELKLÖSSE

Petis

Diese ungewöhnliche Vorspeise kennt man nur in wenigen Gegenden Indiens. Petis können mit Tomatensalat auch als Hauptgang serviert werden.

ERGIBT 7–10 KLÖSSE

Zutaten
- 1 EL Pflanzenöl
- 1 große Zwiebel, fein gehackt
- 2 gepresste Knoblauchzehen
- 1 Stück Ingwer, 5 cm lang, fein zerdrückt
- 1 TL Koriandersamen
- 1 TL Kreuzkümmelsamen
- 2 grüne Chilischoten, fein gehackt
- je 2 EL Korianderblätter und Minzeblätter, gehackt
- 250 g Rinder- oder Lammhack
- 50 g tiefgekühlte Erbsen, aufgetaut
- Salz
- Saft von 1 Zitrone
- 900 g Kartoffeln, gekocht und zerstampft
- 2 Eier, verquirlt
- Paniermehl
- Pflanzenöl zum Frittieren
- Zitronenspalten zum Servieren

1 1 EL Öl erhitzen und die ersten 7 Zutaten dünsten, bis die Zwiebel glasig ist. Fleisch und Erbsen zugeben und weiterbraten, bis das Fleisch gar ist, dann mit Salz und Zitronensaft würzen. Die Mischung sollte sehr trocken sein.

2 Kartoffelbrei in 8–10 Portionen teilen und in der Handfläche zu Küchlein formen. Einen Löffel der Füllung in die Mitte geben und mit Kartoffelbrei umschließen. Leicht flachdrücken, damit der Petis eine runde Form erhält.

3 Jeden Petis erst in den verquirlten Eiern, dann in Paniermehl wälzen. Im Kühlschrank etwa 1 Stunde abkühlen.

4 Öl in einer Bratpfanne erhitzen und die Klöße von allen Seiten braten, bis sie braun und knusprig sind. Heiß mit Zitronenspalten servieren.

SÜDINDISCHES PFEFFERWASSER

Tamatar Rasam

Eine sehr wohltuende Brühe für Winterabende. Entweder mit allen Gewürzen servieren oder vorher seihen und neu erhitzen. Den Zitronensaft nach Geschmack zugeben, die Suppe sollte jedoch merklich sauer schmecken.

4–6 PERSONEN

Zutaten
2 EL Pflanzenöl
½ TL frisch gemahlener, schwarzer Pfeffer
1 TL Kreuzkümmelsamen
½ TL Senfsamen
¼ TL Asafoetida
2 ganze getrocknete rote Chilischoten
4–6 Curryblätter
½ TL Kurkuma
2 gepresste Knoblauchzehen
300 ml Tomatensaft
Saft von 2 Zitronen
100 ml Wasser
Salz
Korianderblätter, gehackt, zum Garnieren

1 Öl in einem großen Frittiertopf erhitzen und die nächsten 8 Zutaten rösten, bis die Chili fast schwarz und die Knoblauchzehen goldbraun sind.

2 Hitze reduzieren und Tomaten-, Zitronensaft, Wasser und Salz zugeben. Aufkochen, dann 10 Minuten köcheln lassen. Mit gehackten Korianderblättern garnieren und servieren.

HUHN-MULLIGATAWNY

Kozhi Mulla-ga-tani

Nicht-vegetarische Köche erfanden während der britischen Kolonialzeit diese Abwandlung des ursprünglichen Pfefferwassers. Das Rezept wurde in England eingeführt und steht in einigen Restaurants als Mulligatawny-Suppe auf der Speisekarte.

4–6 PERSONEN

Zutaten
900 g Huhn, ohne Haut und Knochen, in Würfeln
600 ml Wasser
6 grüne Kardamomhülsen
1 Stück Zimtstange, 5 cm lang
4–6 Curryblätter
1 EL Korianderpulver
1 TL Kreuzkümmelsamen
½ TL Kurkuma
3 gepresste Knoblauchzehen
12 ganze Pfefferkörner
4 Nelken
1 Zwiebel, fein gehackt
100 g Kokosnusscremeblock
Salz
Saft von 2 Zitronen
Röstzwiebeln zum Garnieren
Korianderblätter, gehackt, zum Garnieren

1 Hühnerwürfel in einem großen Topf mit Wasser weichkochen. Die Brühe entfetten, dann abseihen und aufbewahren. Fleisch warm halten.

2 Brühe wieder in den Topf geben und erhitzen. Restliche Zutaten zugeben, bis auf das Huhn, die Röstzwiebeln und die Korianderblätter. 10–15 Minuten köcheln lassen, seihen, dann das Huhn zurück in die Suppe geben. Erhitzen, mit Röstzwiebeln und gehacktem Koriander garnieren, servieren.

DIE INDISCHE KÜCHE VORSPEISEN UND SNACKS

Teigtaschen mit würziger Füllung

Samosas

Die Herstellung von traditionellem Samosateig ist zeitaufwendig und arbeitsintensiv. Frühlingsrollenteig ist jedoch ein ausgezeichneter Ersatz und leicht erhältlich. Ein Paket ergibt 30 Samosas. Sie können vor und nach dem Frittieren eingefroren werden.

ERGIBT 30 STÜCK

Zutaten
1 Paket Frühlingsrollenteig, aufgetaut und in ein feuchtes Tuch gewickelt
Pflanzenöl zum Frittieren

Füllung
3 große Kartoffeln, gekocht und grob zerdrückt
50 g tiefgekühlte Erbsen, gekocht und abgetropft
50 g Dosenmais, abgetropft
1 TL Korianderpulver
1 TL Kreuzkümmelsamen
1 TL Amchur (trockenes Mangopulver)
1 kleine Zwiebel (rot, wenn möglich), fein gehackt
Salz
2 grüne Chilischoten, fein gehackt
je 2 EL Korianderblätter und Minzeblätter, gehackt
Saft von 1 Zitrone

1 Alle Zutaten für die Füllung in einer großen Schüssel gut vermengen. Mit Salz und Zitronensaft nach Geschmack würzen.

2 Auf jeden Teigstreifen 1 EL Füllung auf ein Ende legen und den Teig diagonal zu einem Dreieck falten.

3 Genügend Öl zum Frittieren erhitzen und die Samosas in kleinen Portionen goldbraun frittieren. Heiß mit frischer Korianderwürze oder einer Chilisoße servieren.

Würziges Omelett

Poro

Eier sind sehr nahrhaft und lassen sich zu gesunden und köstlichen Gerichten verarbeiten. Dieses Omelett, das mit Kartoffeln, Zwiebeln und einem Hauch von Gewürzen zubereitet wird, ist ideal, wenn es mal sehr schnell gehen soll.

4–6 PERSONEN

Zutaten
2 EL Pflanzenöl
1 mittelgroße Zwiebel, fein gehackt
½ TL Kreuzkümmelpulver
1 gepresste Knoblauchzehe
1 oder 2 grüne Chilischoten, fein gehackt
einige frische Korianderzweige, gehackt
1 feste Tomate, gehackt
1 kleine Kartoffel, in Würfeln und gekocht
25 g gekochte Erbsen
25 g gekochter Zuckermais
Salz und Pfeffer
2 Eier, verquirlt
25 g geriebener Käse

1 Öl in einem Topf erhitzen und die nächsten 9 Zutaten braten und gut verrühren. Die Kartoffel und die Tomate sollten noch fest sein. Nach Geschmack würzen.

2 Temperatur hochschalten und die verquirlten Eier zugeben, Hitze reduzieren und braten, bis die untere Seite braun ist. Omelett wenden und mit geriebenem Käse bestreuen. Unter einem heißen Grill braten, bis die Eier gestockt sind und der Käse zerläuft.

DIE INDISCHE KÜCHE   REIS UND BROT

REIS MIT HUHN UND KARTOFFELN

Murgh Biryani

Dieses Gericht wird in der Regel für wichtige Anlässe gekocht und ist wahrhaftig ein Essen für die Könige.
Jeder indische Koch hat sein eigenes Rezept, das streng geheimgehalten wird.

4–6 PERSONEN

Zutaten
1,3 kg Hühnerbrustfilet, ohne Haut und in große Stücke geschnitten
4 EL Biryani Masala-Paste
2 grüne Chilischoten, gehackt
1 EL gepresster frischer Ingwer
1 EL gepresster Knoblauch
50 g Korianderblätter, gehackt
6–8 Minzeblätter, gehackt, oder 1 TL Minzesoße
150 ml Naturjoghurt, geschlagen

2 EL Tomatenmark
4 Zwiebeln, in feine Scheiben geschnitten, frittiert und gepresst
Salz
450 g Basmatireis, gewaschen und abgetropft
1 TL schwarze Kreuzkümmelsamen
1 Stück Zimtstange, 5 cm lang
4 grüne und 2 schwarze Kardamom
Pflanzenöl zum Frittieren
4 große Kartoffeln, geschält und geviertelt
200 ml Milch, gemischt mit 100 ml Wasser
1 Beutel Safranpulver, gemischt mit 6 EL Milch
2 EL Ghee oder ungesalzene Butter

Garnitur
Ghee oder ungesalzene Butter zum Frittieren
50 g Cashewkerne
50 g Sultaninen
2 hart gekochte Eier
frittierte Zwiebelscheiben

1 Huhn mit den nächsten 10 Zutaten in einer großen Schüssel vermengen und 2 Stunden marinieren lassen. In einen großen schweren Topf geben und 10 Minuten köcheln lassen. Beiseite stellen.

2 Wasser in einem großen Topf aufkochen. Reis mit Kreuzkümmelsamen, Zimtstange, grünem und schwarzem Kardamom 5 Minuten einweichen. Gut abtropfen lassen. Ein Teil der ganzen Gewürze kann jetzt entfernt werden.

3 Öl zum Frittieren erhitzen und die Kartoffeln auf allen Seiten gleichmäßig braun braten. Abtropfen lassen und beiseite stellen.

4 Die Hälfte des Reis auf dem Huhn im Topf gleichmäßig verteilen. Darauf die Kartoffeln gleichmäßig schichten. Restlichen Reis auf den Kartoffeln verteilen.

5 Die Wasser-Milchmischung über den Reis geben. Mit einem Löffel Löcher in den Reis drücken und in jedes Loch etwas Safranmilch gießen. Einige Flocken Ghee oder Butter auf der Oberfläche verteilen und bei geringer Hitze 35–45 Minuten garen.

6 Während der Biryani kocht, die Garnierung zubereiten. Etwas Ghee oder Butter erhitzen und die Cashewkerne und Sultaninen braten, bis sie aufgehen. Abtropfen und beiseite stellen. Wenn der Biryani fertig ist, Reis, Kartoffeln und Huhn locker vermengen, mit den Nüssen, Röstzwiebeln und hart gekochten Eiern garnieren. Heiß servieren.

REIS MIT GARNELEN

Jingha Gucci Biryani

Dieses Gericht ist eine eigenständige Mahlzeit, die nur Pickles oder Raita als Beilage benötigt. Als Partygericht gekochten Eiercurry und Kartoffeln in scharfer roter Soße dazu servieren.

4–6 PERSONEN	1 TL schwarze Kreuzkümmelsamen	1 Beutel Safranpulver, gemischt mit 6 EL Milch
Zutaten	1 Stück Zimtstange, 5 cm lang oder ¼ TL Zimt	2 EL Ghee oder ungesalzene Butter
2 große Zwiebeln, in feine Scheiben geschnitten, frittiert	4 grüne Kardamomsamen	
300 ml Naturjoghurt, geschlagen	450 g frische Königsgarnelen, geschält und ohne Darm	
2 EL Tomatenmark	250 g kleine, ganze Knopfpilze	
4 EL grüne Masalapaste	250 g tiefgekühlte Erbsen, aufgetaut, abgetropft	
2 EL Zitronensaft	450 g Basmatireis, 5 Minuten in kochendem Wasser eingeweicht und abgetropft	
Salz	300 ml Wasser	

1 Die ersten 9 Zutaten in einer großen Schüssel vermengen. Garnelen, Pilze und Erbsen in die Marinade rühren und etwa 2 Stunden einziehen lassen.

2 Den Boden eines schweren Topfes einölen und Garnelen, Gemüse und Marinadenflüssigkeit hineingeben. Mit dem abgetropften Reis bedecken und die Oberfläche glattstreichen.

3 Das Wasser über die gesamte Reisoberfläche gießen. Mit einem Löffelstiel Löcher in den Reis drücken und in jedes Loch etwas Safranmilch gießen.

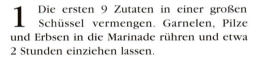

4 Einige Flocken Ghee oder Butter auf der Oberfläche verteilen und mit einem runden Stück Folie bedecken. Zudecken und bei geringer Hitze 45–50 Minuten kochen. Reis, Garnelen und Gemüse vorsichtig vermengen und heiß servieren.

REIS UND BROT — DIE INDISCHE KÜCHE

UNGESÄUERTES BUTTER-FLADENBROT

Paratha

Parathas sind nahrhafter, weicher und blättriger als Chappatis, und ihre Zubereitung ist zeitaufwendiger. Daher das Menü gut vorplanen. Sie können wie Chappatis in Folie eingewickelt warm gehalten werden.

ERGIBT 12–15 FLADEN

Zutaten
350 g Atta (Weizenvollkornmehl)
50 g Mehl
Salz
6 TL Ghee
Wasser zum Mischen
2 TL Ghee, geschmolzen
50 g Atta (Weizenvollkornmehl) zum Bestäuben

1 Mehl und Salz in eine große Schüssel sieben. Eine Vertiefung in die Mitte drücken, 2 TL Ghee hineingeben und unter das Mehl heben, so dass ein krümeliger Teig entsteht. Sehr vorsichtig Wasser zugeben, um einen weichen, glatten Teig zu erhalten. Zudecken und 1 Stunde ruhen lassen.

2 Teig in 12–15 gleiche Portionen teilen und zugedeckt lassen. Jeweils eine Portion auf einer leicht bemehlten Fläche zu einem 10 cm großen Kreis ausrollen. Mit etwas geschmolzenem Ghee einpinseln und mit Atta bestreuen. Mit einem scharfen Messer von der Mitte nach außen gerade einschneiden.

3 Die geschnittene Kante hochheben und den Teig zu einer Tüte rollen. Dann wieder zu einem Ball zusammendrücken. Wieder auf einer bemehlten Fläche zu einer Größe von 18 cm ausrollen.

4 Eine Pfanne erhitzen und jeweils eine Paratha backen, dabei etwas von dem verbliebenen Ghee am Rand hineingeben. Jede Seite goldbraun backen. Heiß servieren.

UNGESÄUERTES PFANNENBROT

Chappati

Chappatis werden in den meisten indischen Haushalten täglich gebacken. Sie schmecken frisch am besten, können aber auch in Folie eingewickelt im Backofen warm gehalten werden.

ERGIBT 10–12 FLADEN	1 TL Salz	Ghee oder ungesalzene Butter zum Einpinseln
Zutaten	Wasser zum Mischen	
350 g Atta (Weizenvollkornmehl)	einige Tropfen Pflanzenöl zum Einpinseln	
	50 g Atta (Weizenvollkornmehl) zum Bestäuben	

1 Mehl und Salz in eine große Schüssel sieben. Eine Vertiefung in die Mitte drükken und nach und nach wenig Wasser zugeben, bis ein weicher, glatter Teig entsteht. Die Handflächen einfetten und den Teig gut durchkneten. Bis zum Gebrauch zudecken.

2 Teig in 10–12 gleiche Portionen teilen und zugedeckt lassen. Jeweils eine Portion zu einem Ball rollen. Dann mit den Händen flachdrücken und auf eine bemehlte Fläche legen. Auf 15–20 cm Durchmesser ausrollen.

3 Eine Pfanne erhitzen und die Chappatis auf beiden Seiten backen, dabei die Ränder leicht andrücken. Wenn beide Seiten fertig sind, die erste Seite mit etwas Ghee oder Butter einpinseln.

HEFEBROT

Naan

Traditionsgemäß wird Naan im Tandoor oder Tonofen gebacken. Naan aus dem Backofen sieht jedoch genauso echt aus.

ERGIBT 6–8 STÜCKE	450 g Mehl	25 g geschmolzener Ghee
Zutaten	1 TL Backpulver	Mehl zum Bestäuben
2 TL Trockenhefe	½ TL Salz	Ghee zum Einfetten
4 EL warme Milch	150 ml Milch	gehackte Korianderblätter und Zwiebelsamen
2 TL Zucker	150 ml Naturjoghurt, geschlagen	zum Bestreuen
	1 geschlagenes Ei	

1 Hefe, warme Milch und Zucker mischen und warten, bis die Milch Blasen wirft. Mehl, Salz und Backpulver sieben, eine Vertiefung hineindrücken und Hefemischung, Milch, Joghurt, Eier und Ghee hineingeben. Alle Zutaten unterheben.

2 Den Teig gut durchkneten. Die Schüssel fest zudecken und an einen warmen Ort stellen, bis sich der Teig verdoppelt hat. Mit der Fingerprobe prüfen, ob der Teig schön elastisch ist, dann auf einer bemehlten Fläche ausrollen.

3 Jeden Naan oval formen, ca. 25 cm lang und 15 cm breit auf 5 cm spitz zulaufend. Mit Koriander und Zwiebelsamen bestreuen. Auf ein eingefettetes Blech legen und bei 200°C backen.

Einfacher gekochter Reis

Chawal

Reis wird von allen Indern in großen Mengen gegessen. Es gibt viele Zubereitungsarten, der einfache gekochte Reis wird jedoch am häufigsten gegessen.

4–6 PERSONEN	350 g Basmatireis, gewaschen und abgetropft
	500 ml Wasser
Zutaten	Salz
1 EL Ghee, ungesalzene Butter oder Olivenöl	

1 Ghee, Butter oder Öl in einem Topf erhitzen und den abgetropften Reis 2-3 Minuten anbraten.

2 Wasser und Salz zugeben und aufkochen. Hitze reduzieren, zudecken und 15-20 Minuten köcheln lassen. Zum Servieren mit einer Gabel auflockern.

Tipp

Für Kesar Chawal (aromatisierten Reis) 4-6 grüne Kardamom, 4 Nelken, 5 cm Zimtstange, 1/2 TL schwarze Kreuzkümmelsamen und 2 Lorbeerblätter kurz anbraten. Dann 350 g abgetropften Basmatireis zugeben und wie bei einfachem Reis fortfahren. Noch extravaganter wird der Reis, wenn 6-8 Safranfäden zugegeben und mit den Gewürzen angebraten werden.

Aromatisierter Reis mit Fleisch

Yakhni Pilau

Nicht nur die Gewürze, sondern auch die stark gewürzte Fleischbrühe geben diesem Reis sein köstliches Aroma.

4–6 PERSONEN	2 schwarze Kardamom	8–10 Safranfäden
	10 ganze Pfefferkörner	2 gepresste Knoblauchzehen
Zutaten	4 Nelken	1 Stück frischer Ingwer, 5 cm lang, zerdrückt
900 g Huhn oder mageres Lamm, in Würfeln	1 mittelgroße Zwiebel, in Scheiben geschnitten	1 Stück Zimtstange, 5 cm lang
600 ml Wasser	Salz	200 g Sultaninen und geschälte Mandeln, kurz
4 grüne Kardamom	450 g Basmatireis, gewaschen und abgetropft	angebraten zum Garnieren

1 Huhn oder Lamm in einem großen Topf mit Wasser, Kardamom, Pfefferkörnern, Nelken, Zwiebel und Salz garen. Das Fleisch herausnehmen und warm halten. Die Brühe nach Belieben abseihen und zurück in den Topf gießen.

2 Reis, Safran, Knoblauch, Ingwer und Zimt in die Brühe geben und zum Kochen bringen.

3 Fleisch schnell hineingeben und gut rühren. Erneut aufkochen, Hitze reduzieren und zudecken. Etwa 15-20 Minuten kochen. Vom Herd nehmen und 5 Minuten stehen lassen. Mit Sultaninen und Mandeln garnieren und servieren.

REIS MIT LINSEN-KÜRBIS-CURRY

Dhal Chawal Palida

Indische Bhori-Moslems haben ihren eigenen Kochstil und haben viele traditionelle Gerichte aus anderen Gegenden Indiens abgewandelt. Palida wird mit Bockshornklee gewürzt und mit Kokum (getrocknete Mangostange) gesäuert. Zitronensaft hat die gleiche Wirkung.

4–6 PERSONEN

Zutaten
200 g Bengal-Kichererbsen
600 ml Wasser
½ TL Kurkumapulver
50 g Röstzwiebeln
3 EL grüne Masalapaste
einige Minze- und Korianderblätter, gehackt
Salz
350 g Basmatireis, gekocht
2 EL Ghee

4 EL Pflanzenöl
¼ TL Bockshornkleesamen
15 g getrocknete Bockshornkleeblätter
2 gepresste Knoblauchzehen
1 TL Korianderpulver
1 TL Kreuzkümmelsamen
1 TL Chilipulver
4 EL Kichererbsenmehl, mit 4 EL Wasser verrührt
450 g Flaschenkürbis, geschält, entkernt, in mundgerechte Stücke geschnitten, oder Gartenkürbis oder feste Zucchini

200 ml Tomatensaft
6 Kokum (getrocknete Mangostangen) oder Saft von 3 Zitronen
Salz
Korianderblätter zum Garnieren

1 Bengal-Kichererbsen im Wasser mit dem Kurkuma kochen, bis die Körner weich, aber nicht matschig sind. Abtropfen und das Wasser für den Curry aufbewahren.

2 Die Bengal-Kichererbsen locker mit den Röstzwiebeln, der grünen Masalapaste, den gehackten Minze- und Korianderblättern vermischen und salzen.

3 Einen schweren Topf einölen und eine Schicht Reis hineingeben. Darauf erst die Erbsenmischung und dann den restlichen Reis schichten. Kleine Gheeflocken darauf verteilen und mit etwas Wasser besprenkeln. Erhitzen, bis sich Dampf im Topf bildet.

4 Für das Curry Öl in einem Topf erhitzen, Samen und Blätter des Bockshornklees sowie den Knoblauch anbraten, bis der Knoblauch goldbraun ist.

5 Die Gewürzpulver mit etwas Wasser zu einer Paste vermengen. In den Topf geben und köcheln lassen, bis alles Wasser verdampft ist.

6 Restliche Zutaten zugeben und kochen, bis der Kürbis weich und glasig ist. Mit Koriander garnieren und heiß mit dem Reisauflauf servieren.

DIE INDISCHE KÜCHE   FLEISCHGERICHTE

LAMMBRATEN À LA MOGUL

Shahi Raan

Dieses erlesene Gericht ist nur eines von vielen köstlichen Beispielen der berühmten Küche der Mogule, einer Herrscherdynastie mongolischer Herkunft.

4–6 PERSONEN

Zutaten
4 große Zwiebeln, gehackt
4 Knoblauchzehen
1 Stück frischer Ingwer, 5 cm lang, gehackt
3 EL gemahlene Mandeln
2 TL Kreuzkümmelpulver
2 TL Korianderpulver
2 TL Kurkuma
2 TL Garam Masala
4–6 grüne Chilischoten
Saft von 1 Zitrone
Salz
300 ml Naturjoghurt, geschlagen
1,8 kg Lammkeule
8–10 Nelken
4 feste Tomaten, halbiert und gegrillt zum Servieren
1 EL blanchierte Mandelblätter zum Garnieren

1 Die ersten 11 Zutaten in einer Küchenmaschine zu einer glatten Paste pürieren. Dann Joghurt langsam einrühren. Ein großes, tiefes Backblech einfetten und den Ofen auf 190°C vorheizen.

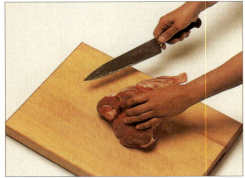

2 Fett und Haut von der Lammkeule abschneiden. Am dicken Ende beidseitig mit einem scharfen Messer oberhalb des Knochens Taschen einschneiden. Beide Seiten diagonal tief einkerben.

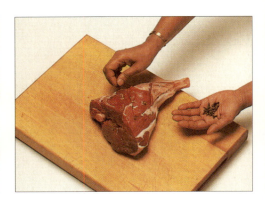

3 Fleisch mit den Nelken spicken.

4 Etwas von der Gewürzmischung in die Taschen und Einschnitte geben, mit dem Rest die Keule einpinseln.

5 Die Keule auf das Backblech legen und locker mit einer Folie bedecken. 2-2½ Stunden braten oder bis das Fleisch gar ist. Die Folie 10 Minuten vor Ende der Garzeit abnehmen.

6 Aus dem Ofen nehmen und vor dem Schneiden 10 Minuten ruhen lassen. Die Keule mit den gehobelten Mandeln garnieren und mit den gegrillten Tomaten servieren.

KASCHMIR-LAMM

Rogan Josh

Dieser Curry stammt aus Kaschmir und verdankt seinen Namen den vielen roten Chilischoten. Für ein milderes Aroma können weniger Chilis verwendet werden, dann aber für die Farbe Paprikapulver und 2 TL Tomatenmark zugeben.

4–6 PERSONEN	900 g mageres Lammfleisch, gewürfelt	8–10 Safranfäden (nach Belieben)
	1 Stück frischer Ingwer, 5 cm lang, zerdrückt	Salz
Zutaten	4 gepresste Knoblauchzehen	150 ml Naturjoghurt, geschlagen
4 EL Pflanzenöl	4 EL Rogan Josh Masala-Paste	blanchierte Mandelblätter zum Garnieren
¼ TL Asafoetida	1 TL Chilipulver oder 2 TL süßen Paprika	

1 Öl in einem Bräter erhitzen und das Lamm mit dem Asafoetida unter Rühren auf allen Seiten anbraten. Hitze reduzieren, und 10 Minuten zugedeckt garen.

2 Restliche Zutaten bis auf Joghurt und Mandeln zugeben und gut unterrühren. Falls das Fleisch zu trocken ist, etwas kochendes Wasser zugeben. Zudecken und bei niedriger Temperatur weitere 10 Minuten garen.

3 Topf vom Herd nehmen und etwas abkühlen lassen. Dann Joghurt esslöffelweise unter ständigem Rühren zugeben, damit er nicht gerinnt. Ohne Deckel köcheln lassen, bis die Soße bindet. Garnieren und servieren.

SCHARFER TROCKENER FLEISCHCURRY

Sookha Gosht

Fast so scharf wie Phaal (Indiens feurigster Curry), das Aroma der Gewürze wird jedoch nicht vom Chili überdeckt.

4–6 PERSONEN	4 gepresste Knoblauchzehen	1 TL Kurkuma
	6–8 Curryblätter	Salz
Zutaten	3 EL extra scharfe Currypaste oder	900 g mageres Lamm-, Rind- oder
2 EL Pflanzenöl	4 EL scharfes Currypulver	Schweinefleisch, gewürfelt
1 große Zwiebel, in feinen Scheiben	3 TL Chilipulver	200 ml dicke Kokosnussmilch
1 Stück frischer Ingwer, 5 cm lang, zerdrückt	1 TL Fünfgewürzepulver	2 große Tomaten, fein gehackt, zum Garnieren

1 Öl erhitzen und Zwiebel, Ingwer, Knoblauch und Curryblätter dünsten, bis die Zwiebel weich ist. Currypaste, Chili- und Fünfgewürzepulver, Kurkuma und Salz zugeben.

2 Fleisch zugeben und bei mittlerer Hitze unter Rühren von allen Seiten gut anbraten. Weiterrühren, bis sich das Öl absetzt. Zudecken und etwa 20 Minuten garen.

3 Kokosnussmilch gut unterrühren und köcheln lassen, bis das Fleisch gar ist. Gegen Ende der Garzeit ohne Deckel Flüssigkeit reduzieren. Garnieren, heiß servieren.

DIE INDISCHE KÜCHE　　　　　　　　　FLEISCHGERICHTE

WÜRZIGER HACKBRATEN

Lagan Ki Seekh

Dieser Hackbraten aus dem Ofen ist ein kräftiges Frühstück an einem kalten Wintermorgen.

| 4–6 PERSONEN

Zutaten
5 Eier
450g mageres Rinderhackfleisch | 2 EL fein gemahlener Ingwer
2 EL fein gemahlener Knoblauch
6 grüne Chilischoten, gehackt
2 kleine Zwiebeln, fein gehackt
½ TL Kurkuma | 50 g Korianderblätter, gehackt
200 g Kartoffeln, gerieben
Salz |

1 Ofen auf 180°C vorheizen. 2 Eier schaumig schlagen und in die eingefettete Backform geben.

2 Fleisch mit Ingwer, Knoblauch, 4 grünen Chilis, 1 fein gehackten Zwiebel, 1 geschlagenem Ei, Kurkuma, Korianderblättern, Kartoffeln und Salz verkneten. In die Form geben, glattstreichen und 45 Minuten backen.

3 Restliche Eier schlagen und restliche Chilis und Zwiebeln untermischen. Die Form aus dem Ofen nehmen und die Eier über das Fleisch gießen. In den Ofen zurückstellen und weiterbacken, bis die Eier gestockt sind.

WÜRZIGE KEBABS

Kofta

Diese schmackhaften Kebabs sehr heiß mit Hefebrot, Raita und Tomatensalat servieren. Übriggebliebene Kebabs können grob gehackt in ein Pittabrot gesteckt und mit frischem Korianderrelish gewürzt werden.

| ERGIBT 20–25 STÜCK

Zutaten
450 g mageres Rind- oder Lammhackfleisch
2 EL fein gemahlener Ingwer
2 EL gepresster Knoblauch | 4 grüne Chilischoten, fein gehackt
1 kleine Zwiebel, fein gehackt
1 Ei
½ TL Kurkuma
1 TL Garam Masala
50 g Korianderblätter, gehackt | 4–6 Minzeblätter, oder ½ TL Minze-Soße
200 g rohe Kartoffel
Salz
Pflanzenöl zum Frittieren |

1 Die ersten 10 Zutaten in eine große Schüssel geben. Die Kartoffeln in die Schüssel reiben und salzen. Gut verkneten, bis ein weicher Teig entsteht.

2 Golfballgroße Klößchen formen. Etwa 25 Minuten ruhen lassen.

3 Öl im Wok oder einer Friteuse auf mittlere Temperatur erhitzen und die Koftas nach und nach goldbraun frittieren. Gut abtropfen lassen und heiß servieren.

DIE INDISCHE KÜCHE   FLEISCHGERICHTE

INDISCHE KEBABS

Shammi Kebab

Diesen indischen Frikadellen in einem Brötchen mit Chili-Soße und Salat oder pur als Vorspeise servieren.

> **4–6 PERSONEN**
>
> **Zutaten**
> 2 Zwiebeln, fein gehackt
> 250 g mageres Lammfleisch, in kleine Würfel geschnitten
> 50 g Bengal-Kichererbsen
> 1 TL Kreuzkümmelsamen
> 1 TL Garam Masala
> 4–6 grüne Chilischoten
> 1 Stück frischer Ingwer, 5 cm, lang, zerdrückt
> Salz
> 200 ml Wasser
> einige Koriander- und Minzeblätter, gehackt
> Saft von 1 Zitrone
> 1 EL Kichererbsenmehl
> 2 Eier, geschlagen
> Pflanzenöl zum Frittieren

1 Die ersten 8 Zutaten mit dem Wasser im Topf aufkochen. Zugedeckt köcheln lassen, bis das Fleisch und das Dhal gar sind. Danach ohne Deckel Flüssigkeit reduzieren. Abkühlen lassen und pürieren.

2 Die Mischung in einer Rührschüssel mit Koriander- und Minzeblättern, Zitronensaft und Kichererbsenmehl gut verkneten. Daraus 10–12 Bälle formen und flachdrücken. 1 Stunde kühl stellen. Die Kebabs in dem geschlagenen Ei wenden und auf jeder Seite goldbraun braten. Heiß servieren.

HACKFLEISCH-CURRY

Kheema

Kann als Hauptgericht oder mit Spiegel- oder Rührei gemischt zu einem Brunch serviert werden. Es ist auch ein guter Pizzabelag.

> **4–6 PERSONEN**
>
> **Zutaten**
> 1 TL Pflanzenöl
> 1 große Zwiebel, fein gehackt
> 2 gepresste Knoblauchzehen
> 1 Stück frischer Ingwer, 5 cm lang, zerdrückt
> 4 grüne Chilischoten, gehackt
> 2 EL Currypulver
> 450 g mageres Rinder- oder Lammhack
> 250 g tiefgekühlte Erbsen, aufgetaut
> Salz
> Saft von 1 Zitrone
> einige Korianderblätter, gehackt

1 Zwiebel, Knoblauch, Ingwer und Chili dünsten, bis die Zwiebel glasig ist. Hitze reduzieren und Currypulver gut unterrühren.

2 Fleisch zugeben. Anbraten, dabei mit Löffelrücken andrücken. Erbsen, Salz und Zitronensaft unterrühren, zugedeckt köcheln lassen. Koriander unterheben. Heiß servieren.

PORTUGIESISCHES SCHWEINEFLEISCH

Soovar Vindaloo

Dieses Gericht zeigt den Einfluss der portugiesischen Küche.

> **4–6 PERSONEN**
>
> **Zutaten**
> 100 g Röstzwiebeln, zerdrückt
> 4 rote Chilischoten oder 1 TL Chilipulver
> 4 EL Vindaloo Masala-Paste
> 6 EL Weißweinessig
> 6 EL Tomatenmark
> 1/2 TL Bockshornkleesamen
> 1 TL Kurkuma
> 1 TL zerdrückte Senfsamen oder 1/2 TL Senfpulver
> Salz
> 1 1/2 TL Zucker
> 900 g Schweinerippen, entbeint, gewürfelt
> 1 Tasse Wasser
> einfacher gekochter Reis zum Servieren

1 Alle Zutaten bis auf Wasser und Reis in Topf oder Schüssel vermengen. Für etwa 2 Stunden marinieren.

2 Wasser dazurühren. 2 Stunden köcheln lassen. Würzen, heiß mit Reis servieren.

FLEISCHGERICHTE DIE INDISCHE KÜCHE

Steak und Nieren mit Spinat

Sag Gosht

Bei diesem Gericht wird der Spinat in Indien oft fein gerieben. Hier wird er nur grob gehackt und kurz vor Ende der Garzeit zugefügt. Dies erhält den Nährwert des Spinats und läßt das Gericht schön aussehen.

4–6 PERSONEN

Zutaten
2 EL Pflanzenöl
1 große Zwiebel, fein gehackt
1 Stück frischer Ingwer, 5 cm lang, zerdrückt
4 gepresste Knoblauchzehen
4 EL milde Currypaste oder 4 EL mildes Currypulver
¼ TL Kurkuma
Salz
900 g Steak und Nieren, gewürfelt
450 g frischer Spinat, geschnitten, gewaschen und gehackt, oder 450 g tiefgekühlter Spinat, aufgetaut und abgetropft
4 EL Tomatenmark
2 große Tomaten, fein gehackt

1 Öl in einer Bratpfanne erhitzen und die Zwiebel weich dünsten, Knoblauch und Ingwer goldbraun braten.

2 Hitze reduzieren und Currypaste oder Currypulver, Kurkuma, Salz und Fleisch zugeben und gut vermengen. Zudecken und das Fleisch fast weich kochen.

3 Spinat und Tomatenmark gut unterrühren. Ohne Deckel kochen, bis der Spinat weich und die Flüssigkeit größtenteils verdampft ist.

4 Gehackte Tomaten unterheben. Die Temperatur erhöhen und etwa 5 Minuten kochen.

MADRAS

Madras Attu Erachi

Dieser beliebte südindische Curry wird hauptsächlich von Muslimen zubereitet und traditionell mit Rind gekocht.

4–6 PERSONEN	4 grüne Kardamom	1 TL Kurkuma
	2 ganze Sternanis	450 g mageres Rindfleisch, gewürfelt
Zutaten	4 grüne Chilischoten, gehackt	4 EL Tamarindensaft
4 EL Pflanzenöl	2 rote Chilischoten, gehackt (frisch	Salz
1 große Zwiebel, in feinen Scheiben	oder getrocknet)	Zucker
3–4 Nelken	3 EL Madras Masala-Paste	einige Korianderblätter, gehackt, zum Garnieren

1 Öl in einer Bratpfanne erhitzen und die Zwiebel goldbraun rösten. Hitze reduzieren, alle Gewürzzutaten zugeben und weitere 2–3 Minuten braten.

2 Rindfleisch gut unterrühren. Zudecken und das Fleisch bei niedriger Hitze weich kochen. Die letzten Minuten ohne Deckel kräftig erhitzen und Flüssigkeit reduzieren.

3 Tamarindensaft, Salz und Zucker unterheben. Das Gericht nochmals erhitzen und heiß, mit Korianderblättern garniert, servieren.

LAMM IN RAHMSOSSE

Korma

Ein sahniges, aromatisches Gericht ohne „Feuer". Es stammt aus den Küchen der Nizam von Hyderabad.

4–6 PERSONEN	6 Knoblauchzehen, in Scheiben geschnitten	900 g mageres Lammfleisch, gewürfelt
	1 Stück frischer Ingwer, 5 cm lang, in Scheiben	1 TL Kreuzkümmelpulver
Zutaten	1 Zwiebel, fein gehackt	1 TL Korianderpulver
1 EL weiße Sesamsamen	3 EL Ghee oder Pflanzenöl	Salz
1 EL weiße Mohnsamen	6 grüne Kardamom	300 ml Doppelrahm, gemischt mit ½ TL
50 g blanchierte Mandeln	1 Stück Zimtstange, 5 cm lang	Maismehl (Maisstärke)
2 grüne Chilischoten, entkernt	4 Nelken	geröstete Sesamsamen zum Garnieren

1 Die ersten 7 Zutaten in einer Bratpfanne ohne Flüssigkeit trocken rösten. Abkühlen lassen und im Mörser oder in einer Küchenmaschine fein pürieren. Ghee oder Öl in einer Pfanne erhitzen.

2 Kardamom, Zimt und Nelken anbraten, bis die Nelken anschwellen. Lamm, Kreuzkümmel- und Korianderpulver und das Gewürzpüree zugeben und würzen. Zudecken und das Lamm fast gar kochen.

3 Vom Herd nehmen, etwas abkühlen lassen und den Rahm vorsichtig unterheben, 1 TL zum Garnieren aufbewahren. Vor dem Servieren ohne Deckel neu erhitzen. Mit Sesamsamen und Rahm garniert servieren.

DIE INDISCHE KÜCHE

GEFLÜGEL UND EIERGERICHTE

TANDOORI-HUHN

Tandoori Murgh

Wohl das bekannteste indische Gericht. Das Huhn gut marinieren und in einem extrem heißen Ofen braten, damit es wie im Tonofen gebacken schmeckt. Wenn das Huhn echte Feuerspuren bekommen soll, muss es nach dem Braten einige Minuten gegrillt werden.

4–6 PERSONEN

Zutaten
1–1,5 kg bratfertiges Hähnchen
250 ml Naturjoghurt, geschlagen
4 EL Tandoori Masala-Paste
Salz
100 g Ghee
Salat zum Servieren
Zitronenspalten und Zwiebelringe zum Garnieren

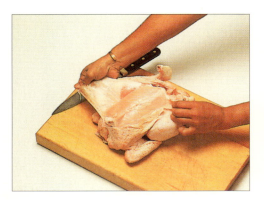

1 Haut und überflüssiges Fett mit einem scharfen Messer oder einer Schere entfernen. Das Huhn mit einer Gabel beklopfen.

2 Das Huhn durch die Mitte und die Brust zerteilen. Jedes Stück erneut halbieren. Das Fleisch diagonal tief einkerben. Joghurt mit Masalapaste und Salz mischen. Das Huhn gleichmäßig mit der Joghurtmischung einpinseln, auch in den Einkerbungen. Am besten über Nacht ruhen lassen, mindestens jedoch für 2 Stunden.

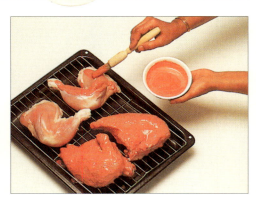

3 Hühnerteile auf den Rost in einem tiefen Backblech legen und mit übriggebliebener Marinade bestreichen, dabei etwas aufbewahren, um sie nach der Hälfte der Garzeit nochmals einzustreichen.

4 Ghee schmelzen und über das Huhn gießen, damit sich die Poren schließen. So wird das Fleisch innen nicht trocken. Hähnchen 10 Minuten im Ofen bei maximaler Temperatur braten, herausnehmen, den Ofen nicht ausschalten.

5 Huhn mit restlicher Marinade einstreichen. In den Ofen zurückstellen und den Ofen ausschalten. Huhn 15–20 Minuten im Ofen lassen, ohne die Tür zu öffnen. Auf einem Salatbett mit Zwiebelringen und Zitronen garniert servieren.

DIE INDISCHE KÜCHE GEFLÜGEL UND EIERGERICHTE

GEFÜLLTES BRATHUHN

Murgh Musallam

Früher wurde dieses Gericht nur in königlichen Palästen zubereitet, und jeder Koch hatte sein eigenes Rezept. Durch Safran und die reichhaltige Füllung wird es zu einem wahrhaft königlichen Gericht.

4–6 PERSONEN

Zutaten
1 Beutel Safranpulver
½ TL gemahlene Muskatnuss
1 EL warme Milch
1 Huhn (1,3 kg)
6 EL Ghee
75 ml heißes Wasser

Füllung
3 mittelgroße Zwiebeln
2 grüne Chilischoten, gehackt
50 g Sultaninen
50 g gemahlene Mandeln
50 g getrocknete Aprikosen, eingeweicht
3 hart gekochte Eier, grob gehackt
Salz

Masala
4 Frühlingszwiebeln, gehackt
2 gepresste Knoblauchzehen
1 TL Fünfgewürzepulver
4–6 grüne Kardamom
½ TL Kurkuma
1 TL frisch gemahlener schwarzer Pfeffer
2 EL Naturjoghurt
50 g getrocknete Kokosnuss, geraspelt

1 Milch mit Safran und Muskat mischen. Das Huhn mit dieser Mischung innen und unter der Haut ausstreichen. 4 EL Ghee in einer großen Bratpfanne oder im Wok erhitzen und das Huhn von allen Seiten anbraten, damit sich die Poren schließen.

2 Für die Füllung in demselben Ghee Zwiebeln, Chili und Sultaninen 2–3 Minuten dünsten. Vom Herd nehmen, abkühlen lassen. Dann gut mit gemahlenen Mandeln, Aprikosen, gehackten Eiern und Salz verrühren. Das Huhn damit füllen.

3 Restlichen Ghee in einem großen, schweren Topf erhitzen und die Masalazutaten, bis auf die Kokosnuss, 2–3 Minuten dünsten. Wasser zugeben. Huhn auf das Masala legen, den Topf zudecken und das Huhn garen. Huhn herausnehmen und warm halten.

4 Das Masala wieder erhitzen und einkochen. Die dicke Soße über das Huhn gießen. Geraspelte Kokosnuss rösten, darüber streuen und heiß servieren.

HÜHNERCURRY

Murgh Ka Salan

Hühnercurry ist bei einem Familienessen oder Festessen immer sehr beliebt. Hier wird er im geschlossenen Topf gegart, dadurch bleibt der Curry flüssiger. Wer ihn dicker mag, lässt ihn die letzten 15 Minuten ohne Deckel köcheln.

4–6 PERSONEN

Zutaten
4 EL Pflanzenöl
4 Nelken
4–6 grüne Kardamom
1 Stück Zimtstange, 5 cm lang
3 ganze Sternanis
6–8 Curryblätter
1 große Zwiebel, fein gehackt
1 Stück frischer Ingwer, 5 cm lang, zerdrückt
4 gepresste Knoblauchzehen
4 EL milde Currypaste
1 TL Kurkuma
1 TL Fünfgewürzepulver
1,3 kg Huhn, ohne Haut und zerlegt
400 g Dosentomaten, gehackt
100 g Kokosnusscreme
1/2 TL Zucker
Salz
50 g Korianderblätter, gehackt

1 Öl in einer Bratpfanne erhitzen und Nelken, Kardamom, Zimtstange, Sternanis und Curryblätter dünsten, bis die Nelken anschwellen und die Blätter leicht anbrennen.

2 Zwiebel, Ingwer und Knoblauch zugeben und die Zwiebel braun rösten. Currypaste, Kurkuma und Fünfgewürzepulver zufügen und braten, bis sich das Öl absetzt.

3 Hühnerteile gut unterrühren. Wenn alle Teile gut angebraten sind, zudecken und das Fleisch fast gar kochen.

4 Gehackte Tomaten und Kokosnusscreme zugeben. Die Kokosnusscreme leise köchelnd auflösen. Gut verrühren, dann mit Zucker und Salz würzen. Die Korianderblätter unterheben, aufkochen und heiß servieren.

CURRY MIT GEKOCHTEM EI

Andoan Ka Salan

Dieses Gericht wird normalerweise mit Biryani oder Pilau gereicht, passt aber genauso gut zu frittiertem Fisch.

4–6 PERSONEN	350 ml Tomatensaft	6 hart gekochte Eier, halbiert
Zutaten	2 TL Kichererbsenmehl (Besan)	2 EL Sesamöl
2 TL weiße Mohnsamen	1 TL frisch gepresster, frischer Ingwer	1 TL Kreuzkümmelsamen
2 TL weiße Sesamsamen	1 TL Chilipulver	4 ganze, getrocknete, rote Chilischoten
2 TL ganze Koriandersamen	¼ TL Asafoetida	6–8 Curryblätter
2 EL getrocknete Kokosnuss, geraspelt	Salz	4 Knoblauchzehen, in feine Scheiben geschnitten
	1 TL Zucker	

1 Eine Bratpfanne erhitzen und Mohn-, Sesam- und Koriandersamen 3–4 Minuten trockenrösten. Getrocknete Kokosnuss zugeben und bräunen. Abkühlen lassen und die Zutaten im Mörser oder in einer Küchenmaschine pürieren.

2 Etwas Tomatensaft mit Kichererbsenmehl zu einer glatten Paste mixen. Ingwer, Chilipulver, Asafoetida, Salz und Zucker sowie die gemahlenen Gewürze zugeben. Mit restlichem Tomatensaft in einen Topf geben und 10 Minuten leise köcheln lassen.

3 Die hart gekochten Eier zugeben und mit Soße bedecken. Öl in einer Bratpfanne erhitzen und restliche Zutaten braten, bis die Chilis braun werden. Gewürze und Öl über den Ei-Curry geben und unterheben, neu erhitzen. Heiß servieren.

EIER AUF POMMES FRITES

Sali Pur Eeda

Das Volk der Parsen liebt Eier und hat viele einmalige Eier-Gerichte erfunden. Dieses Rezept ist ein Beispiel.

4–6 PERSONEN	2 grüne Chilischoten, fein gehackt	75 ml Wasser
Zutaten	einige Korianderblätter, fein gehackt	6 Eier
250 g Tiefkühl-Pommes frites	¼ TL Kurkuma	Salz und frisch gemahlener schwarzer Pfeffer
	4 EL Pflanzenöl	3 Frühlingszwiebeln, fein gehackt

1 Pommes mit Chili, Koriander und Kurkuma vermischen. 2 EL Öl in einer Bratpfanne erhitzen. Pommes und Wasser zugeben. Pommes erst weich kochen, dann knusprig braten.

2 Einen Teller über die Bratpfanne legen, die Pfanne umdrehen und den Pommeskuchen auf den Teller gleiten lassen. Restliches Öl in der Pfanne erhitzen und die andere Pfannkuchenseite darin bräunen.

3 Die Eier über der Pfanne aufschlagen, Pfanne zudecken und die Eier bei geringer Hitze stocken lassen. Würzen und mit Frühlingszwiebeln bestreuen. Den Boden knusprig braten. Heiß servieren.

DIE INDISCHE KÜCHE · GEFLÜGEL UND EIERGERICHTE

HUHN NACH MOGUL-ART

Moghlai Murgh

Dieser köstliche Curry kann als Vorspeise vor schärferen Currys und Reis serviert werden. Safran ist bei diesem Gericht unentbehrlich. Da er aber sehr teuer ist, wird dieses Huhn nur bei besonderen Anlässen serviert.

4–6 PERSONEN

Zutaten
2 Eier, mit Salz und Pfeffer aufgeschlagen
4 Hühnerbrüste, mit ein wenig Garam Masala eingerieben
6 EL Ghee
1 große Zwiebel, fein gehackt
1 Stück frischer Ingwer, 5 cm lang, zerdrückt
4 fein gepresste Knoblauchzehen
4 Nelken
4 grüne Kardamom
1 Stück Zimtstange, 5 cm lang
2 Lorbeerblätter
15–20 Safranfäden
Salz
150 ml Joghurt, mit 1 TL Maismehl verrührt
75 ml Doppelrahm
50 g gemahlene Mandeln

1 Hühnerbrüste mit den verquirlten Eiern einpinseln. Ghee in einer Bratpfanne erhitzen und das Huhn braten. Herausnehmen und warm halten.

2 In demselben Ghee Zwiebel, Ingwer, Knoblauch, Nelken, Kardamom, Zimt und Lorbeerblätter braten. Wenn die Zwiebel braun wird, Pfanne vom Herd nehmen, etwas abkühlen lassen, dann Safran und Joghurt gut unterrühren, damit der Joghurt nicht gerinnt.

3 Das Huhn mit allem Saft zurück in die Mischung in der Pfanne geben und garen. Nach Bedarf würzen.

4 Kurz vor dem Servieren Rahm und Mandeln unterheben. Heiß servieren.

GEFLÜGEL UND EIERGERICHTE · DIE INDISCHE KÜCHE

HUHN IN SCHARFER ROTER SOSSE

Kashmiri Murgh

In Indien werden für dieses Gericht kleine Hähnchen verwendet und als Vorspeise mit ungesäuertem Fladenbrot gereicht. Als Vorspeise sollten 4 Küken statt der Hähnchenschenkel genommen werden. Zuerst die Haut entfernen und das Fleisch mit einem scharfen Messer einkerben, damit die Gewürze gut einziehen können.

4–6 PERSONEN

Zutaten
4 TL Kashmiri Masala-Paste
4 EL Ketchup
1 TL Worcestershiresoße
1 TL Fünfgewürzepulver
Salz
1 TL Zucker
8 Hühnerteile, ohne Haut, mit Knochen
3 EL Pflanzenöl
1 Stück frischer Ingwer, 5 cm lang, fein geraspelt
4 fein gepresste Knoblauchzehen
Saft von 1 Zitrone
einige Korianderblätter, fein gehackt

1 Für die Marinade Kashmiri Masala-Paste mit Ketchup, Worcestershiresoße, Fünfgewürzepulver, Salz und Zucker vermischen. An einem warmen Ort ruhen lassen, bis sich der Zucker aufgelöst hat.

2 Hühnerteile mit der Marinade einpinseln und weitere 2 Stunden, falls möglich über Nacht, ruhen lassen.

3 Öl in einer Bratpfanne erhitzen. Die Hälfte des Ingwers und den ganzen Knoblauch goldbraun braten. Hühnerteile zugeben und auf beiden Seiten braun anbraten. Zudecken und garen, bis das Huhn fast weich ist, die Soße am Huhn haftet und das Öl sich absetzt.

4 Huhn mit Zitronensaft, restlichem Ingwer und Korianderblättern bestreuen. Gut mischen, erneut erhitzen und sofort heiß servieren.

DIE INDISCHE KÜCHE   GEFLÜGEL UND EIERGERICHTE

Huhn in würzigen Zwiebeln

Murgh Do Piyaza

Dies ist eines der wenigen indischen Gerichte, in denen Zwiebeln dominieren. Dicke Zwiebelscheiben, eingeweicht in Kreuzkümmelsamen und geraspeltem Ingwer, kontrastieren auf raffinierte Weise mit dem Aroma des Huhns.

4–6 PERSONEN	4 kleine Zwiebeln, fein gehackt
	200 g Korianderblätter, grob gehackt
Zutaten	1 Stück frischer Ingwer, 5 cm lang, fein geraspelt
1,5 kg Huhn, ohne Haut und geteilt	2 grüne Chilischoten, fein gehackt
1/2 TL Kurkuma	2 TL Kreuzkümmelsamen, trockengeröstet
1/2 TL Chilipulver	75 ml Naturjoghurt
Salz	75 ml Doppelrahm
4 EL Öl	1/2 TL Maismehl (Maisstärke)

1 Hühnerteile mit Kurkuma, Chilipulver und Salz einreiben. Öl in einer Bratpfanne erhitzen und die Hühnerteile auf beiden Seiten anbraten. Herausnehmen und warm halten.

2 Das Öl wieder erhitzen und 3 der gehackten Zwiebeln, 150 g Korianderblätter, die Hälfte des Ingwers, grüne Chili und Kreuzkümmelsamen dünsten, bis die Zwiebeln glasig sind. Das Huhn mit allem Saft zurück in die Pfanne geben und gut vermengen. Zudecken und 15 Minuten leicht kochen.

3 Pfanne vom Herd nehmen und etwas abkühlen lassen. Joghurt mit Rahm und Maismehl mischen und portionsweise unter das Huhn heben. Gut vermengen.

4 Die Pfanne erneut erhitzen und das Huhn sanft garen. Kurz vor dem Servieren restliche Zwiebel, restlichen Ingwer und Koriander zugeben. Heiß servieren.

SCHARF-SÜSS-SAURE ENTENKASSEROLLE

Dekchi Badak

Dieses Rezept kann mit jeder Art von Geflügel oder auch mit Kaninchen zubereitet werden. Es ist in der Tat zugleich scharf, süß und sauer; bei soviel Aroma passt am besten dazu eine einfache Reisbeilage.

4–6 PERSONEN	8 mittelgroße Zwiebeln, fein gehackt
Zutaten	50 g Knoblauch, gepresst
1,5 kg Ente, geteilt und ohne Haut	50 g Chilipulver
4 Lorbeerblätter	300 ml Einmachessig
3 EL Salz	100 g frischer Ingwer, in feinen Scheiben oder geraspelt
75 ml Pflanzenöl	100 g Zucker
Saft von 5 Zitronen	50 g Garam Masala

1 Ente mit Lorbeerblättern und Salz in einem großen Topf mit kaltem Wasser zum Kochen bringen und gar köcheln lassen. Ententeile herausnehmen und warm halten. Die Flüssigkeit als Grundlage für Brühen oder Suppen aufbewahren.

2 Öl und Zitronensaft in einem großen Topf bis zum Rauchpunkt erhitzen. Zwiebeln, Knoblauch und Chilipulver zugeben und rösten, bis die Zwiebeln braun sind.

3 Essig, Ingwer und Zucker zugeben und köcheln, bis der Zucker sich aufgelöst und das Öl sich von dem Masala abgesetzt hat.

4 Ente zurück in den Topf geben und das Garam Masala gut unterrühren, erneut erhitzen, bis das Masala an den Ententeilen haftet und die Soße gebunden ist. Bei Bedarf würzen. Wem die Soße zu dick ist, der kann sie mit der aufbewahrten Brühe verdünnen.

DIE INDISCHE KÜCHE

MEERESFRÜCHTE

BOMBAY DUCK-PICKLE

Bomil Achar

Dieser ungewöhnliche Fisch kann während des Monsuns an der Westküste Indiens gefangen werden. Er wird gesalzen und in der Sonne getrocknet. Dabei fällt er auf durch seinen starken Geruch und seinen besonders pikanten Geschmack. Wie dieser Fisch in der westlichen Welt den Namen Bombay Duck erhielt, ist nicht bekannt!

4–6 PERSONEN

Zutaten
6–8 Stücke Bomil (Bombay Duck) oder Stockfisch, 5 Minuten in Wasser eingeweicht
4 EL Pflanzenöl
2 frische, rote Chilischoten, gepresst
1 EL Zucker
450 g Cocktailtomaten, halbiert
100 g Röstzwiebeln

1 Eingeweichte Fische mit Küchenkrepp trocken tupfen. Öl in einer Pfanne erhitzen und die Fische pro Seite in 30–45 Sekunden knusprig braten. Nicht anbrennen lassen, da sie sonst bitter schmecken. Auf Küchenkrepp gut abtropfen lassen. Den abgekühlten Fisch in kleine Teile brechen.

2 Restliche Zutaten im selben Öl dünsten, bis die Tomaten breiig und die Zwiebeln glasig werden. Die Fischstücke unterheben und heiß oder kalt servieren.

FISCH-KEBABS

Macchli Kebabs

Normalerweise bestehen Kebabs aus Fleisch oder Huhn. Diese leckeren Fischkebabs können etwas größer gemacht und als Fischfrikadellen oder in kleinen Bällchen als Cocktailsnacks serviert werden.

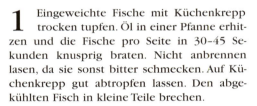

ERGIBT 20 STÜCK

Zutaten
450 g Schellfisch, Dorsch oder Kabeljau, enthäutet
2 mittelgroße Kartoffeln, geschält, gekocht und zerstampft
4 Frühlingszwiebeln, fein gehackt
4 grüne Chilischote, fein gehackt
1 Stück frischer Ingwer, 5 cm lang, fein zerdrückt
einige Koriander- und Minzeblätter, gehackt
Salz und frisch gemahlener schwarzer Pfeffer
2 Eier
Paniermehl
Pflanzenöl, zum Frittieren
Chilisoße oder süßer Chutney, zum Servieren

1 Fisch im leicht gefetteten Einsatz eines Dampfkochtopfs gar dämpfen. Auf dem Einsatz abkühlen lassen.

2 Nach dem Abkühlen den Fisch grob in eine Schüssel bröckeln und mit Kartoffeln, Frühlingszwiebeln, Gewürzen, Koriander, Minze und einem Ei mischen.

3 Küchlein formen. Das andere Ei verquirlen und die Küchlein erst im Ei, dann im Paniermehl wenden. Öl erhitzen und Küchlein auf allen Seiten braun braten.

DIE INDISCHE KÜCHE — MEERESFRÜCHTE

GARNELEN UND FISCH IN KRÄUTERSOSSE

Haré Masalé Me Jingha Aur Macchi

Bengalen ist bekannt für seine Fischgerichte. Man verwendet dort stets Senföl, da es einen besonderen Geschmack und ein einmaliges Aroma verleiht. In Bengalen gibt es kein Fest ohne diese berühmten Fischgerichte.

4–6 PERSONEN

Zutaten
3 Knoblauchzehen
1 Stück frischer Ingwer, 5 cm lang
1 großer Lauch, grob gehackt
4 grüne Chilischoten
1 EL Pflanzenöl (nach Belieben)
4 EL Senföl oder Pflanzenöl
1 EL Korianderpulver
½ TL Fenchelsamen
1 EL zerdrückte gelbe Senfsamen oder
   1 TL Senfpulver
200 ml dicke Kokosnussmilch
250 g frische Königsgarnelen, geschält und ohne
   Darm, mit ganzen Schwänzen
250 g Glattrochen oder Engelhai
100 g frische Korianderblätter, gehackt
Salz

1 Knoblauch, Ingwer, Lauch und Chili in einer Küchenmaschine grob pürieren. Pflanzenöl zugeben, falls die Paste zu trocken sein sollte.

2 Senf- oder Pflanzenöl in einer Pfanne mit der Paste erhitzen, bis alles gut vermengt ist. Dabei ein Fenster öffnen und die Mischung nicht überhitzen, da der Rauch des Senföls in die Augen sticht.

3 Korianderpulver, Fenchel- und Senfsamen und Kokosnussmilch zugeben. Zum Kochen bringen und ohne Deckel etwa 5 Minuten köcheln lassen.

4 Fisch hineingeben und 2 Minuten köcheln, dann die Garnelen unterheben und garen, bis die Garnelen hellorange sind. Salzen, Korianderblätter unterheben und heiß servieren.

FISCHSTEAK-PICKLE

Macchi Achar

Dieses Gericht ist kalt eine köstliche Vorspeise. An einem heißen Sommertag ist es zusammen mit einem knackigen Salat auch ein idealer Hauptgang. Einen oder zwei Tage im Voraus zubereiten, damit sich die Aromen vermischen.

4–6 PERSONEN

Zutaten
Saft von 4 Zitronen
frischer Ingwer, 2,5 cm lang, fein gescheibelt
2 fein gemahlene Knoblauchzehen
2 frische rote Chilischoten, fein gehackt
3 grüne Chilischoten, fein gehackt
4 dicke Fischsteaks (jeder feste Fisch ist geeignet)
4 EL Pflanzenöl
4–6 Curryblätter
1 Zwiebel, fein gehackt
½ TL Kurkuma
1 EL Korianderpulver
150 ml Einmachessig
3 TL Zucker
Salz

1 Zitronensaft mit Ingwer, Knoblauch und Chilis in einer Schüssel mischen. Fisch mit Küchenkrepp trocken tupfen und auf allen Seiten mit der Mischung einreiben. Im Kühlschrank 3-4 Stunden marinieren lassen.

2 Öl in einer Pfanne erhitzen und Curryblätter, Zwiebel, Kurkuma und Koriander dünsten, bis die Zwiebel glasig ist.

3 Fischsteaks mit der Marinade in die Pfanne geben und mit der Zwiebelmischung bedecken. Fisch nach 5 Minuten vorsichtig wenden.

4 Essig darüber gießen und Zucker und Salz zufügen. Zum Kochen bringen, dann die Hitze reduzieren und den Fisch gar köcheln lassen. Die Steaks auf eine große Platte oder Portionsschüsseln legen und mit der Essigmischung übergießen. Vor dem Servieren 24 Stunden kühlen.

DIE INDISCHE KÜCHE MEERESFRÜCHTE

GEKOCHTE GARNELEN MIT OKRA

Jingha Aur Bhendi

Ein süßes Gericht mit starkem Chiliaroma. Es sollte schnell gekocht werden, damit das Okra nicht aufplatzt und sein klebriges Inneres auf die anderen Zutaten verteilt.

4–6 PERSONEN

Zutaten
4–6 EL Öl
250 g Okra, gewaschen, getrocknet, ganz
4 gepresste Knoblauchzehen
1 Stück frischer Ingwer, 5 cm lang, zerdrückt
4–6 grüne Chilischoten, diagonal geschnitten
½ TL Kurkuma
4–6 Curryblätter
1 TL Kreuzkümmelsamen
450 g Königsgarnelen, geschält und ohne Darm
Salz
2 TL braunen Zucker
Saft von 2 Zitronen

1 Öl in einer Pfanne erhitzen und Okra bei relativ hoher Temperatur auf allen Seiten knusprig braun braten. Aus dem Öl nehmen und auf Küchenkrepp beiseite stellen.

2 Im gleichen Öl Knoblauch, Ingwer, Chili, Kurkuma, Curryblätter und Kreuzkümmelsamen 2–3 Minuten dünsten. Garnelen hineingeben und gut untermengen. Garen, bis die Garnelen weich sind.

3 Salz, Zucker, Zitronensaft und gebackenes Okra zugeben. Die Hitze erhöhen und schnell weitere 5 Minuten braten, vorsichtig rühren, damit das Okra nicht zerbricht. Bei Bedarf würzen.

GEBRATENER GANZER FISCH

Tali Huvey Macchi

In Südindien wird täglich Fisch auf irgendeine Weise gekocht, meistens wird er jedoch einfach gebraten und mit einem Linsencurry und etwas scharfem Pickle serviert.

4–6 PERSONEN

Zutaten
1 kleine Zwiebel, grob gehackt
4 gepresste Knoblauchzehen
1 Stück frischer Ingwer, 5 cm lang, geschält
1 TL Kurkuma
2 TL Chilipulver
Salz
4 Seebarben
Pflanzenöl zum Braten
1 TL Kreuzkümmelsamen
3 grüne Chilischoten, in feine Scheiben geschnitten
Zitronenspalten zum Servieren

1 Die ersten 6 Zutaten in einer Küchenmaschine pürieren. Den Fisch auf beiden Seiten mehrmals einkerben und mit der Paste einreiben. 1 Stunde ruhen lassen. Den Fisch leicht mit Küchenkrepp trocken tupfen, ohne die Marinade abzuwischen. Sobald sich das Salz aufgelöst hat, gibt er Flüssigkeit ab.

2 Öl in einer großen Pfanne erhitzen, Kreuzkümmelsamen und Chili darin etwa 1 Minute rösten. Fische hineingeben und braten. Wenn die erste Seite angebraten ist, den Fisch sehr vorsichtig wenden, damit er nicht zerbricht. Auf beiden Seiten goldbraun braten. Gut abtropfen lassen und heiß mit Zitronenspalten servieren.

DIE INDISCHE KÜCHE — MEERESFRÜCHTE

GEFÜLLTER FISCH

Bharey Huvey Macchi

Gefüllter Fisch wird in Indien überall zubereitet, aber das parsische Rezept ist wohl das beste. Der beliebteste Fisch in Indien ist der Butterfisch. Er ist in Asienläden oder großen Supermärkten erhältlich.

4 PERSONEN

Zutaten
2 große Butterfische, ersatzweise See- oder Rotzungen
2 TL Salz
Saft von 1 Zitrone

Masala
8 EL getrocknete Kokosnuss, geraspelt
100 g frischer Koriander, mit den weichen Stielen
8 grüne Chilischoten (je nach Geschmack)
1 TL Kreuzkümmelsamen
6 Knoblauchzehen
2 TL Zucker
2 TL Zitronensaft

Tipp

In Indien wird dieser Fisch immer in Bananenblättern gedämpft. Sie sind gewöhnlich in Asienläden erhältlich. Ein guter Ersatz sind jedoch auch Weinblätter aus türkischen Geschäften.

1 Fisch entschuppen und Seitenflossen und nach Wunsch auch den Kopf entfernen. Mit einem scharfen Messer auf beiden Seiten zweimal diagonal einkerben, dann mit Küchenkrepp trocken tupfen.

2 Fisch innen und aussen mit Salz und Zitronensaft einreiben und 1 Stunde ruhen lassen. Gründlich abtupfen.

3 Für das Masala alle Zutaten im Mörser oder in einer Küchenmaschine pürieren. Fisch mit dem Masala füllen, Überreste in die Kerben geben und den Fisch auf beiden Seiten einreiben.

4 Jeden Fisch auf ein Stück eingeölte Folie legen. Fest einwickeln. In einem Dampfkochtopf 20 Minuten gar dämpfen oder bei 200°C für 30 Minuten backen. Aus der Folie nehmen und heiß servieren.

MEERESFRÜCHTE — DIE INDISCHE KÜCHE

PARSISCHER GARNELEN-CURRY

Kalmino Patio

Dieses Gericht stammt von der indischen Westküste, wo frische Meeresfrüchte reichlich verzehrt werden. Frische Königsgarnelen oder Tigergarnelen sind ideal für das Patio.

4–6 PERSONEN

Zutaten
4 EL Pflanzenöl
1 mittelgroße Zwiebel, in feinen Scheiben
6 fein gepresste Knoblauchzehen
1 TL Chilipulver
1½ TL Kurkuma
2 mittelgroße Zwiebeln, fein gehackt
50 ml Tamarindensaft
1 TL Minzesoße
1 EL Zucker
Salz
450 g frische Königsgarnelen, geschält und ohne Darm
100 g Korianderblätter, gehackt

1 Öl in einer Pfanne erhitzen und die in Scheiben geschnittene Zwiebel bräunen. Knoblauch, Chilipulver und Kurkuma mit ein wenig Wasser in einer Schüssel zu einer Paste mischen. Zu den gebräunten Zwiebeln geben und 3 Minuten köcheln lassen.

2 Gehackte Zwiebeln zugeben und glasig dünsten, dann Tamarindensaft, Minzesoße, Zucker und Salz dazugeben. Noch weitere 3 Minuten köcheln lassen.

3 Garnelen mit Küchenkrepp trocken tupfen. Mit etwas Wasser zu der Gewürzmischung geben und unter Rühren dünsten, bis sie hellorange sind.

4 Wenn die Garnelen gar sind, Korianderblätter zugeben und bei hoher Temperatur einige Minuten unter Rühren köcheln lassen, um die Soße zu binden. Heiß servieren.

DIE INDISCHE KÜCHE HÜLSENFRÜCHTE UND LINSEN

SCHARF-SAURES FLEISCH MIT LINSENCURRY

Dhansak

Dieses ist eines der bekanntesten parsischen Gerichte und ein beliebtes Sonntagsessen. Es hat einen scharfen, süß-sauren Geschmack, unterlegt mit dem etwas bitteren Aroma des Bockshornklees.

4–6 PERSONEN

Zutaten
6 EL Pflanzenöl
5 grüne Chilischoten, gehackt
1 Stück frischer Ingwer, 2,5 cm lang, zerdrückt
3 gepresste Knoblauchzehen
2 Lorbeerblätter
1 Stück Zimtstange, 5 cm lang
900 g mageres Lamm, in große Stücke geschnitten
600 ml Wasser
200 g rote Kichererbsen
je 50 g Bengal-Kichererbsen, geschälter Moong und rote Linsen
2 Kartoffeln, geschnitten und in Wasser eingeweicht
1 Aubergine, geschnitten und in Wasser eingeweicht
4 Zwiebeln, in feine Scheiben geschnitten, frittiert und abgetropft
50 g frischer Spinat, geschnitten, gewaschen und gehackt, oder 50 g tiefgekühlter Spinat, aufgetaut und abgetropft
25 Bockshornkleeblätter, frisch oder getrocknet
100 g Karotten oder Kürbis, nach Jahreszeit
100 g frische Korianderblätter, gehackt
50 g frische Minzeblätter oder 1 EL Minzesoße
2 EL Dhansak-Masala
2 EL Sambhar-Masala
Salz
2 TL brauner Zucker
4 EL Tamarindensaft
1 Knoblauchzehe, in Scheiben

Tipp

Sie können statt des Lamms Huhn oder Garnelen verwenden. Entscheiden Sie sich für Huhn, so sollten Sie die Garzeit so verringern, dass das Fleisch nicht zerfällt und faserig wird. Wählen Sie Garnelen, so sollten Sie diese nur solange kochen, bis die Schwänze hellorange sind.

1 3 EL Öl in einem Topf oder einer tiefen Pfanne erhitzen und den grünen Chili, Ingwer und gepressten Knoblauch 2 Minuten dünsten. Lorbeerblätter, Zimt, Lamm und Wasser zugeben. Zum Kochen bringen, dann das Lamm halb gar köcheln.

2 Das Wasser in einen anderen Topf gießen und das Lamm beiseite stellen. Linsen und Kichererbsen in das Wasser geben und weich kochen. Mit einem Löffelrücken zerdrücken.

3 Auberginen und Kartoffeln abtropfen lassen und mit 3 der Röstzwiebeln, Spinat, Bockshornklee und Karotten oder Kürbis zu den Linsen geben. Wenn die Mischung zu dick ist, etwas heißes Wasser zugeben. Das Gemüse weichkochen, dann wieder mit einem Löffel zerdrücken, dabei aber etwas grob lassen.

4 1 EL Öl erhitzen und die Koriander- und Minzeblätter (ein wenig zum Garnieren aufbewahren) mit Dhansak-Masala, Sambhar-Masala, Salz und Zucker dünsten. Das Lamm zugeben, 5 Minuten köcheln lassen.

5 Das Lamm und die Gewürze zu der Linsen-Gemüsemischung geben und gut vermengen. Da die Linsen Flüssigkeit aufsaugen, falls erforderlich, etwas Wasser zugeben. Köcheln lassen, bis das Lamm ganz gar ist.

6 Tamarindensaft zugeben und gut vermengen. Restliches Öl erhitzen und die in Scheiben geschnittene Knoblauchzehe bräunen. Über das Dhansak geben. Mit den restlichen Röstzwiebeln und Koriander- und Minzeblättern garnieren. Heiß servieren.

INDISCHER LINSENTOPF

Tarka Dhal

Dhal wird in jedem indischen Haushalt auf verschiedene Art zubereitet. Dieses Rezept ist eine vereinfachte Version.

4–6 PERSONEN	1 TL Kurkuma	1 gepresste Knoblauchzehe
	1 große Zwiebel, in Scheiben	6 Curryblätter
Zutaten	Salz	2 ganze getrocknete rote Chilischoten
100 g rote Linsen, gewaschen und verlesen	400 g Fleischtomaten aus der Dose, zerdrückt	1/4 TL Asafoetida
50 g Bengal-Linsen, gewaschen und verlesen	4 EL Pflanzenöl	Röstzwiebeln und frische Korianderblätter
350 ml Wasser	1/2 TL Senfsamen	zum Garnieren
4 ganze, grüne Chilischoten	1/2 TL Kreuzkümmelsamen	

1 Die ersten 6 Zutaten in einen schweren Topf geben und zum Kochen bringen. Zugedeckt köcheln lassen, bis die Linsen weich sind und das Wasser verdampft ist.

2 Die Linsen mit einem Löffelrücken zerdrücken. Wenn der Brei fast glatt ist, salzen, Tomaten zugeben und gut vermengen. Bei Bedarf mit heißem Wasser verdünnen.

3 Restliche Zutaten rösten, bis der Knoblauch braun wird. Öl und Gewürze über die Linsen geben und zudecken. Nach 5 Minuten gut vermengen, garnieren und servieren.

LINSEN UND GEMÜSE, SÜDINDISCH

Sambhar

Wird in Südindien gern zum Frühstück zusammen mit Dosai (indischen Pfannkuchen) oder Idli (Reisklößen) serviert.

4–6 PERSONEN	6–8 Curryblätter	450 g gemischtes Gemüse (Okra, Zucchini,
	2 gepresste Knoblauchzehen	Blumenkohl, Schalotten und Paprika)
Zutaten	2 EL getrocknete Kokosnuss, geraspelt	4 EL Tamarindensaft
4 EL Pflanzenöl	250 g rote ausgelesene Linsen, gewaschen	4 feste Tomaten, geviertelt
1/2 TL Senfsamen	und abgetropft	4 EL Pflanzenöl
1/2 TL Kreuzkümmelsamen	2 TL Sambhar-Masala	2 Knoblauchzehen, in feine Scheiben geschnitten
2 ganze getrocknete rote Chilischoten	1/2 TL Kurkuma	eine Handvoll Korianderblätter, gehackt
1/4 TL Asafoetida	450 ml Wasser	

1 Öl erhitzen, nächste 7 Zutaten rösten, bis Kokosnuss braun ist. Linsen, Sambhar-Masala, Kurkuma und Wasser einrühren.

2 Die Linsen breiig köcheln. Gemüse, Tamarindensaft und Tomaten zugeben. Das Gemüse bissfest kochen.

3 Knoblauchscheiben und Korianderblätter andünsten und über das Linsengemüse geben. Bei Tisch vermengen.

DIE INDISCHE KÜCHE — HÜLSENFRÜCHTE UND LINSEN

CURRYKICHERERBSEN MIT KARTOFFELKUCHEN

Ragda Petis

Keine andere Stadt in Indien ist wie Bombay. Typisch sind hier die Straßenhändler, die an jeder Ecke köstliche Kleinigkeiten verkaufen. So mögen es die Einwohner Bombays – würzig, schnell und nahrhaft.

ERGIBT 10–12 STÜCK

Zutaten
2 EL Pflanzenöl
2 EL Korianderpulver
2 EL Kreuzkümmelpulver
½ TL Kurkuma
½ TL Salz
½ TL Zucker
2 EL Mehlpaste
450 g gekochte Kichererbsen, abgetropft
2 frische grüne Chilischoten, gehackt
1 Stück frischer Ingwer, 5 cm lang, fein gehackt
100 g Korianderblätter, gehackt
2 feste Tomaten, gehackt

Petis
450 g Kartoffeln, gekocht und grob zerdrückt
4 grüne Chilischoten, fein gehackt
50 g Korianderblätter, fein gehackt
1½ TL Kreuzkümmelpulver
1 TL Amchur (trockenes Mangopulver)
Salz
Pflanzenöl

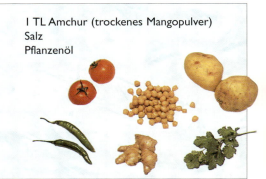

1 Für das Ragda Öl in einem Topf erhitzen und Koriander, Kreuzkümmel, Kurkuma, Salz, Zucker und Mehlpaste dazurühren, bis das Wasser verdampft und das Öl sich trennt.

2 Kichererbsen, Chili, Ingwer, Korianderblätter und Tomaten zugeben. Gut vermengen und 5 Minuten köcheln lassen. Auf einen Servierteller geben und warm halten.

3 Für die Petis zerdrückte Kartoffeln mit grünen Chilis, Koriander-, Kreuzkümmel- und Amchurpulver mischen und salzen. Alle Zutaten gut vermengen.

4 Mit den Händen aus der Petismischung kleine Kuchen formen. Öl in einer flachen Pfanne erhitzen und die Kuchen auf beiden Seiten goldbraun braten. Auf einen Servierteller legen und zusammen mit dem Ragda servieren.

Schwarze Kichererbsen in würziger Rahmsosse

Masala Urad

Dhabas – Cafés an den großen Straßen – sind sehr belebte Esslokale mit umfangreichen Speisekarten. Dieses Gericht wird sehr häufig serviert und erfreut sich großer Beliebtheit.

4–6 PERSONEN

Zutaten

200 g schwarze Kichererbsen, über Nacht eingeweicht
50 g rote Kichererbsen
100 g Doppelrahm
100 g Naturjoghurt
1 TL Maismehl (Maisstärke)
3 EL Ghee
1 Zwiebel, fein gehackt
1 Stück frischer Ingwer, 5 cm lang, zerdrückt
4 grüne Chilischoten, gehackt
1 Tomate, gehackt
½ TL Chilipulver
½ TL Kurkuma
½ TL Kreuzkümmelpulver
Salz
2 Knoblauchzehen, in Scheiben

1 Schwarze Kichererbsen abtropfen lassen und mit den roten Kichererbsen in einen schweren Topf geben. Mit Wasser bedecken und aufkochen. Hitze reduzieren und zugedeckt weich köcheln. Die schwarzen Kichererbsen bleiben ganz, die roten werden breiig.

2 Rahm mit Joghurt und Maismehl in einer Schüssel mischen. Die Rahmmischung vorsichtig unter die Kichererbsen heben, dabei sollen die schwarzen ganz bleiben.

3 1 EL Ghee in einer Pfanne erhitzen und Zwiebel, Ingwer, 2 grüne Chili und Tomaten dünsten, bis die Zwiebel weich ist. Gewürze zugeben, weitere 2 Minuten dünsten. Zu der Kichererbsenmischung geben und gut vermengen. Erneut erhitzen, auf einen ofenfesten Servierteller geben und warm halten.

4 Restliches Ghee in einer Pfanne erhitzen und Knoblauchscheiben sowie restliche Chilis braten, bis der Knoblauch goldbraun ist. Über die Kichererbsen geben und servieren, Knoblauch und Chili erst kurz zuvor unterheben. Eine Extraportion Rahm auf den Tisch stellen, damit man sich nach Bedarf bedienen kann.

DIE INDISCHE KÜCHE — HÜLSENFRÜCHTE UND LINSEN

BOHNEN-KARTOFFEL-CURRY

Lobia Aloo

Lobia sind beige, nierenförmige Bohnen mit einem auffälligen dunklen Punkt. Als Vorspeise oder Snack servieren.

4–6 PERSONEN **Zutaten** 250 g Lobia (Schwarzaugen-Bohnen), über Nacht eingeweicht und abgetropft ¼ TL Natron 1 TL Fünfgewürzepulver ¼ TL Asafoetida	2 Zwiebeln, fein gehackt 1 Stück Ingwer, 2,5 cm lang, zerdrückt einige Minzeblätter 450 ml Wasser 4 EL Pflanzenöl je ½ TL Kurkuma, Koriander-, Kreuzkümmel- und Chilipulver 4 grüne Chilischoten, gehackt	75 ml Tamarindensaft 2 Kartoffeln, geschält, gewürfelt und gekocht 100 g Korianderblätter, gehackt 2 feste Tomaten, gehackt Salz 

1 Lobia mit den nächsten 7 Zutaten in einem schweren Topf weich köcheln. Überflüssiges Wasser abgießen und aufbewahren.

2 Öl, Gewürzpulver, Chilis und Tamarindensaft simmern lassen, bis alles gut vermengt ist. Über die Lobia geben und mischen.

3 Kartoffeln, Korianderblätter, Tomaten und Salz zugeben, gut mischen. Bei Bedarf Flüssigkeit zugeben. Erneut erhitzen und servieren.

KICHERERBSEN-KÜRBIS-CURRY

Doodhi Channa

Dies ist eine scharfe, britische Abwandlung des Dhal, der hier nicht zerdrückt wird.

4–6 PERSONEN **Zutaten** 200 g Bengal-Kichererbsen, gewaschen 450 ml Wasser 4 EL Pflanzenöl 2 grüne Chilischoten, gehackt	1 Zwiebel, gehackt 2 gepresste Knoblauchzehen 1 Stück frischer Ingwer, 5 cm lang, zerdrückt 6–8 Curryblätter 1 TL Chilipulver 1 TL Kurkuma Salz	450 g Flaschenkürbis oder Zucchini oder Gartenkürbis, geschält, entkernt und in Scheiben 4 EL Tamarindensaft 2 gehackte Tomaten eine Handvoll frische Korianderblätter, gehackt

1 Linsen in einem Topf weich, aber nicht breiig kochen. Beiseite stellen. Flüssigkeit nicht abgießen.

2 Chili, Zwiebel, Knoblauch, Ingwer, Curryblätter, Chilipulver, Kurkuma und Salz in Öl dünsten. Kürbisstücke zugeben. Kürbis zugedeckt weich kochen.

3 Linsen und Wasser zugeben und aufkochen. Tamarindensaft, Tomaten und Koriander zugeben. Heiß mit trockenem Fleischcurry servieren.

Die Indische Küche   HÜLSENFRÜCHTE UND LINSEN

PIKANTE GRÜNE KICHERERBSEN UND REIS

Kitchdee

Man kann die ganzen Gewürzstücke zwar mitessen, doch sollten die Gäste wenigstens vorgewarnt werden!

4–6 PERSONEN

Zutaten
4 EL Ghee
1 Zwiebel, fein gehackt
2 gepresste Knoblauchzehen
1 Stück Ingwer, 2,5 cm, geraspelt
4 grüne Chilischoten, gehackt
4 ganze Nelken
1 Stück Zimtstange, 2,5 cm lang
4 ganze grüne Kardamom
1 TL Kurkuma
Salz
350 g Patna Reis, gewaschen und 20 Minuten eingeweicht
200 g grüne Kichererbsen, gewaschen und 20 Minuten eingeweicht
600 ml Wasser

1 Ghee in einem großen schweren Topf mit einem gut schließenden Deckel erhitzen. Zwiebel, Knoblauch, Ingwer, Chili, Nelken, Zimt, Kardamom, Kurkuma und Salz dünsten, bis die Zwiebel weich und glasig ist.

2 Reis und Kichererbsen abtropfen lassen und 2-3 Minuten in den Gewürzen anbraten. Wasser zugeben und aufkochen. Hitze reduzieren, zudecken und 20-25 Minuten garen, bis alle Flüssigkeit aufgenommen ist.

3 Pfanne vom Herd nehmen und 5 Minuten ruhen lassen. Kurz vor dem Servieren die Mischung mit einem Spachtel auflockern.

TROCKENES MOONG-DHAL MIT ZUCCHINI

Sookhi Moong Aur Chingri

Die meisten Dhal-Gerichte sind dünnflüssig, doch dieses hat Konsistenz durch die Zugabe von Zucchinis.

4–6 PERSONEN

Zutaten
200 g Moong-Dhal
1/2 TL Kurkuma
300 ml Wasser
4 EL Pflanzenöl
1 große Zwiebel, in feine Scheiben geschnitten
2 gepresste Knoblauchzehen
2 grüne Chilischoten, gehackt
1/2 TL Senfsamen
1/2 TL Kreuzkümmelsamen
1/4 TL Asafoetida
einige Koriander- und Minzeblätter, gehackt
6–8 Curryblätter
Salz
1/2 TL Zucker
200 g Dosentomaten, zerkleinert
250 g Zucchini, in kleine Stücke geschnitten
4 EL Zitronensaft

1 Moong-Dhal und Kurkuma in einem Topf mit Wasser aufkochen und köcheln lassen, bis das Dhal gar, aber nicht breiig ist. Abgießen, Dhal und Flüssigkeit aufbewahren.

2 Öl in einer Pfanne erhitzen und die restlichen Zutaten, bis auf Zitronensaft, dünsten. Zudecken, Zucchini garen, bis sie fast weich, aber noch bissfest sind.

3 Abgetropftes Dhal und Zitronensaft zugeben. Falls das Gericht zu trocken ist, etwas Kochflüssigkeit zugeben. Erneut erhitzen und servieren.

DIE INDISCHE KÜCHE

VEGETARISCH

BOMBAY-KARTOFFELN

Bumbai Aloo

Ein Originalrezept der Gujerati, einer streng vegetarischen Sekte, die in Bombay den größten Bevölkerungsanteil stellt.

4–6 PERSONEN	4 EL Pflanzenöl	¼ TL Asafoetida
	2 ganze getrocknete rote Chilischoten	je ½ TL Kreuzkümmel-, Senf-, Zwiebel-,
Zutaten	6–8 Curryblätter	Fenchel-, und Nigellasamen
450 g ganze, neue Kartoffeln	2 Zwiebeln, fein gehackt	Zitronensaft
Salz	2 grüne Chilischoten, fein gehackt	
1 TL Kurkuma	50 g Korianderblätter, grob gehackt	

1 Kartoffeln unter fließendem Wasser waschen und in kleine Stücke schneiden. Die Kartoffeln in Wasser mit etwas Salz und ½ TL Kurkuma garen. Gut abtropfen lassen und grob zerdrücken. Beiseite stellen.

2 Öl erhitzen und rote Chilis und Curryblätter dunkel dünsten. Zwiebeln, grüne Chilis, Koriander, restliches Kurkuma und Gewürzsamen zugeben und die Zwiebeln weich werden lassen.

3 Kartoffeln unterheben und einige Tropfen Wasser zugeben. Auf kleiner Flamme 10 Minuten kochen, gut vermengen, damit die Gewürze gleichmäßig verteilt werden. Mit Zitronensaft beträufeln, servieren.

BLUMENKOHL MIT CURRY

Phul Gobi Salan

In diesem Gericht übertönt die cremige, gewürzte Kokosnuss-Soße das Aroma des Blumenkohls.

4–6 PERSONEN	1 EL Korianderpulver	6–8 Curryblätter
	1 TL Kreuzkümmelpulver	1 TL Kreuzkümmelsamen
Zutaten	1 TL Senfpulver	1 Blumenkohl, in Röschen gebrochen
1 EL Kichererbsenmehl	1 TL Kurkuma	200 ml dicke Kokosmilch
100 ml Wasser	Salz	Saft von 2 Zitronen
1 TL Chilipulver	4 EL Pflanzenöl	

1 Eine glatte Paste aus dem Kichererbsenmehl und etwas Wasser zubereiten. Chili, Koriander, Kreuzkümmel, Senf, Kurkuma und Salz zugeben. Restliches Wasser unter Rühren dazu und alle Zutaten vermengen.

2 Öl in einer Pfanne erhitzen und Curryblätter und Kreuzkümmelsamen rösten. Die Würzpaste zugeben und etwa 5 Minuten köcheln lassen. Wenn die Soße zu zähflüssig ist, etwas heißes Wasser zugeben.

3 Blumenkohl und Kokosmilch zugeben. Aufkochen, Hitze reduzieren und den Blumenkohl darin garen. Wer möchte, kann ihn auch weich kochen. Zitronensaft zugeben, gut vermischen und servieren.

DIE INDISCHE KÜCHE — VEGETARISCH

GEFÜLLTE OKRA

Bharé Huvey Bhendi

Eine köstliche Beilage zu jedem Gericht, sie kann auch auf Natur-Joghurt serviert werden, dessen Aroma einen vorzüglichen Kontrast liefert.

4–6 PERSONEN

Zutaten
250 g große Okra
1 EL Amchur (getrocknetes Mangopulver)
½ TL Ingwerpulver
½ TL Kreuzkümmelpulver
½ TL Chilipulver (nach Belieben)
½ TL Kurkuma
Salz
einige Tropfen Pflanzenöl
2 EL Maismehl (Maisstärke), in einer Plastiktüte
Pflanzenöl zum Frittieren

1 Okra waschen und auf Küchenkrepp trocknen. Stengel abschneiden, ohne ein Loch zu machen. Mit einem scharfen Messer der Länge nach in der Mitte aufschlitzen, nicht bis ganz unten.

2 Amchur, Ingwer, Kreuzkümmel, Chilipulver nach Belieben, Kurkuma und Salz in einer Schüssel mit einigen Tropfen Öl mischen. Die Mischung 1–2 Stunden ruhen lassen.

3 Den Schlitz mit den Fingern vorsichtig aufdrücken und so viel Füllung wie möglich hineindrücken. Die Okras in die Tüte mit dem Maismehl geben und gut schütteln, damit die Okras gleichmäßig eingestäubt sind.

4 Soviel Öl in eine Pfanne geben, daß es 2,5 cm hoch ist. Erhitzen und die Okras in kleinen Portionen jeweils 5–8 Minuten braun und leicht knusprig frittieren. Heiß servieren.

VEGETARISCH — DIE INDISCHE KÜCHE

TAUSEND-GEMÜSE-CURRY

Sabzi Salan

Ein feines Gemüsegericht, das mit Joghurt als leckerer Snack serviert werden kann. Es ist auch eine gute Beilage zu einem Hauptessen aus stark gewürzten Currys.

4–6 PERSONEN

Zutaten
350 g gemischtes Gemüse (Bohnen, Erbsen, Kartoffeln, Blumenkohl, Karotten, Kohl, Zuckererbsen und Knopfpilze)
2 EL Pflanzenöl
TL Kreuzkümmelsamen, frisch geröstet
½ TL Senfsamen
½ TL Zwiebelsamen
1 TL Kurkuma
2 gepresste Knoblauchzehen
6–8 Curryblätter
1 ganze getrocknete rote Chilischote
Salz
1 TL Zucker
150 ml Naturjoghurt, gemischt mit
   1 TL Maismehl (Maisstärke)

1 Gemüsesorten vorbereiten. Bohnen abziehen, Erbsen auftauen, Kartoffeln würfeln, Blumenkohl in Röschen schneiden, Karotten würfeln, Kohl raspeln und die Enden der Zuckererbsenschoten kürzen, die Pilze waschen und ganz lassen.

2 Einen Topf mit genügend Wasser füllen, um alles Gemüse zu kochen. Zuerst Kartoffeln und Karotten fast weich kochen, dann das andere Gemüse zugeben und bissfest kochen. Bis auf die Kartoffeln sollte das Gemüse knackig bleiben. Abtropfen lassen.

3 Öl in einer Pfanne erhitzen und die Gewürze rösten, bis der Knoblauch goldbraun wird und die Chilis fast verbrannt sind. Hitze reduzieren.

4 Abgetropftes Gemüse unterheben, mit Zucker und Salz würzen und langsam den mit dem Maismehl vermischten Joghurt einrühren. Auf Serviertemperatur erhitzen und sofort servieren.

SPINAT-KARTOFFEL-CURRY

Palak Aloo Sag

Indien ist mit mehr als 18 Spinatsorten gesegnet. Wer die Möglichkeit hat, bei einem indischen oder chinesischen Gemüsehändler einzukaufen, sollte nach ungewöhnlicheren Sorten Ausschau halten.

4–6 PERSONEN	1 Zwiebel, grob gehackt	2 feste Tomaten, grob gehackt, zum Garnieren
Zutaten	2 grüne Chilischoten, gehackt	Salz
4 EL Pflanzenöl	2 ganze getrocknete rote Chilischoten, gehackt	
250 g Kartoffeln	1 TL Kreuzkümmelsamen	
1 Stück frischer Ingwer, 2,5 cm lang, zerdrückt	250 g frischer Spinat, geschnitten, gewaschen und gehackt oder 250 g tiefgekühlter Spinat, aufgetaut und abgetropft	
4 gepresste Knoblauchzehen		

1 Kartoffeln waschen und vierteln. Neue kleine Kartoffeln ganz lassen. Öl in einer Pfanne erhitzen und die Kartoffeln auf allen Seiten bräunen. Herausnehmen und beiseite stellen.

2 Öl bis auf 1 EL abgießen. Ingwer, Knoblauch, Zwiebeln, grüne Chilis, getrocknete Chilis und Kreuzkümmelsamen rösten, bis die Zwiebel goldbraun ist.

3 Kartoffeln und Salz zugeben und gut rühren. Kartoffeln zugedeckt weich kochen, zum Überprüfen mit einem scharfen Messer einstechen.

4 Spinat zugeben und gut rühren. Spinat in der Pfanne ohne Deckel garen, bis er weich und die Flüssigkeit verdampft ist. Mit den gehackten Tomaten garnieren und heiß servieren.

PILZE, ERBSEN UND INDISCHER KÄSE MIT CURRY

Gucci Mattar Paneer

Paneer ist ein traditioneller Käse, der aus Vollmilch hergestellt wird. Er ist in Nordindien sehr beliebt. Zusammen mit dicken Parathas ist er das traditionelle Mittagessen für Rajasthani-Bauern bei der Feldarbeit.

4–6 PERSONEN

Zutaten
6 EL Ghee Pflanzenöl
250 g Paneer, gewürfelt
1 Zwiebel, fein gehackt
einige Minzeblätter, gehackt
50 g Korianderblätter, gehackt
3 grüne Chilischoten, gehackt
3 Knoblauchzehen
1 Stück frischer Ingwer, 2,5 cm lang, in Scheiben
1 TL Kurkuma
1 TL Chilipulver (nach Belieben)
1 TL Garam Masala
Salz
250 g kleine Knopfpilze, gewaschen und ganz gelassen
250 g tiefgekühlte Erbsen, aufgetaut, abgetropft
200 ml Naturjoghurt, gemischt mit 1 TL Maismehl (Maisstärke)
Tomaten und Korianderblätter zum Garnieren

1 Ghee oder Öl in einer Pfanne erhitzen und die Paneerwürfel auf allen Seiten goldbraun braten. Herausnehmen und auf Küchenkrepp abtropfen lassen.

2 Zwiebel, Minze, Koriander, Chili, Knoblauch und Ingwer im Mörser oder in der Küchenmaschine pürieren. Herausnehmen und mit Kurkuma, Chilipulver, falls verwendet, Garam-Masala und Salz mischen.

3 Ghee oder Öl bis auf etwa 1 EL abgießen. Erhitzen und die Paste eindicken lassen, bis sie nicht mehr nach rohen Zwiebeln riecht und das Öl sich absetzt.

4 Pilze, Erbsen und den Paneer zugeben. Gut vermengen. Die Mischung abkühlen lassen und langsam den Joghurt unterheben. 10 Minuten köcheln lassen. Mit Tomaten und Koriander garnieren und heiß servieren.

MAISKOLBEN-CURRY

Butta Salan

In Indien werden Maiskolben auf Holzkohle gegrillt und mit Zitronensaft, Salz und Chilipulver eingerieben. Dann riecht es überall nach diesen köstlichen Aromen. Mais ist auch eine beliebte Curryzutat.

4–6 PERSONEN	½ TL Kurkuma
	½ TL Zwiebelsamen
Zutaten	½ TL Kreuzkümmelsamen
4 Maiskolben, frisch, Dose oder tiefgekühlt	½ TL Fünfgewürzepulver (S.108)
Pflanzenöl	Chilipulver
1 große Zwiebel, fein gehackt	6–8 Curryblätter
2 gepresste Knoblauchzehen	½ TL Zucker
1 Stück Ingwer, 5 cm lang, gepresst	200 ml Naturjoghurt

1 Maiskolben mit einem scharfen Messer oder Hackmesser halbieren, um eine glatte Schnittkante zu erhalten. Öl im Wok erhitzen und die Maishälften auf allen Seiten goldbraun braten. Herausnehmen und erst einmal beiseite stellen.

2 Öl bis auf 2 EL abgießen. Zwiebel, Knoblauch und Ingwer im Mörser oder in der Küchenmaschine fein pürieren. Herausnehmen und mit allen Gewürzen, den Curryblättern und dem Zucker vermischen.

3 Öl langsam erhitzen und die Zwiebelmischung dünsten, bis sich die Gewürze gut vermischt haben und das Öl sich von dem Masala abgesetzt hat.

4 Mischung abkühlen lassen und die Joghurtmischung vorsichtig unterheben. Gut vermengen, bis eine glatte Soße entsteht. Maiskolben in die Mischung geben und so verrühren, dass alle Kolben gleichmäßig mit Soße bedeckt sind. Erneut etwa 10 Minuten erhitzen. Heiß servieren.

VEGETARISCH / DIE INDISCHE KÜCHE

GEFÜLLTE PAPRIKA

Bharey Huvey Mirchi Ka Salan

Eines der berühmtesten Gerichte aus Deccan. Da es scharf, würzig und besonders köstlich ist, wird es oft bei Hochzeiten serviert. Die Gewürze werden einige Tage im Voraus mit Öl vermengt, damit sich ihr Aroma entfalten kann.

4–6 PERSONEN

Zutaten
- 1 EL Sesamsamen
- 1 EL weiße Mohnsamen
- 1 TL Koriandersamen
- 4 EL getrocknete, geraspelte Kokosnuss
- ½ Zwiebel, in Scheiben
- 4 Knoblauchzehen, in Scheiben
- 1 Stück frischer Ingwer, 2,5 cm lang, in Scheiben
- eine Handvoll Korianderblätter
- 2 grüne Chilischoten
- 4 EL Pflanzenöl
- 2 Kartoffeln, gekocht und grob zerdrückt
- Salz
- je 2 grüne, rote und gelbe Paprika
- 2 EL Sesamöl
- 1 TL Kreuzkümmelsamen
- 4 grüne Chili, aufgeschlitzt
- 4 EL Tamarindensaft

1 Sesam-, Mohn- und Koriandersamen in einer Pfanne trockenrösten, dann die getrocknete Kokosnuss zugeben und weiterbraten, bis sie goldbraun ist. Zwiebel, Ingwer, Knoblauch, Koriander und Chili zugeben und weitere 5 Minuten rösten. Abkühlen lassen und im Mörser oder in der Küchenmaschine pürieren. Beiseite stellen.

2 2 EL Pflanzenöl in einer Pfanne erhitzen und die Würzpaste 4–5 Minuten eindicken lassen. Kartoffeln und Salz zugeben und gut rühren, um die Kartoffeln gleichmäßig mit den Gewürzen zu überziehen.

3 Die Köpfe der Paprika abschneiden und aufbewahren. Kerne und weiße Fasern entfernen. Paprika zu gleichen Teilen mit der Kartoffelmischung füllen und die abgeschnittenen Köpfe wieder aufsetzen.

4 Sesamöl mit dem restlichen Pflanzenöl in einer Pfanne erhitzen und die Kreuzkümmelsamen mit den grünen Chilis anbraten. Wenn die Chilis weiß werden, Tamarindensaft zugeben und aufkochen. Paprika hineinsetzen, Pfanne zudecken und garen.

DIE INDISCHE KÜCHE   VEGETARISCH

KARTOFFELN IN SCHARFER ROTER SOSSE

Lal Batata

Dieses Gericht soll scharf und sauer sein, man kann jedoch weniger Chilis und dafür mehr Tomatenmark nehmen.

4–6 PERSONEN	25 g ganze getrocknete rote Chilischoten, vorzugsweise Kashmiri	4 Curryblätter
Zutaten	4 Knoblauchzehen	Salz
450 g kleine, neue Kartoffeln, gewaschen und getrocknet	6 EL Pflanzenöl	1 TL Zucker
1½ TL Kreuzkümmelsamen	4 EL dicker Tamarindensaft	¼ TL Asafoetida
	2 EL Tomatenmark	Korianderblätter und Zitronenspalten zum Garnieren

1 Kartoffeln gar kochen, sie sollen aber nicht zerfallen. Zum Überprüfen mit einem scharfen Messer hineinstechen. Wenn die Kartoffel gar ist, sollte nichts daran haften bleiben. Gut abtropfen lassen.

2 Chilischoten 5 Minuten in warmem Wasser einweichen. Abtropfen lassen und mit Kreuzkümmelsamen und Knoblauch im Mörser oder in der Küchenmaschine grob pürieren.

3 Die Paste, Tamarindensaft, Tomatenmark, Curryblätter, Salz, Zucker und Asafoetida im Öl heiß werden lassen, bis sich das Öl absetzt. 5 Minuten auf kleiner Flamme zugedeckt köcheln lassen. Garnieren, servieren.

GURKENCURRY

Kakri Ka Salan

Dies ist eine gute Beilage zu Fischgerichten, die aber auch kalt mit gekochtem Fleisch serviert werden kann.

4–6 PERSONEN	Salz	2 rote getrocknete Chilischoten
Zutaten	1 TL Zucker	1 TL Kreuzkümmelsamen
100 ml Wasser	1 große Gurke, in kleine Stücke geschnitten	1 TL Senfsamen
100 g Kokosnusscreme	1 großer, roter Paprika, klein geschnitten	4–6 Curryblätter
½ TL Kurkuma	50 g salzige Erdnüsse, grob zerdrückt	4 gepresste Knoblauchzehen
	4 EL Pflanzenöl	einige ganze salzige Erdnüsse zum Garnieren

1 Wasser in einem schweren Topf aufkochen und die Kokosnusscreme, Kurkuma, Salz und Zucker zugeben. Kochen, bis sich die Kokosnuss auflöst und eine cremige dicke Soße entsteht.

2 Gurken, Paprika und die zerdrückten Erdnüsse zugeben und 5 Minuten köcheln lassen. Auf einen ofenfesten Servierteller füllen und warm halten.

3 Chilischoten und Kreuzkümmelsamen mit den Senfsamen rösten, bis sie sich öffnen. Curryblätter und Knoblauch zugeben und auf kleiner Flamme dünsten. Mit der Gurkenmischung vermengen und garnieren.

SCHARFES LIMONEN-PICKLE

Nimbu Achar

Ein gutes Limonen-Pickle schmeckt nicht nur zu jedem Essen, sondern ist auch appetitanregend und bekömmlich.

ERGIBT 450 G	250 g Salz	2 TL Kurkuma
	50 g Bockshornkleepulver	600 ml Senföl
Zutaten	50 g Senfpulver	1 TL Asafoetida
25 Limonen	150 g Chilipulver	25 g gelbe Senfsamen, gepresst

1 Limonen achteln und nach Belieben die Kerne entfernen. Limonenstücke in ein großes Einmachglas oder eine Glasschüssel geben. Salzen und vermengen. Zudecken und 1–2 Wochen an einen warmen Ort stellen, bis sie weich und bräunlich werden.

2 Bockshornklee-, Senf- und Chilipulver und Kurkuma zu den Limonen geben. Zudecken und an einem warmen Ort weitere 2–3 Tage ruhen lassen.

3 Senföl in einer Pfanne erhitzen und Asafoetida und Senfsamen rösten. Wenn das Öl den Rauchpunkt erreicht, die Limonen damit übergießen. Gut vermengen, mit einem sauberen Tuch bedecken und an einem warmen Ort noch etwa 1 Woche marinieren.

GRÜNES CHILI-PICKLE

Mirchi Ka Achar

In Südindien werden einige der schärfsten Currys und Pickles zubereitet – angeblich wirken sie erfrischend!

ERGIBT 450–550 G	25 g Kurkuma	150 ml Senföl
	50 g Knoblauchzehen, gepresst	20 Knoblauchzehen, geschält und ganz belassen
Zutaten	150 ml weißer Essig	450 g kleine grüne Chilischoten, gewaschen,
50 g gelbe Senfsamen, gepresst	100 g Zucker	getrocknet und halbiert
50 g frisch gemahlene Kreuzkümmelsamen	2 TL Salz	

1 Senfsamen mit Kreuzkümmel, Kurkuma, gepresstem Knoblauch, Essig, Zucker und Salz im Einmachglas vermischen. Mit einem Tuch bedecken und 24 Stunden ruhen lassen. So entfaltet sich das Gewürzaroma, und Zucker und Salz lösen sich auf.

2 Senföl erhitzen und die Gewürzmischung etwa 5 Minuten dünsten. (Das Fenster während des Kochens mit Senföl offen lassen, da es sehr scharf ist und der Rauch in den Augen brennen kann.) Knoblauchzehen zugeben und weitere 5 Minuten dünsten.

3 Chilis zugeben und auf kleiner Flamme garen, bis sie weich, aber noch grün sind. Dies dauert etwa 30 Minuten. Gut abkühlen lassen und in Einmachgläser füllen, bei mehreren Gläsern das Öl gleichmäßig verteilen. Vor dem Servieren etwa eine Woche marinieren.

CHUTNEYS, PICKLES UND SALATE

WÜRZIGER JOGHURT

Tarka Dahi

Joghurt ist immer eine willkommene Beilage zu scharfen Currys. Dieser wird zum Schluß mit Gewürzen erhitzt und aromatisiert.

ERGIBT 450 ML

Zutaten
450 ml Naturjoghurt
½ TL frisch gemahlene Fenchelsamen
Salz
½ TL Zucker
4 EL Pflanzenöl
1 ganze getrocknete rote Chilischote
¼ TL Senfsamen
¼ TL Kreuzkümmelsamen
4–6 Curryblätter
je eine Prise Asafoetida und Kurkuma

1 Joghurt mit Fenchelsamen, Salz und Zucker in einer ofenfesten Schüssel mixen, bis kurz vor dem Servieren kühlen.

2 Öl in einer Pfanne erhitzen und Chilis, Senf und Kreuzkümmel, Curryblätter, Asafoetida und Kurkuma rösten. Wenn die Chilischoten dunkel werden, Öl und Gewürze über den Joghurt gießen und erst am Tisch Gewürze unter den Joghurt heben.

JOGHURTSALAT

Mava Raita

Raitas sollen die Schärfe der Currys neutralisieren. Gurken- und Minze-Raita wird am häufigsten serviert, warum nicht mal etwas anderes?

---

4 PERSONEN

Zutaten
350 ml Naturjoghurt
100 g Trauben, ohne Kerne, gewaschen und abgetrocknet
50 g Walnusskerne
2 feste Bananen
1 TL Zucker
Salz
1 TL frisch gemahlene Kreuzkümmelsamen
¼ TL frisch geröstete Kreuzkümmelsamen, Chilipulver oder Paprika zum Garnieren

---

1 Joghurt in eine gekühlte Schüssel geben, dann die Trauben und Walnüsse. Bananenscheiben direkt in die Schüssel schneiden und unterheben, bevor sie braun werden.

2 Zucker, Salz und gemahlenen Kreuzkümmel zugeben und verrühren. Kühl stellen, kurz vor dem Servieren mit Kreuzkümmelsamen, Chilipulver oder Paprika bestreuen.

TOMATENSALAT

Tamatar Kasondi

Ein einfacher Salat, der zu vielen Mahlzeiten serviert wird. Weil er so knackig und frisch ist, ergänzt er sich gut mit den scharfen Currys.

4–6 PERSONEN

Zutaten
2 Limonen
½ TL Zucker
Salz und frisch gemahlener schwarzer Pfeffer
2 Zwiebeln, fein gehackt
4 feste Tomaten, fein gehackt
½ Gurke, fein gehackt
1 grüne Chilischote, fein gehackt
einige Korianderblätter, gehackt
einige Minzeblätter zum Garnieren

1 Den Saft der Limonen in eine kleine Schüssel pressen und mit Zucker, Salz und Pfeffer würzen. Ruhen lassen, bis sich der Zucker und das Salz aufgelöst haben.

2 Zwiebeln, Tomaten, Gurken, Chili und Korianderblätter, bis auf einige für die Garnitur, zugeben. Kühlen. Vor dem Servieren mit Koriander- und Minzeblättern garnieren.

CHUTNEYS, PICKLES UND SALATE — DIE INDISCHE KÜCHE

FRISCHE KORIANDER-WÜRZE

Hara Dhanija Chutni

Eine köstliche Beilage zu Kebabs, Samosas und Bhajias; diese Paste kann auch auf Gurken- oder Tomaten-Sandwiches gestrichen werden.

ERGIBT 400 G

Zutaten
2 EL Pflanzenöl
1 getrocknete, rote Chilischote
je 1/4 TL Kreuzkümmel-, Fenchel- und Zwiebelsamen
1/4 TL Asafoetida
4 Curryblätter
100 g getrocknete, geraspelte Kokosnuss
2 TL Zucker
Salz
3 grüne Chilischoten
200–250 g Korianderblätter
4 EL Minzesoße
Saft von 3 Zitronen

1 Rote Chilis, Kreuzkümmel-, Fenchel- und Zwiebelsamen, Asafoetida, Curryblätter, Kokosnuss, Zucker und Salz im Öl anbraten, bis die Kokosnuss goldbraun ist. Abkühlen lassen.

2 Die Gewürzmischung mit den grünen Chilischoten, Koriander und Minzesoße pürieren. Mit Zitronensaft verdünnen. Bis zum Servieren kühlen.

TOMATEN-CHUTNEY

Kachoomber

Diese köstliche Würze passt besonders zu Linsengerichten. Da sie sich im Kühlschrank eine Woche hält, kann man sie im Voraus zubereiten.

ERGIBT 450–550 G

Zutaten
6 EL Pflanzenöl
1 Stück Zimtstange, 5 cm lang
4 Nelken
1 TL frisch geröstete Kreuzkümmelsamen
1 TL Nigellasamen
4 Lorbeerblätter
1 TL Senfsamen, zerdrückt
4 gepresste Knoblauchzehen
1 Stück frischer Ingwer, 5 cm lang, zerdrückt
1 TL Chilipulver
1 TL Kurkuma
4 EL Rohzucker
800 g gehackte Dosentomaten, abgetropft, den Saft aufbewahren

1 Öl auf mittlerer Flamme erhitzen und Zimt, Nelken, Kreuzkümmel- und Nigellasamen, Lorbeerblätter und Senfsamen 5 Minuten rösten. Dann Knoblauch goldbraun braten.

2 Ingwer, Chilipulver, Kurkuma, Zucker und Tomatensaft zugeben. Reduzieren, dann die Tomaten zugeben und 15–20 Minuten garen. Abkühlen und servieren.

MANGO-CHUTNEY

Kairi Ki Chutni

Chutneys werden gewöhnlich zu Currys serviert, dieses ist jedoch auch köstlich auf einem Käsebrot oder als Dip für Fladenbrot.

ERGIBT 450 G

Zutaten
50 ml Malzessig
1/2 TL getrocknete Chilischote, zerdrückt
6 ganze Nelken
6 ganze Pfefferkörner
1 TL geröstete Kreuzkümmelsamen
1/2 TL Zwiebelsamen
Salz
200 g Zucker
450 g unreife Mango, geschält und gewürfelt
1 Stück frischer Ingwer, 5 cm lang, in feinen Scheiben
2 gepresste Knoblauchzehen
dünne Schale von 1 Orange oder Zitrone

1 Essig mit Chili, Nelken, Pfefferkörnern, Kreuzkümmel- und Zwiebelsamen, Salz und Zucker in einem Topf aufkochen. Auf kleiner Flamme köcheln, bis die Aromen den Essig durchzogen haben – etwa 15 Minuten.

2 Mango, Ingwer, Knoblauch und Schale, falls verwendet, zugeben. Köcheln, bis die Mango breiig und der Essig fast verdampft ist. Nach dem Abkühlen in Einmachgläser füllen. Vor dem Servieren einige Tage marinieren.

DIE INDISCHE KÜCHE CHUTNEYS, PICKLES UND SALATE

AVOCADOSALAT

Makhan Chaat

In Indien werden Avocados wegen ihres feinen Geschmacks Butterfrüchte genannt. Dies ist eine köstliche Vorspeise.

4 PERSONEN

Zutaten
2 Avocados
75 ml Naturjoghurt, geschlagen
100 g Hüttenkäse mit Schnittlauch
1 gepresste Knoblauchzehe
2 grüne Chilischoten, fein gehackt
Salz und Pfeffer
etwas Zitronensaft
einige Salatblätter, in Streifen (ein Salatmix ist sehr dekorativ)
Paprika und Minzeblätter zum Garnieren

1 Avocados halbieren und die Kerne entfernen. Fleisch vorsichtig herauslöffeln und in Würfel schneiden. Schalen aufbewahren. Joghurt mit Hüttenkäse, Knoblauch, Chilis, Salz und Pfeffer vermengen und die Avocadowürfel unterheben. Kühlen.

2 Avocadoschalen mit etwas Zitronensaft ausreiben und mit den Salatblättern auslegen. Die gekühlte Mischung hineinfüllen und mit Paprika und Minzeblättern garnieren. Sofort servieren.

INDISCHER OBSTSALAT

Phul Chaat

Dieser leckere Salat ist eine typisch indische Kombination aus Zitrusfrüchten, gewürzt mit Pfeffer und Salz. Mit seiner erfrischenden Leichtigkeit ist er die perfekte Abrundung einer reichhaltigen Mahlzeit.

6 PERSONEN

Zutaten
100 g grüne und schwarze Trauben, ohne Kerne
250 g Mandarinen aus der Dose, abgetropft
2 Navelorangen, geschält und in Stücke geteilt
250 g Grapefruit aus der Dose, abgetropft
Honigmelonenbälle von einer Melone
Bälle von 1/2 Wassermelone (nach Saison)
1 frische Mango, geschält und in Scheiben
Saft von 1 Zitrone
Salz und frisch gemahlener schwarzer Pfeffer
1/2 TL Zucker
1/4 TL frisch gemahlene Kreuzkümmelsamen

1 Alle Früchte in eine große Servierschüssel geben und vorsichtig mit Zitronensaft vermengen.

2 Restliche Zutaten vermischen und über die Früchte träufeln. Vorsichtig unterheben, gut kühlen und servieren.

REISPUDDING

Kheer

Sowohl Muslime als auch Hindus lieben dieses Dessert; traditionsgemäß wird es in Moscheen und Tempeln serviert.

4–6 PERSONEN	1 Stück Zimtstange, 5 cm lang	1 TL gemahlener Kardamom
Zutaten	200 g weicher Rohzucker	50 g Sultaninen
1 EL Ghee	100 g grob gemahlener Reis	25 g gehobelte Mandeln
	1 Liter Vollmilch	½ TL frisch gemahlene Muskatnuss

1 Ghee in einer schweren Pfanne schmelzen und Zucker und Zimt einstreuen. Braten, bis der Zucker karamelisiert. Dann sofort die Hitze reduzieren.

2 Reis und die Hälfte der Milch zugeben. Unter ständigem Rühren aufkochen, damit die Milch nicht überkocht. Hitze reduzieren und den Reis garen, dabei öfter umrühren, um ein Anbrennen zu vermeiden.

3 Restliche Milch, Kardamom, Sultaninen und gehobelte Mandeln zugeben und köcheln lassen, aber ständig rühren, damit der Kheer nicht am Boden ansetzt. Wenn die Mischung dick geworden ist, heiß oder kalt, mit Muskatnuss bestreut, servieren.

VERMICELLIPUDDING

Shirkhuma

Dieses Dessert wird am frühen Morgen des Id-ul-Fitr, dem Fest nach 30 Tagen Ramadan, von Muslimen zubereitet.

4–6 PERSONEN	25 g gehobelte Mandeln	1 Liter Vollmilch
Zutaten	25 g Pistazien, gespalten	4 EL dunkelbrauner Zucker
6 EL Ghee	25 g Cudapahnüsse	1 Beutel Safranpulver
100 g Vermicelli, grob zerbrochen	50 g Sultaninen	
	50 g Datteln, entsteint und gespalten	

1 4 EL Ghee in einer Pfanne erhitzen und die Vermicelli goldbraun anbraten. (Italienische Nudeln etwas länger.) Herausnehmen und beiseite stellen.

2 Restliches Ghee erhitzen und Nüsse, Sultaninen und Datteln darin braten, bis die Sultaninen anschwellen. Zu den Vermicelli geben.

3 Milch im großen, schweren Topf erhitzen und Zucker zugeben. Aufkochen, Vermicellimischung zugeben und unter ständigem Rühren kochen. Hitze reduzieren und köcheln, bis die Vermicelli weich sind und eine Puddingmasse entstanden ist. Safranpulver unterheben und heiß oder kalt servieren.

Die Indische Küche — Desserts und Getränke

INDISCHES EIS

Kulfi

Die Kulfi-Wallahs – die indischen Eisverkäufer – machen seit jeher selber Kulfi, ohne dabei auf moderne Technik zurückzugreifen. Diese Tradition hat sich bis heute erhalten. Kulfi wird erst in Metallgefäße, die mit Teig versiegelt werden, getan und dann wie Butter in Tontöpfen geschlagen, bis es fest wird.

4–6 PERSONEN	1 TL Kardamompulver
	1 EL Rosenwasser
Zutaten	200 g gehackte Pistazien
3 Dosen à 400 ml Kondensmilch	100 g Sultaninen
3 Eiweiß, steif geschlagen	100 g Mandelscheiben
350 g Puderzucker	25 g kandierte Kirschen, halbiert

1 Papier von den Kondensmilchdosen lösen, die Dosen in einen Topf mit gut schließendem Deckel legen und zu drei Viertel mit Wasser bedecken. Aufkochen, zudecken und 20 Minuten köcheln lassen. Nach dem Abkühlen herausnehmen und die Dosen 24 Stunden im Kühlschrank kühlen.

2 Dosen öffnen und die Milch in eine große gekühlte Schüssel gießen. Schlagen, bis sie ihr Volumen verdoppelt hat, dann das geschlagene Eiweiß und den Puderzucker unterheben.

3 Restliche Zutaten vorsichtig unterheben, die Schüssel mit einer Plastikfolie bedecken und 1 Stunde tiefkühlen.

4 Eis aus dem Gefrierfach nehmen und mit einer Gabel gut vermischen. In eine Servierschüssel geben und zum Festwerden erneut tiefkühlen. 10 Minuten vor dem Servieren aus dem Gefrierfach nehmen.

DESSERTS UND GETRÄNKE · DIE INDISCHE KÜCHE

Mangosorbet mit Sosse

Baraf Ke Aamb

Nach einem schweren Mahl ist dieses Sorbet ein erfrischendes Dessert. Angeblich ist die Mango die älteste Frucht, die in Indien angebaut wird. Lord Shiva brachte sie für seine schöne Frau Parvathi mit.

4 PERSONEN	Schale von 1 Orange und 1 Zitrone, gerieben
Zutaten	4 Eiweiß, steif geschlagen
900 g Mangomark	50 g sehr feiner Zucker
½ TL Zitronensaft	100 ml Doppelrahm
	50 g Puderzucker

1 Die Hälfte des Mangomarks mit Zitronensaft und den Schalen in einer großen, gekühlten Schüssel mischen.

2 Eiweiß und den sehr feinen Zucker vorsichtig unterheben. Mit einer Abdeckfolie verschließen und mindestens 1 Stunde tiefkühlen.

3 Herausnehmen und erneut mixen. In einen Eisbehälter geben und erneut tiefkühlen.

4 Doppelrahm mit Puderzucker und restlichem Mangomark schlagen. Die so entstandene Soße möglichst für 24 Stunden kühlen. Das Sorbet 10 Minuten vor dem Servieren aus dem Gefrierfach nehmen. Portionsweise in Schüssel löffeln und mit reichlich Mangosoße übergießen. Sofort servieren.

DIE INDISCHE KÜCHE — DESSERTS UND GETRÄNKE

TEE-FRÜCHTE-PUNSCH

Chai Sherbet

Dieser köstliche Punsch kann heiß und kalt getrunken werden. Er kann mit Weißwein oder Brandy gemixt werden.

| ERGIBT 1 LITER

Zutaten
600 ml Wasser
1 Zimtstange | 4 Nelken
2½ TL Earl Grey-Teeblätter
200 g Zucker
450 ml Konzentrat aus tropischen Fruchtsäften
1 Zitrone, in Scheiben | 1 kleine Orange, in Scheiben
½ Gurke, in Scheiben |

1 Wasser in einem Topf mit Zimt und Nelken aufkochen. Vom Herd nehmen, die Teeblätter zugeben und 5 Minuten ziehen lassen. Umrühren und in eine große, gekühlte Schüssel sieben.

2 Zucker und das Fruchtsaftkonzentrat zugeben und stehen lassen, bis sich der Zucker aufgelöst hat und das Getränk abgekühlt ist. Früchte und Gurke in eine Punschschüssel geben und mit Teemischung übergießen. 24 Stunden kühlen.

BUTTERMILCH

Lassi

Buttermilch erhält man, wenn man Joghurt und Wasser rührt und dabei das Fett abschöpft. Um nun dieses erfrischende Getränk ganz ohne Aufwand herzustellen, nimmt man einfach Joghurt mit geringem Fettgehalt.

| 6 PERSONEN

Zutaten
450 ml Naturjoghurt | 300 ml Wasser
1 Stück frischer Ingwer, 2,5 cm, fein zerdrückt
2 grüne Chilischoten, fein gehackt
½ TL Kreuzkümmelpulver | Salz und frisch gemahlener schwarzer Pfeffer
einige Korianderblätter, gehackt, zum Garnieren |

1 Joghurt mit Wasser mit dem Mixer gut verquirlen. Die Beschaffenheit sollte Vollmilch gleichen. Bei Bedarf noch Wasser hinzufügen.

2 Ingwer, Chili und Kreuzkümmelpulver zugeben, salzen und pfeffern, gut vermengen. In 4–6 Gläser füllen und kühlen. Vor dem Servieren mit Koriander garnieren.

Tipp

Für süße Buttermilch Joghurt und Wasser mit 6 EL Zucker, 1 TL frisch gemahlenem Kreuzkümmelpulver, ½ TL Kardamompulver und je 1 Prise Salz und Pfeffer mit dem Mixer verquirlen, kühlen und servieren.

REGISTER

Auberginen mit Sesamhuhn, 165
Avocadosalat, 244

Bambussprossen:
    Bambussprossen und chinesische Pilze, 72
    Huhn mit chinesischem Gemüse, 50
    Mu-Shu-Schwein mit Eiern und Baumohrpilzen, 54
    Scharf-saure Suppe, 23
    Süß-saures Schweinefleisch, 58
    Zweimal gekochtes Schwein nach Szechuan-Art, 57
Blumenkohl mit Curry, 230
Bohnen:
    Pfannkuchen mit roter Bohnenpaste, 84
Brot:
    Hefebrot, 186
    Ungesäuertes Butter-Fladenbrot, 185
    Ungesäuertes Pfannenbrot, 186
    Zuckerbrötchen, 153
Brühe:
    Grundbrühe 22
Buttermilch, 250

Cashewnüsse:
    Gegrillter Fisch mit Cashew-Ingwer-Marinade, 130
    Gegrilltes Cashewkern-Huhn, 135
    Scharfe Chiliente mit Krebsfleisch und Cashewkernsoße, 92
Chappati, 186
Chili:
    Chili-Knoblauch-Sambal, 137
    Fisch in Chili-Knoblauch-Soße geschmort, 38
    Grünes Chili-Pickle, 240
    Scharfe Chiliente mit Krebsfleisch und Cashewkernsoße, 92
    Scharfe Chiligarnelen, 145
    Scharfes Chilihuhn mit Ingwer und Zitronengras, 110
    Scharfes Chili-Krebsfleisch mit Ingwer und Limonen, 125
    Umgang mit Chilischoten, 117
Chinakohl:
    Gebratenes gemischtes Gemüse II, 66
    Löwenkopf-Kasserolle, 60
    Mu-Shu-Schwein mit Eiern und Baumohrpilzen, 54
Chinesische Küche:
    Ausstattung und Küchengeräte, 8
    Kleines Glossar, 9
    Zutaten, 8–9
Chutney:
    Mango-Chutney, 243
    Tomaten-Chutney, 243
Curry:
    Blumenkohl mit Curry, 230
    Bohnen-Kartoffel-Curry, 226
    Curry mit gekochtem Ei, 206
    Currykichererbsen mit Kartoffelkuchen, 224
    Garnelen-Curry mit Wachteleiern, 134
    Gefüllte Paprika, 237
    Grünes Curry-Kokosnuss-Huhn, 97
    Gurkencurry, 238
    Hackfleisch-Curry, 198
    Hühnercurry, 205
    Kichererbsen-Kürbis-Curry, 226
    Madras, 200
    Maiskolben-Curry, 236
    Malaysischer Fisch-Curry, 126
    Parsischer Garnelen-Curry, 219
    Pilze, Erbsen und indischer Käse mit Curry, 235
    Reis mit Linsen-Kürbis-Curry, 190
    Rotes Curry-Rindfleisch mit Tamarinde, 102
    Scharfer trockener Fleischcurry, 194
    Scharf-saures Fleisch mit Linsencurry, 220
    Spinat-Kartoffel-Curry, 234
    Tausend-Gemüse-Curry, 233
    Trockener Rindfleisch-Curry mit Erdnussbutter und Limone, 96

Dip:
    Thailändischer Dip, 100
    Vietnamesischer Dip, 117

Eier:
    Curry mit gekochtem Ei, 206
    Eier auf Pommes frites, 206
    Fu-Yung Huhn, 46
    Garnelen Fu-Yung, 32
    Gebratene Tomaten, Gurken und Eier, 72
    Gebratener Reis Malakka, 142
    Gebratener Reis Spezial, 80
    Mu-Shu-Schwein mit Eiern und Baumohrpilzen, 54
    Reis mit Rührei, 76
    Würziges Omelett, 180

Eis:
    Indisches Eis, 248
Ente:
    Knusprige und aromatische Ente, 44
    Peking-Ente, 48
    Scharfe Chiliente mit Krebsfleisch und Cashewkernsoße, 92
    Scharf-süß-saure Entenkasserolle, 211
    Entensoße, 48
Erbsen:
    Gebratener Reis Malakka, 142
    Gebratener Reis Spezial, 80
    Pilze, Erbsen und indischer Käse mit Curry, 235
Erdnuss:
    Fleischbällchen mit Minze-Erdnuss-Soße, 114
    Gemüsesalat mit scharfer Erdnuss-Soße, 139
    Geschmortes Rind in Erdnuss-Soße, 152
    Hähnchenfilet am Spieß mit Erdnuss-Soße, 124
    Schwein-Erdnuss-Wontons mit Pflaumensoße, 144
    Schweinefleisch-Erdnuss-Happen, 98
    Würzige Erdnuss-Reisküchlein, 138

Fisch:
    Bombay Duck-Pickle, 212
    Fisch in Chili-Knoblauch-Soße, 38
    Fisch mit Sesam und Ingwermarinade, 120
    Fisch mit süß-saurer Soße, 37
    Fisch-Kebabs, 212
    Fischsteak-Pickle, 215
    Fischsuppe mit Koriander, 26
    Garnelen und Fisch in Kräutersoße, 214
    Gebratener ganzer Fisch, 216
    Gedämpfter Fisch mit Ingwer und Frühlingszwiebeln, 39
    Gefüllter Fisch, 218
    Gegrillter Fisch mit Cashew-Ingwer-Marinade, 130
    Geschmortes Fischfilet mit Pilzen, 32
    Malaysischer Fisch-Curry, 126
    Panierter Fisch, Garnelen und Gemüse, 167
    Sushi, 162
    Thailändischer gedämpfter Fisch mit Zitrusmarinade, 98
Fonds:
    Grundbrühe, 22
Fondue:
    Asiatisches Fondue, 140
    Japanisches Brüh-Fondue, 158
Frittiertes:
    Frittierte Meeresfrüchte mit Gemüse, 30
    Frittierte Rippchen mit chinesischem Pfeffer-Salz, 12
    Frittierter Tintenfisch mit Pfeffer-Salz, 13
Früchte:
    Exotischer Obstsalat, 115
    Indischer Obstsalat, 244
    Joghurtsalat, 242
    Kandierte Äpfel, 86
    Thailändischer Obst- und Gemüsesalat, 106
Frühlingsrollen:
    Frühlingsrollen mit Fisch-Fleisch-Pilzfüllung, 111
    Knusprige Frühlingsrollen, 10

Garnelen:
    Fleisch-Garnelen-Terrine, 116
    Frittierte Meeresfrüchte mit Gemüse, 30
    Garnelen-Curry mit Wachteleiern, 134
    Garnelen Fu-Yung, 32
    Garnelen mit Papaya-Soße, 132
    Garnelen und Fisch in Kräutersoße, 214
    Garnelenkräcker, 145
    Gebratener Reis Malakka, 142
    Gebratener Reis Spezial, 80
    Gekochte Garnelen mit Okra, 216
    Hühnersuppe Wonton mit Garnelen, 142
    Kokosbrühe mit Fisch und Garnelen, 118
    Kürbis-Küchlein mit Garnelen, 156
    Kurzgebratene Garnelen mit Brokkoli, 35
    Löwenkopf-Kasserolle, 60
    Meeresfrüchte Chow Mein, 82
    Nasi Goreng, 136
    Nudeln mit Huhn, Garnelen und Schinken, 150
    Panierter Fisch, Garnelen und Gemüse, 167
    Parsischer Garnelen-Curry, 219
    Reis mit Garnelen, 184
    Rote und weiße Garnelen mit grünem Gemüse, 40
    Scharfe Chiligarnelen, 145
    Scharfer Kokos-Garnelen-Papaya-Salat, 100
    Schmetterlingsgarnelen, 20
    Sesam-Shrimps-Toast, 16
    Strohnudel-Garnelen in süßem Ingwer-Dip, 168
    Suppe der drei Kostbarkeiten, 28
    Süß-saure Garnelen, 34
    Süß-saure Suppe mit Schwein und Garnelen, 154
    Thailändische Hühner-Garnelen-Suppe, 94
    Wonton-Suppe, 81
Gemüse:
    Brokkoli in Austernsoße, 70
    Frittierte Meeresfrüchte mit Gemüse, 30
    Gebratene Sojasprossen, 70
    Gebratener Chinakohl mit Pilzen, 70
    Gebratenes gemischtes Gemüse, 66
    Gebratenes Schweinefleisch mit Gemüse, 59, 60
    Gefüllter grüner Paprika, 56
    Gemüsesalat mit scharfer Erdnuss-Soße, 139
    Geschmortes chinesisches Gemüse, 71

REGISTER

Grüner Gemüsesalat mit Kokos-Minze-Dip, 122
Gurken- und Karottengarnitur, 117
Huhn mit chinesischem Gemüse, 50
Huhn und Schinken mit grünem Gemüse, 53
Japanisches Brüh-Fondue, 158
Linsen und Gemüse, südindisch, 222
Panierter Fisch, Garnelen und Gemüse, 167
Scharf-saures Fleisch mit Linsencurry, 220
Tausend-Gemüse-Curry, 233
Thailändischer Obst- und Gemüsesalat, 106
Yu Hsiang Auberginen in würziger Soße, 69
Grundbrühe, 22
Gurken:
    Eingelegte süß-saure Gurken, 18
    Gebratene Tomaten, Gurken und Eier, 72
    Gurkencurry, 238
    Gurken-Sambal, 137
    Hühnersuppe Wonton mit Garnelen, 142
    Lammsuppe mit Gurke, 28
    Scharfe Chiligarnelen, 145
    Süß-saurer Gurken-Dip, 106
    Tomatensalat, 242

Huhn:
    Aromatisierter Reis mit Fleisch, 188
    Asiatisches Fondue, 140
    Auberginen mit Sesamhuhn, 165
    Bon-Bon Huhn mit Sesamsoße, 14
    Fu-Yung Huhn, 46
    Gebratene Nudeln Spezial, 128
    Gefülltes Brathuhn, 204
    Gegrilltes Cashewkern-Huhn, 135
    Glasierte Grillhühnchenspieße, 162
    Grundbrühe, 22
    Grünes Curry-Kokosnuss-Huhn, 97
    Hähnchenfilet am Spieß mit Erdnuss-Soße, 124
    Huhn in scharfer roter Soße, 209
    Huhn in würzigen Zwiebeln, 210
    Huhn mit chinesischem Gemüse, 50
    Huhn nach Mogul-Art, 208
    Huhn und Schinken mit grünem Gemüse, 53
    Hühnercurry, 205
    Hühnerstreifen mit Sellerie, 50
    Hühnersuppe Wonton mit Garnelen, 142
    Huhn-Mulligatawny, 178
    In Soja geschmortes Huhn, 52
    „Kung Po" Huhn nach Szechuan-Art, 47
    Maiscremesuppe mit Huhn, 24
    Nudeln in der Suppe, 74
    Nudeln mit Huhn, Garnelen und Schinken, 150
    Philippinischer Hühnertopf, 148
    Reis mit Huhn und Kartoffeln, 182
    Scharf-saurer Hühnersalat, 112
    Scharf-saure Suppe, 23
    Scharfes Chilihuhn mit Ingwer und Zitronengras, 110
    Spargelsuppe mit Huhn, 25
    Suppe der drei Kostbarkeiten, 28
    Tandoori-Huhn, 202
    Thailändische Hühner-Garnelen-Suppe, 94
    Thailändisches gegrilltes Huhn, 94
    Würziges Huhn im Tontopf, 121
Hummer:
    Gebackener Hummer mit schwarzen Bohnen, 42

Indische Küche:
    Ausstattung und Küchengeräte, 172
    Gewürze, 172-173
    Kleines Glossar, 172
    Zutaten, 173
Ingwer:
    Fisch mit Sesam und Ingwermarinade, 120
    Gebackener Krebs mit Frühlingszwiebeln und Ingwer, 43
    Gedämpfter Fisch mit Ingwer und Frühlingszwiebeln, 39
    Gegrillter Fisch mit Cashew-Ingwer-Marinade, 130

Scharfes Chilihuhn mit Ingwer u. Zitronengras, 110
Scharfes Chili-Krebsfleisch mit Ingwer und Limonen, 125
Strohnudel-Garnelen in süßem Ingwer-Dip, 168
Süß-saurer Ingwersambal, 145

Joghurt:
    Joghurtsalat, 242
    Joghurtsuppe, 174
    Würziger Joghurt, 242

Kandierte Äpfel, 86
Kartoffeln:
    Bohnen-Kartoffel-Curry, 226
    Bombay-Kartoffeln, 230
    Currykichererbsen mit Kartoffelkuchen, 224
    Gefüllte Kartoffelklöße, 177
    Kartoffeln in scharfer roter Soße, 238
    Reis mit Huhn und Kartoffeln, 182
    Spinat-Kartoffel-Curry, 234
Käse:
    Pilze, Erbsen und indischer Käse mit Curry, 235
Kastanien:
    Süßkartoffel-Wasserkastanien-Konfekt, 169

Kichererbsen:
    Currykichererbsen mit Kartoffelkuchen, 224
    Kichererbsen-Kürbis-Curry, 226
    Pikante grüne Kichererbsen und Reis, 228
    Schwarze Kichererbsen in würziger Rahmsoße, 225
Knoblauch:
    Chili-Knoblauch-Sambal, 137
    Fisch in Chili-Knoblauch-Soße, 38
Kohl:
    Scharf-saurer Kohl, 18
Kokosmilch, 103
Koriander:
    Fischsuppe mit Koriander, 26
    Frische Koriander-Würze, 243
Krebs:
    Alfalfa-Krebsfleisch-Salat mit knusprig frittierten Nudeln, 112
    Frühlingsrollen mit Fisch-Fleisch-Pilzfüllung, 111
    Gebackener Krebs mit Frühlingszwiebeln und Ingwer, 43
    Krebs-Tofu-Klößchen, 160
    Maiscremesuppe mit Krebsfleisch, 24
    Scharfe Chiliente mit Krebsfleisch und Cashewkernsoße, 92
    Scharfes Chili-Krebsfleisch mit Ingwer und Limonen, 125
Kürbis:
    Kichererbsen-Kürbis-Curry, 226
    Kürbis-Küchlein mit Garnelen, 156
    Reis mit Linsen-Kürbis-Curry, 190

Lamm:
    Aromatisierter Reis mit Fleisch, 188
    Gebratenes Lamm mit Frühlingszwiebeln, 62
    Gefüllte Kartoffelklöße, 177
    Hackfleisch-Curry, 198
    Indische Kebabs, 198

Kaschmir-Lamm, 194
    Lamm in Rahmsoße, 200
    Lammbraten à la Mogul, 192
    Lammsuppe mit Gurke, 28
    Scharf-saures Fleisch mit Linsencurry, 220
    Süß-saures Lamm, 62
    Würzige Kebabs, 196
Linsen:
    Indischer Linsentopf, 222
    Linsen und Gemüse, südindisch, 222
    Linsensuppe, 176
    Reis mit Linsen-Kürbis-Curry, 190
    Scharf-saures Fleisch mit Linsencurry, 220

Mais:
    Gebratenes gemischtes Gemüse II, 66
    Maiscremesuppe mit Krebsfleisch bzw. Huhn, 24
    Maiskolben-Curry, 236
    Maismehlpaste, 10
    Rind mit kantonesischer Austernsoße, 65
Makrelen:
    Salzgegrillte Makrelen, 164
Mandelquark, 87
Mango:
    Mango-Chutney, 243
    Mangosorbet mit Soße, 249
    Rind mit scharfem Mango-Dip, 132
Mangold:
    Knuspriger Mangold, 16
    Miso-Frühstückssuppe, 160
Moong Dhal:
    Trockenes Moong Dhal mit Zucchini, 228
Muscheln:
    Frittierte Meeresfrüchte mit Gemüse, 30
    Meeresfrüchte Chow Mein, 82
    Meeresfrüchteragout mit Basilikum, 104

Naan, 186
Nasi Goreng, 136
Nudeln:
    Fleisch-Garnelen-Terrine, 116
    Gebratene Nudeln Spezial, 128
    Kokosbrühe mit Fisch und Garnelen, 118
    Meeresfrüchte Chow Mein, 82
    Nudeln in der Suppe, 74
    Nudeln mit Huhn, Garnelen und Schinken, 150
    Strohnudel-Garnelen in süßem Ingwer-Dip, 168

Obst: siehe Früchte
Okra:
    Gefüllte Okra, 232
    Gekochte Garnelen mit Okra, 216

Papaya:
    Garnelen mit Papaya-Soße, 132
    Scharfer Kokos-Garnelen-Papaya-Salat, 100
Paprika:
    Frittierte Meeresfrüchte mit Gemüse, 30
    Gebratenes gemischtes Gemüse I, 66
    Gefüllte Paprika, 237
    Gefüllter grüner Paprika, 56
    Geschmortes Rind in Erdnuss-Soße, 152
    Tintenfisch mit grünem Paprika und schwarzer Bohnensoße, 36
    Zweimal gekochtes Schwein nach Szechuan-Art, 57
Peking-Ente, 48
Pfannkuchen:
    Dünne Pfannkuchen, 84
    Eierpfannkuchen-Salatwickel, 146
    Pfannkuchen mit roter Bohnenpaste, 84
Pfeffer-Salz (chinesisches), 12
Philippinische heiße Schokolade, 157
Pickles und Würzen (Relishes):
    Bombay Duck-Pickle, 212
    Eingelegte süß-saure Gurken 18
    Frische Koriander-Würze, 243

REGISTER

Grünes Chili-Pickle, 240
Scharfes Limonen-Pickle, 240

Pilze:
Bambussprossen und chinesische Pilze, 72
Frühlingsrollen mit Fisch-Fleisch-Pilzfüllung, 111
Gebratenes gemischtes Gemüse I, 66
Gebratenes Schweinefleisch mit Gemüse, 59, 60
Geschmortes Fischfilet mit Pilzen, 32
Huhn mit chinesischem Gemüse, 50
Knusprige Frühlingsrollen, 10
Löwenkopf-Kasserole, 60
Mu-Shu-Schwein mit Eiern und Baumohrpilzen, 54
Nudeln in der Suppe, 74
Pilze, Erbsen und indischer Käse mit Curry, 235
Reis mit Garnelen, 184
Rind mit kantonesischer Austernsoße, 65
Scharf-saure Suppe, 23

Punsch:
Singapur-Punsch, 128
Tee-Früchte-Punsch, 250

Reis:
Aromatisierter Reis mit Fleisch, 188
Einfacher Reis, 76, 126, 188
Gebratener Reis Malakka, 142
Gebratener Reis Spezial, 80
Japanischer Reis und Sushireis, 166
Kokosnuss-Reiskrapfen, 157
Kokosreis mit Zitronengras, 126
Nasi Goreng, 136
Pikante grüne Kichererbsen und Reis, 228
Reis mit Garnelen, 184
Reis mit Huhn und Kartoffeln, 182
Reis mit Linsen-Kürbis-Curry, 190
Reis mit Rührei, 76
Reispudding, 246
Sushi, 162
Würzige Erdnuss-Reisküchlein, 138

Rind:
Asiatisches Fondue, 140
Gefüllte Kartoffelklöße, 177
Geschmortes Rind in Erdnuss-Soße, 152
Hackfleisch-Curry, 198
Japanisches Fondue, 158
Madras, 200
Mariniertes Grillsteak, 122
Rind mit kantonesischer Austernsoße, 65
Rind mit scharfem Mango-Dip, 132
Rotes Curry-Rindfleisch mit Tamarinde, 102
Steak und Nieren mit Spinat, 199
Trockener Rindfleisch-Curry mit Erdnussbutter und Limone, 96
Trockengebratenes geschnetzeltes Rind, 64
Würzige Kebabs, 196
Würziger Hackbraten, 196
Würziger Tofu aus Szechuan, 68

Salat:
Alfalfa-Krebsfleisch-Salat mit knusprig frittierten Nudeln, 112
Avocadosalat, 244
Gemüsesalat mit scharfer Erdnuss-Soße, 139
Grüner Gemüsesalat mit Kokos-Minze-Dip, 122
Indischer Obstsalat, 244
Joghurtsalat, 242
Scharf-saurer Hühnersalat, 112
Scharfer Kokos-Garnelen-Papaya-Salat, 100
Thailändischer Obst- und Gemüsesalat, 106
Tomatensalat, 242

Schinken:
Gebratener Reis Spezial, 80
Huhn und Schinken mit grünem Gemüse, 53
Nudeln mit Huhn, Garnelen und Schinken, 150
Suppe der drei Kostbarkeiten, 28

Schwein:
Asiatisches Fondue, 140
Fleischbällchen mit Minze-Erdnuss-Soße, 114
Fleisch-Garnelen-Terrine, 116
Frittierte Rippchen mit chinesischem Pfeffer-Salz, 12
Frühlingsrollen mit Fisch-Fleisch-Pilzfüllung, 111
Gebratene Nudeln Spezial, 128
Gebratener Reis Malakka, 142
Gebratenes Schweinefleisch mit Gemüse, 59, 60
Gefüllter grüner Paprika, 56
Grundbrühe, 22
Löwenkopf-Kasserolle, 60
Mu-Shu-Schwein mit Eiern und Baumohrpilzen, 54
Nasi Goreng, 136
Nudeln in der Suppe, 74
Portugiesisches Schweinefleisch, 198
Scharf-saure Suppe, 23
Schweinefleischtaschen, 154
Schweinefleisch mit Zitronengras und Kokosnuss, 146
Schweinefleisch-Erdnuss-Happen, 98
Schweinefleischklößchen, 78
Schwein-Erdnuss-Wontons mit Pflaumensoße, 144
Süß-saure Suppe mit Schwein und Garnelen, 154
Süß-saures Schweinefleisch, 58
Süß-saures Schweinefleisch mit Kokossoße, 150
Wonton-Suppe, 81
Zweimal gekochtes Schwein nach Szechuan-Art, 57

Sellerie:
Frittierte Meeresfrüchte mit Gemüse, 30
Hühnerstreifen mit Sellerie, 50
Trockengebratenes geschnetzeltes Rind, 64

Sesam:
Bon-Bon Huhn mit Sesamsoße, 14
Sesam-Shrimps-Toast, 16

Soja:
In Soja geschmortes Huhn, 52

Spinat:
Spinat-Kartoffel-Curry, 234
Spinatsuppe mit Tofu, 26
Steak und Nieren mit Spinat, 199

Südostasiatische Küche:
Ausstattung und Küchengeräte, 90
Kleines Glossar, 90
Zutaten, 90–91

Suppe:
Fischsuppe mit Koriander, 26
Fleisch-Garnelen-Terrine, 116
Hühnersuppe Wonton mit Garnelen, 142
Huhn-Mulligatawny, 178
Joghurtsuppe, 174
Kokosbrühe mit Fisch und Garnelen, 118
Lammsuppe mit Gurke, 28
Linsensuppe, 176
Maiscremesuppe mit Krebsfleisch bzw. Huhn, 24
Miso-Frühstückssuppe, 160
Nudeln in der Suppe, 74
Philippinischer Hühnertopf, 148
Scharf-saure Suppe, 23
Spargelsuppe mit Huhn, 25
Spinatsuppe mit Tofu, 26
Südindisches Pfefferwasser, 178
Suppe der drei Kostbarkeiten, 28
Süß-saure Suppe mit Schwein und Garnelen, 154
Thailändische Hühner-Garnelen-Suppe, 94
Wonton-Suppe, 81

Sushi, 162

Süßkartoffeln:
Kürbis-Küchlein mit Garnelen, 156
Süßkartoffel-Wasserkastanien-Konfekt, 169

Tintenfisch:
Frittierte Meeresfrüchte mit Gemüse, 30
Frittierter Tintenfisch mit Pfeffer-Salz, 13
Tintenfisch mit grünem Paprika und schwarzer Bohnensoße, 36
Meeresfrüchte Chow Mein, 82

Tofu:
Krebs-Tofu-Klößchen, 160
Spinatsuppe mit Tofu, 26
Würziger Tofu aus Szechuan, 68

Tomaten:
Gebratene Tomaten, Gurken und Eier, 72
Hühnersuppe Wonton mit Garnelen, 142
Scharfer Tomaten-Sambal, 137
Tomaten-Chutney, 243
Tomatensalat, 242

Vermicellipudding, 246

Wachteleier:
Garnelen-Curry mit Wachteleiern, 134

Wachteln:
Honig-Wachteln in Fünfgewürze-Marinade, 108

Wonton:
Frittierte Wontonhüllen m. süß-sauer Soße, 15
Hühnersuppe Wonton mit Garnelen, 142
Schwein-Erdnuss-Wontons mit Pflaumensoße, 144
Wonton-Suppe, 81

Zucchini:
Gebratenes gemischtes Gemüse I, 66
Gebratenes Schweinefleisch mit Gemüse II, 60
Trockenes Moong-Dhal mit Zucchini, 228

Zuckererbsenschoten:
Gebratenes gemischtes Gemüse I, 66
Gebratenes Schweinefleisch mit Gemüse, 59
Huhn mit chinesischem Gemüse, 50
Meeresfrüchte Chow Mein, 82
Rind mit kantonesischer Austernsoße, 65
Rote und weiße Garnelen mit grünem Gemüse, 40

Zwiebeln:
Gebackener Krebs mit Frühlingszwiebeln und Ingwer, 43
Gebratenes Lamm mit Frühlingszwiebeln, 62
Gedämpfter Fisch mit Ingwer und Frühlingszwiebeln, 39
Huhn in würzigen Zwiebeln, 210
Tomatensalat, 242
Zwiebelkrapfen, 174

DANKSAGUNG

Die Autoren und Herausgeber danken den folgenden Firmen für die großzügige Bereitstellung von Nahrungsmitteln und Küchengeräten:

B E International Foods Limited
Grafton House
Stockingwater Lane
Enfield
Middlesex EN3

Cherry Valley Farms Ltd
Rotherwell, Lincoln
Wing Yip
395 Edgeware Road
London NW2

Die Autoren und Herausgeber bedanken sich bei:

Mrs Duc Cung; Shobana Jeyasingh; Jane Wheeler; Yum Yum Restaurant, London NI6,

für ihren unersetzlichen Rat und ihre wertvolle Hilfe.